깨달음의 지혜

깨달음의 지혜

아잔 차 선사의 법문과 붓도염불위빠사나

아잔 차 지음 | 김열권 옮김

싱긋

아잔 차(Ajahn Chah, 1918~1992)

"수많은 환락과 쾌락의 쳇바퀴가 멈추면 곧이어 어둠이 내릴 것이다. 이제 눈물에 젖어 쓰러지며 깨닫게 될지니, 여정(旅程)을 끝마치기에는 이미 너무 늦었음을……."

석가모니 붓다께서는 호흡할 때마다 매번 무상(無常, anicca)을 보고 죽음을 보라고 가르치셨다. 우리는 살아가기 위해 죽어야 하는 존재다.

행복도, 불행도, 또다른 그 무엇도 결코 영구적이지 않으며 의지할 것이 못 된다는 사실을 깨달으면 마음에서 일어나는 온갖 현상에 더이상 집착하지 않게 된다. 이와 같은 '놓아버림[放下著]'은 바로 지혜와 평화에 이르는 길이다.

법(法, Dhamma)을 실현하고 진리를 깨닫는 것—금생에 가치 있는 일이라곤 단지 이것 하나뿐이다. 지금이 바로 시작할 시간이 아니겠는가?

일러두기

- 이 책은 『붓도 위빠사나』(솔바람, 2011) 개정판이다.
- 이 책은 아잔 차 스님의 수행지침서 『깨달음의 지혜Bodhinyāna』(제3판, 英擇本) 번역서이다.
- 이 책은 태국 웃또(Utto) 스님의 주선으로 번역할 수 있었고, 빠 뽕(Pah Pong) 사원의 주지스 님에게 한국어판 출간을 허락받았다.
- 인명, 명칭, 용어 등과 같은 일부 외래어표기는 국립국어원의 외래어표기법을 따르는 대신 통 상적 표기를 따랐다.
- 본문에 있는 각주는 옮긴이가 쓴 것이다.
- 본문에 있는 체험기의 시기는 초판 때의 것이다.

여는 글

이 책은 프라 아잔 차(Phra Ajahn Chah, 1918~1992)의 수행지침서 『깨달음의 지혜Bodhinyāna』 제3판(英擇本)으로 재판인 『불교 수행The Practice of Buddhism』(세계불교연맹)의 개정판이다. 이 개정판은 구판과는 달리 프라 아잔 차의 가르침만 모아 엮었으며 초판과 『가르침의 정수와 질의응답 모음집Fragments of a Teaching and Notes from a Session of Questions and Answers』이라는 소책자의 핵심 내용으로 구성되어 있다. 이 소책자 는 이미 오래전부터 수행자들 사이에서 널리 알려진 유용한 수행지침 서다. 따라서 이번 개정판을 통해 독자들이 더 많은 이로움을 얻기를 바란다.

번역할 때 프라 아잔 차의 가르침을 가능한 한 정확하게 전달하고 자 노력했으나 설법 특성상 반복 어구는 부득이 생략할 수밖에 없었음 을 밝혀둔다. 일반적으로 태국어로 동화된 빨리(Pali)어는 세월이 흐름 에 따라 다른 의미가 더해져 통용되기 마련이다. 일례로 태국어 아로메 (arome)에 해당하는 빨리어 아람마나(arammana)는 일반적으로 기분

또는 감정을 뜻하지만 근래에는 '감각대상'이나 '마음대상'이라는 뜻으로 쓰이기도 한다. 프라 아잔 차는 이런 용어를 원래 의미와 부가적 의미를 아울러 구사했기에 번역도 그에 준했다.

번역 내내 어려웠던 점은 자칫 지루할 수 있는 지나치게 직설적인 번역과 좀더 유려하기는 해도 정확성이 떨어지는 번역 사이에서 균형을 잡는 일이었다. 따라서 번역자들은 저마다 다양한 방법으로 이 문제를 풀어나가야 했다. 모쪼록 프라 아잔 차 특유의 단순 명료하고 단도직입적이며 유머러스하면서도, 동시에 우리를 각성하게 하고 영감을 주는 심오함을 겸비한 독특한 가르침을 온전히 전달한 번역으로 자리매김할 수 있기를 바랄 뿐이다.

애매모호한 구절이나 서툰 문체에 대해서는 미리 양해를 구한다. 프라 아잔 차의 핵심적 가르침을 담은 이 책이 날로 증가하는 수행자들에게 자양분이 되는 깊은 성찰의 계기를 마련해줄 것임을 믿어 의심치 않는다.

부디 모든 존재가 고통으로부터 자유로워질 수 있기를…….

붕 와이 숲속 사원에서
비구 일동

옮긴이 서문

출가한 지 3년 정도 지나자 삼매(三昧, samādhi)와 깨달음에 대해 궁금증
이 생겼다. 기필코 깨닫고자 하는 일념으로 쉬지 않고 정진했다.

좌선중 마음이 안으로 들어가자 급기야 온 세상이 산산이 부서져버렸다!
땅, 풀, 나무, 산, 사람 등 일체가 허공이었다. 아무것도 남아 있지 않았다!
언어로는 마음이 안에서 어떻게 머물고 있었는지를 표현할 수 없다. 이런
체험은 눈으로 보거나 말로 표현할 수 있는 성질의 것이 아니기 때문이다.
그 어떤 것도 이와 같은 체험과는 비교될 수 없다. 이 경이로운 체험에 대
해 무슨 일이 일어났는지를 어느 누가 감히 설명할 수 있겠는가? 대체 이
런 현상을 무엇이라고 명명할 수 있다는 말인가? 이와 같은 체험을 통해
알아차린 '마음의 본성'은 본디 언어로 표현하기 어려운 만큼 그에 관해
명확히 설명할 수 없다.

나는 확고부동한 불퇴전의 신심을 지니고 수행했고 목숨까지 바칠 준비
가 되어 있었다. 모든 지식과 이해에 일대 변혁이 일어났다. 누군가 그런
나를 보았다면 미친 사람으로 여겼을지도 모른다. 실제로 마음챙김(sati,

注視)을 강력하게 단련하지 못했다면 미쳐버릴 수도 있었을 것이다. 이 세상천지에 전과 다름없는 것은 아무것도 없었기 때문이다. 아니, 정작 변한 것은 나 자신이었다. 그럼에도 불구하고 (외형적으로) 나는 여전히 동일 인물이었다.

그후로는 모든 사람이 한쪽으로 의견을 몰아간다고 해도 나만의 견해를 견지할 수 있게 되었다. 나는 이미 남들과는 다른 궤도에 올라 있었던 것이다.

그날 내 마음이 절정의 위력을 발휘했을 때 그 원동력이 되어준 것은 다름 아닌 정신 에너지, 즉 선정(samatha)에서 얻은 에너지였다. 다시 말해 그날의 나의 체험은 삼매력이 받쳐주었기에 가능했던 것이다.

삼매[定]가 그 정도 수준에 달하면 위빠사나(vipassanā, 慧)는 저절로 흘러나온다.

이와 같이 수련한다면 그대들 역시 오래지 않아 '도달하게' 될 것이다.

벗들이여, 왜 한번 시도해보지 않는가?

저쪽 기슭으로 타고 갈 배가 당도해 있는데, 왜 뛰어들지 않는가? 어찌하여 오염된 진창구덩이를 벗어나려고 하지 않는가?

그대들이 원하기만 하면 나는 언제든 노를 저어줄 수 있다.

오늘도 나는 그대들을 기다리고 있다……

　

이는 아잔 차 스님의 깨달음 체험담이다. 조건지어진 현상에서 불생불멸의 열반(nibbāna)을 체험한 것이다. 이 체험을 바탕으로 많은 후학을 깨달음의 세계로 이끌었다. 그중 오온(五蘊 : 물질色, 감각受, 인식想, 반응行, 의식識)에 대한 무상의 설법 하나를 소개하면 다음과 같다.

진정한 수행자라면 '그는 나를 미워한다, 그는 나를 괴롭힌다, 그는 나의 원수다' 따위의 생각을 하지 않으며 자존심이나 차별심도 갖지 않습니다. 불 옆에 서 있지 않으면 화상을 입지 않을 것이요, 수신자가 없으면 편지는 반송될 것입니다. 자질구레한 분별심 시비에 휘말리지 않고 유유자적하는 수행자는 평정에 들게 되므로 이것이 곧 열반에 이르는 길, 공(空)으로 통하는 길, 자유에 이르는 길입니다.

그러니 오온을 관찰하십시오. 그리하여 오온이 무상(無常)·고(苦)·무아(無我)임을 통찰하십시오. 그러면 그대는 전혀 새로운 사람으로 다시 태어나게 될 것입니다.

비어 있음[空]을 알아 이 법칙을 따라 수행하는 사람은 비록 그 수는 극히 드물지만 최상의 낙(열반)을 누리게 될 것입니다. 왜 한번 시도해보려고 하지 않습니까?

부디 그대 마음속의 도적들을 소탕하고 모든 것을 놓아버림으로써 바로 놓이게 하십시오.

이 내용은 아잔 차 스님의 법문 중 한 구절로 우리 몸과 마음의 본질을 깨우쳐주는 핵심 메시지다. 이 구절에서도 알 수 있듯이 아잔 차 스님의 가르침의 핵심은 '놓아버림'이다. 행복이든 불행이든, 기쁨이든 슬픔이든, 선이든 악이든 다 놓아버리라는 것이다. 우리가 놓지 못하는 것은 대상에 대한 집착 때문이다. 모든 고통은 이 집착에서 비롯된다. 모든 현상은 항상 변하는 불확실한 것임을 알지 못할 때 집착과 고통이 따른다. 따라서 누구든 일체를 놓아버려 법마저도 놓아버리게 되면 진정한 자유를 누릴 수 있다.

그러므로 현실이나 타인을 자기가 바라는 대로 바꾸려고 하지 말아야 한다. 또한 자신의 내면에서 일어나는 생각이나 감정도 바꾸려고 하지 말고 있는 그대로 바라보아야 한다. 대상을 자기가 원하는 대로 바꾸려고 하거나 자신을 타인과 비교하게 되면 고통이 일어난다. 무상을 알지 못하기 때문이다.

아잔 차 스님의 수행 핵심은 법을 지금 이 순간 우리의 몸과 마음 안에서 지켜보는 것이다. 탐욕, 증오, 망상, 두려움 등을 정면으로 마주하여 주시와 분명한 알아차림과 지혜로써 그 실체를 직접 보게 되면 모든 고통의 원인인 집착과 어리석음은 뿌리 뽑히게 된다. 보이는 것, 들리는 것, 냄새나는 것, 맛있는 것, 접촉하는 것, 생각나는 것 등 살면서 부딪치는 온갖 경계에서 그 본성인 무상·고·무아를 꿰뚫어보아 실체를 있는 그대로 받아들일 때 내면의 평화와 자유를 발견한다. 법이 곧 붓다이므로 누구든지 몸과 마음 안에서 법을 보는 순간 살아 있는 붓다를 친견하게 된다. 오욕팔풍(五欲八風)을 팔정도(八正道)로 정화하는 것이다.

이처럼 체험에서 우러난 아잔 차 스님의 가르침은 쉽게 마음에 와닿으면서도 단도직입으로 정곡을 찔러 영감을 일깨워주므로 수행자들은 새로운 전기를 맞게 된다.

아잔 차 스님은 붓다 재세시처럼 1일 1식 탁발 공양을 생활화했으며 정통 호흡 관찰법인 아나빠나사띠를 본수행으로, 염불·부정관(不淨觀)·시체관(屍體觀)·자비관(慈悲觀)을 예비 수행으로 삼아 수행자들을 지도했다. 그중 '염불을 겸한 위빠사나'는 국내에 아직 소개되지 않았으며 본문에도 '붓도 염송'으로 짧게 언급되어 있을 뿐이다. 하지만 실

수행에서는 집중력이 떨어지거나 바쁜 생활로 주의가 산만한 이들에게 결정적 도움이 될 수 있다(국내 수행자들 체험기 참조).

붓다를 깨달음에 이르게 한 수행법인 위빠사나는 다양한 종류로 분류되는데, 미얀마에서는 레이디 사야도 계통의 아나빠나사띠와 마하시 사야도 계통의 순수위빠사나(호흡시 배의 움직임과 경행을 통해 본성을 본다)가 주류를 이루는 반면, 태국에서는 붓다다사(Buddhadasa)의 아나빠나사띠(붓다의 호흡법)와 사마타가 가미된 담마까야 수행, 그리고 아잔 문 선사가 체계화한 염불위빠사나가 주류를 이룬다. 우리나라는 1987년부터 위빠사나가 본격적으로 소개되기 시작하여 마하시 사야도의 순수위빠사나가 주류를 이루는데, 마하시 수행법은 개인의 성향에 따라 수행의 진전이 더딘 경우도 있다. 따라서 위빠사나를 보다 폭넓고 깊이 있게 이해한 후 실수행에 임할 수 있도록 대선사 아잔 차 스님의 가르침을 번역, 소개하게 된 것이다. 아잔 차 스님의 가르침은 대승불교의 견해까지 두루 포괄하고 있어 위빠사나에 대한 이해의 지평을 넓혀줄 것이다.

특히 아잔 차 스님의 수행법 중 아직 국내에 알려지지 않은 '염불위빠사나' 수행 사례를 부록으로 덧붙여 소개하여 국내 수행계의 시야 확장에 보탬이 되고자 했다.

오늘날 많은 불자가 염불 수행을 하고 있지만 대부분 깨달음의 경지에 이르지 못하고 있는 데 비추어볼 때 이번에 소개하는 『깨달음의 지혜』가 그 돌파구를 열어주리라고 믿는다. 아울러 기존의 수행에 한계를 느끼고 침체 상태에 빠져 있는 수행자들에게도 집중력을 향상하게 하여 새로운 도약의 계기를 마련해줄 것이다.

화두선의 화두나 순수위빠사나의 '일어남·사라짐' 같은 명칭 역시 일종의 만트라 염송으로 볼 수 있으므로 어떤 수행을 하든 부록에 소개한 염불위빠사나의 수행법을 다양하게 응용한다면 많은 도움이 되리라 확신한다.

기존의 수행법을 보완해줄 수 있는 새로운 수행법이 절실히 요구되는 요즈음 아잔 차 스님의 법문을 읽고 그 수행법인 아나빠나사띠와 염불위빠사나까지 두루 익혀 수행 향상을 이루기를 바라며, 나아가 이 책이 한국 불법(佛法, Buddha-Dhamma) 수행사에 새로운 활력소가 되기를 바란다.

끝으로 이 책의 번역을 허락해준 태국 왓 빠 뽕(Wat Pah Pong, 'Wat'은 '사원'을 뜻하는 태국어—옮긴이)의 주지스님과 번역을 주선해주신 웃또(Utto) 스님께 감사드린다. 웃또 스님께서『깨달음의 지혜』와『자유의 맛A Taste of Freedom』등 몇 권의 법문집을 함께 주셨다. 한꺼번에 번역하지 못해 그 요점을 경책어로 요약하여 실었다. 또한 아잔 차 스님의 스승 아잔 문(Acharn Mun, 1870~1949)[1] 스님의 깨달음 체험담을 그의 수행 가풍의 이해를 돕기 위해 추가했다.

원고 정리를 도와준 김해양 도반, 김대회 도반, 박나래 도반에게 고마운 마음을 전한다. 이 책은 법보시용으로 배포될 예정이었으나 그 효율성이 우려되어 서점을 통해 유통하게 되었다. 이로 인한 수익은 전적

---

[1] 금세기 태국에서 가장 위대한 명상 스승으로 추앙받는 선사다. 그는 생애 대부분을 숲속에서 은거하며 생사를 넘나드는 고행을 통해 해탈을 성취했다. 그의 지도하에 확립된 숲속에서 은둔하는 고행 수행은 불교 명상 수행의 부활이라는 측면에서 매우 중요한 전통으로 자리잡게 되었다. 근래 입적했거나 생존해 있는 태국의 저명한 명상 스승들 중 대다수가 그의 제자거나 그의 가르침에서 실질적인 영향을 받았다(자세한 내용은 그의 일대기인『위빠사나 성자 아잔 문』참조).

으로 다음 법보시를 위해 사용할 예정이다. 형편이 어려운 이는 옮긴이에게 직접 연락하면 무료로 증정한다. 또한 옮긴이의 번역료 일체는 수행자를 위한 불사에 보시한다.

부디 바쁜 삶 속에서도 이 책을 거듭 숙독하고 수행에 박차를 가하여 지금 이 순간 바로 이 자리에서 모든 것을 놓아버리고 영원한 자유와 평화를 구현하기를 바라 마지않는다. 당신 앞에 불법의 꽃이 활짝 피어나기를……!

불원 김열권
두 손 모음

Bodhinyāna

제3장 | 깨달음에 이르는 길

제 1 장
생애와 깨달음 체험기

아잔 차 스님은 위빠사나를 서구에까지 널리 알린 태국의 대선사로 스님이 주석했던 숲속 사원 '왓 빠 뽕'의 분원만 해도 태국 전역과 서구에 걸쳐 50여 개에 이른다.

스님은 실수행을 강조할 뿐 이론과 특별한 수행법은 논하지 않았다.

"소박하고 자연스럽게 살라. 그리고 마음관찰을 통한 끊임없는 알아차림으로 모든 것을 있는 그대로 보아 놓아버려라. 그러면 저절로 지혜와 평화에 이르게 될 것이다."

이처럼 단순 명료하고 소탈한 스님의 가르침은 맑고 쾌활하며 솔직한 스님의 성품과 어우러져 뭇사람들에게 영감과 탐구심, 깊은 평화와 경탄을 불러일으켰다.

'놓아버림'과 자기통제로 일관했던 스님의 생애는 그 자체가 하나의 고결한 설법이었다.

아잔 차

프라 아잔[1] 차(Phra Ajahn Chah)는 1918년 6월 17일, 태국 북동부의 시골 마을인 우본라차타니의 유복한 대가족 집안에서 태어났다.

어린 시절에 사미계를 받고 스무 살이 되던 해(1939년 4월 16일)에 아잔 차 스님은 비구계를 받고 정식 비구가 되어 기본적인 경률론(經律論)을 공부했다. 그러나 비구가 된 지 5년 뒤 부친이 중환으로 별세하자 스님은 삶의 무상을 절감하게 되었고 경전 공부만으로는 생사 해탈을 할 수 없음을 깨닫고 선원을 떠나 숲속 두타행(dhutanga, 고행 수행)의 길로 들어서게 되었다. 스님은 숲속에 은둔하며 두타행의 전통을 따르는 그 지역 숲속의 여러 스승을 찾아가 사사한 후 수년간 두타승으로 떠돌면서 숲이나 동굴, 화장터 등에서 용맹정진했고 급기야는 아잔 문 선사 문하에서 지도받기에 이르렀다. 비록 그 기간은 짧았지만 많은 깨달음을 얻은 소중한 시간이었다.

---

1 프라(phra)는 태국어로 '큰스님'을 뜻하며, 아잔(ajahn)은 스승을 의미하는 빨리어 아짜리야(ācariya)에서 유래한 태국어다.

그후 아잔 차 스님은 다시 만행길에 올라 수없이 많은 고난을 겪었지만 결코 수행을 포기하지 않았다. 맹수들이 득실거리는 정글이나 공동묘지에서 죽음을 관(觀)하며 삶의 본질을 꿰뚫어보았고 장마철 폭우에 만신창이가 되어도 용맹정진을 이어나갔다. 때로는 몸이 아프기도 하고 온갖 회의에 시달리며 몇 날 며칠을 눈물로 지새우기도 했지만 초인적인 인내력으로 수행의 강도를 더해갔다. 아잔 차 스님은 자신을 위해서는 아무것도 남겨두지 않았고 오직 불법을 위해 모든 것을 송두리째 내던졌다. 이 같은 강인한 정신력과 대담한 용기에 힘입어 이윽고 지혜와 활력을 얻었고 남을 도울 수 있는 무한한 능력도 체득하게 되었다.

1954년 아잔 차 스님은 여러 해에 걸친 기나긴 행각(行脚)과 수행 끝에 고향으로 돌아와 근처 울창한 숲속에 정착하게 되었다. 그 숲은 사람이 살지 않고 코브라와 호랑이, 유령이 나타난다고 소문난 곳이어서 숲속 은둔 수행에는 안성맞춤인 장소였다. 아잔 차 스님이 그곳에 터를 잡자 스님의 가르침을 듣고 그 문하에 머물며 수행하기를 원하는 승려들과 일반 신도들이 계속 몰려들어 사원이 형성되었고 대가람으로 번창하게 되었다.

이처럼 초창기에는 단지 초가 몇 채로 시작된 왓 빠 뽕은 오늘날 태국에서 가장 규모가 크고 운영도 잘 되는 사원 중 하나로 자리잡게 되었다.

아잔 차 스님의 법력과 명성이 널리 알려지면서 방문객과 귀의자는 나날이 늘어났고, 특히 스님의 단순 명료하면서도 심오한 가르침에 매료된 서구인들이 몰려들기 시작했다. 이들의 요청에 부응하기 위해 설립된 분원은 태국 전역과 서구에 걸쳐 50여 개에 이르고 아잔 차 스님에게 수학한 제자들이 원장을 맡아 가르침의 맥을 이어가고 있다.

이 분원들 중 하나인 왓 빠 나나챗(Wat Pah Nanachat)은 왓 빠 뽕 가까이에 세워져 아잔 차 스님의 가르침을 받으러 오는 서구인들과 그 밖의 외국인들을 맞이하고 있다.

아잔 차 스님의 서구인 제자들이 많이 배출됨에 따라 스님의 가르침은 서구에도 널리 알려지게 되었는데, 그중 스님의 상수제자인 수메도(Sumedho, 서구 분원 중 가장 큰 영국 치서스트의 분원장) 스님은 많은 서구인 승려를 배출했다.

왓 빠 뽕 같은 숲속 사원은 들어서는 순간부터 수행의 기운에 휩싸인다. 살랑대는 나무 소리가 유독 도드라질 만큼 고요하고 정결한 경내에는 경행(걷는 수행)이나 울력을 하는 수행자들이 그림자처럼 조용히 움직이고 있다.

경내 넓이는 100에이커가 넘고 비구 구역과 비구니 구역으로 나뉘어 있다. 사원 중앙에는 대강당과 공양처, 수계식을 베푸는 법당이 있고 숲속 공터에는 승려들의 거처인, 아무 장식도 없는 검소한 막사(원두막 같은 집으로 작은 방 하나에 샤워가 가능한 조그만 화장실이 딸려 있는데, 승려들에게 한 채씩 배정된다 — 옮긴이)들이 자리잡고 있다. 막사들 사이 나무 아래로는 한적한 오솔길이 나 있는 등 사원 전체에서 간소하고 절제된 분위기가 느껴진다.

입구에 들어서면 우물에서 물을 긷는 승려들과 마주치고 다음과 같은 팻말이 눈에 띈다. "드디어 찾아오셨군요. 조용히 해주십시오! 지금 수행중입니다."

이 사원의 승려들은 두타행이라는 지극히 간소하고 엄격한 수행법에 따라 살기로 작심한 이들이다. 이 수행법은 붓다 재세시 숲속 수행의 전통을 계승한 것으로 붓다께서는 수행승들의 의식주에 제한을 두는 13가지 계율을 제정하여 엄수하도록 하셨다. 이런 생활방식의 핵심은 적게 소유하고, 많이 수행하고, 하루 한 차례 탁발하는 것이다.

왓 빠 뽕의 하루 일과는 그룹 명상과 하루 두 차례의 대중정진(독송), 아잔 차 스님의 저녁 설법 등으로 이어지는데, 아잔 차 스님과의 면담 기회는 그리 많지 않다. 그러나 정작 수행의 정수는 생활 속에서 체득된다.

승려들은 손수 가사를 깁거나 염색하고, 대부분의 생필품을 직접 만들며, 사원 청소도 도맡아한다. 또한 식사는 하루 한 끼, 탁발 공양으로 해결하고 소지품과 가사, 거주지를 제한하는 엄격한 계율을 준수해야 한다. 그들은 숲속에 흩어져 있는 각자의 막사에 홀로 머물며 명상 수행을 하고, 나무들 사이로 난 깨끗이 청소된 오솔길을 따라 경행하며 스스로를 정화해나간다. 이처럼 공동체를 조화로이 유지하게 하는 계율을 엄수하면 이런 생활방식이 각자가 지닌 욕망이나 망상과 어떻게 상충(相衝)하는지를 명백히 알게 된다. 그리하여 엄격한 훈련을 통해 개인의 이기적 욕구를 없앨 수 있다. 따라서 사원 내의 일상생활도 정규 수행 못지않게 중요시하는 것이다.

아잔 차 스님은 어떤 특별한 수행 기법을 강조하지 않는다. 깨달음과 지혜를 빨리 달성할 수 있는 어떤 충격적 방법도 장려하지 않는다. 단지 정규적인 좌선 수행을 통해 마음이 고요해질 때까지 호흡을 주시하고 몸과 마음의 현상을 관찰하도록 한다.

"소박하고 자연스럽게 살라. 그리고 마음을 관찰하라." 이것이 아잔 차 스님의 수행법 키워드인 셈이다. 그러므로 스님은 깊은 지혜나 깨달음의 경험에도 집착하지 말고 단지 순간순간 집착을 없애버려 고(苦, dukkha)[2]로부터 완전히 자유로워질 것을 늘 강조한다. "모든 수행은 단지 마음의 균형과 무집착, 비이기성을 계발하는 일일 뿐이므로 명상 수행이든 일상생활이든 모든 것이 수행이다. 따라서 무엇을 하든 알아차림을 유지해야 한다. 그렇게 끈기 있게 관찰해나가면 저절로 지혜와 평화에 이르게 될 것이다."

이처럼 단도직입적이고 소탈한 아잔 차 스님의 가르침은 맑고 쾌활하며 솔직한 스님의 성품과 어우러져 사람들에게 영감과 탐구심, 깊은 평화로움과 경탄을 불러일으킨다. 때로는 이런 독특한 스타일이 오해를 불러오기도 하지만 거듭 스님의 가르침을 접하다보면 마음이 보다 원숙해짐을 느끼게 되어 마음 깊이 가르침을 받아들이게 된다. 특히 때와 장소, 그리고 청중들의 이해력과 감성에 맞추어 자유자재로 구사하는 스님의 노련한 설법 기술은 감탄을 자아낸다.

이로 인해 스님의 가르침이 얼핏 논리적으로 일관성 없고 모순되게 느껴질 때도 있으나 그 또한 깊고 풍부한 삶의 연륜에서 우러나오는 가르침이 지닌 특성임을 헤아릴 수 있어야 한다. 마찬가지로 스님의 단순 명료하고 단도직입적인 가르침들이 간혹 불교의 전통적 가르침에서 벗어나 보일지라도 실수행을 이야기할 뿐 이론을 논하지 않는 스님 특유

---

2 모든 조건지어진 현상 속에 내재된 불만족, 불충분, 불완전, 불안정성 등을 이른다. 모든 현상은 항상 변화하기 때문에 언제나 고통을 야기한다. 또한 고는 늙고 병들고 죽는 데 따르는 고통에서부터 작게는 좋아하는 사람과 헤어지거나 싫어하는 사람과 만나는 데서 생기는 미묘한 감정에 이르기까지 모든 형태의 불쾌함을 포괄한다. 우둔함, 권태, 불안, 설렘 등의 세세한 심리 상태까지도 포함한다. 고는 가장 흔히 오해하는 개념 중 하나로 마음수련을 위해 없어서는 안 될 핵심 요소이기도 하다.

의 심오한 수행 철학과 풍부한 수행 체험에서 기인하는 것임을 이해해야 한다.

아잔 차 스님은 만물의 세 가지 특성, 삼법인(三法印)인 무상·고·무아를 간파하여 버림[捨]과 인내와 올바른 반야지혜로써 번뇌를 없애고 단련하여 마음과 세계의 참다운 본성을 깨치라고 촉구한다. 지금 바로 시작하라고!

이처럼 생애 자체가 하나의 고결한 설법이었던 아잔 차 스님은 1992년 많은 이의 깊은 애도 속에 적멸에 들었다.

수행 체험

아잔 차의 수행담

—

아잔 차 스님은 스승 아잔 문 스님의 가풍을 그대로 이어받았다. 수행하는 데 매우 활달한 용기가 있어 어떤 장애 속에서도 결코 움츠러들지 않았다. 아잔 차 스님은 자신의 약점에 대해서도 매우 솔직하게 털어놓았다. 젊었을 때는 성적 충동이 매우 큰 장애였다. "숲속에서 홀로 수행하고 있을 때 원숭이들을 보고도 욕망이 일었다. 원숭이들을 보며 '저들에게로 가서 그냥 원숭이로 사는 것도 나쁘지는 않겠다'라고까지 생각했는데, 이는 성적 충동이었다. 원숭이를 보고 자극받았던 것이다"라고 회상하기도 했다.

아잔 차 스님은 욕정을 극복하기 위해 가사를 허리 위까지 말아올리고 경행 수행을 했다. 아무 데서나 여성의 성기가 마음속에 떠올랐지만 굴복하지 않았다. 스님은 이런 욕망이 수없는 생에서 배우자와 함께 지냈던 업식 때문이리라 생각하고 바로 이번 생에서는 성욕을 끝내야겠다고 결심했다. 그리고 그렇게 하기 위해 특별한 장소나 별도의 시간이 없다는 자세로 일체처(一切處) 일체시(一切時)에 그런 현상을 직면하여 꿰뚫어보면서 극복했다. 스님은 그처럼 참기 어려웠던 욕망들 때문에 아주 깊은 지혜를 터득할 수 있었다고 자주 술회하곤 했다.

어느 날 아잔 차 스님은 귀신을 두려워하는 마음이 일어나 그것을 보기 위해 화장터에서 밤을 새우러 갔는데, 그곳에서 정말 소름 끼치는 경험을 했다. 다음날 아침에 혈뇨가 나올 정도였으나 스님은 그날 밤에 다시 그곳으로 갔다.

스님의 평소 소신은 다음과 같았다. "수행은 단지 이 세상과 다투지 않는 것만을 의미하지 않는다. 자기 자신과의 정면 대결은 도리어 포효하는 폭풍 속으로 걸어들어가는 것이나 다름없다."

아잔 차 스님의 체험담을 들어보자.

화장터에서 두려움 관찰

두려움을 극복하기 위해 마음을 굳게 먹고 화장터에서 수행하기로 했다. 무척이나 두려웠지만 용기는 잃지 않았다. 어차피 언젠가는 죽을 목숨……. 어두워질 무렵 마을 사람들이 화장터로 시신 한 구를 운반해와 독경 후 화장했다.

'죽어도 좋아. 사람이 세상에 태어난 것은 결국 죽기 위해서니까.'

해질 무렵 화장터 쪽으로 다가가려고 할 때마다 무언가가 뒤에서 나를 잡아당기는 것만 같았다. 공포와 용기가 줄다리기하는 것 같았다. 어둠이 내려앉아 칠흑처럼 깜깜해진 후 모기장 안으로 들어갔다. 모기장 안에 있던 바리때가 친구처럼 친근하게 느껴졌다.

밤새 모기장 안에서 타다 남은 시신 쪽을 바라보았다. 너무 무서워서 잘 수가 없었다. 이런 수행을 할 필요가 있는가? 화장터에서 밤을 지새울 수 있는가? 아침이 밝아오자 탄식처럼 터져나왔다.

"휴! 살았구나!"

'아무 일도 없었어. 오직 나의 두려움뿐이었어. 오늘 밤에는 조용히 제대로 수행할 수 있겠지. 어젯밤 무사히 넘겼으니 오늘 밤도 할 수 있을 거야.'

그러나 오후 늦게 시신 한 구가 또 도착했다. 사람들이 시신을 가져와 내 자리 바로 옆에서 화장했다.

밤새도록 좌선하며 시신이 타는 것을 지켜보는 기분은 형언할 수 없는 심정이다. 어떤 말로도 이 두려움을 표현할 수 없다. 시신 앞에서 경행하고 싶었지만 도저히 용기가 나지 않았다. 자고 싶은 생각도 들지 않아 겁에 질린 눈으로 앉아 있었다.

'에라, 여기서 죽어야지. 한 발짝도 움직이지 않겠어.'

불법에 대한 확실한 믿음이 없다면 결코 그런 수행을 감행할 수 없으리라……

시신 쪽에서 부스럭거리는 소리가 들려왔다. 별생각이 다 들었다. 개나 물소가 어슬렁거리는 소리 같기도 했다. 마치 꼭 사람처럼 내 쪽으로 다가왔다. 물소 같기도 했고 아닌 것 같기도 했다.

'어디로 달아날까?'

30여 분쯤 지났을까? 발소리가 다시 내 쪽으로 다가오는 것 같았다. 꼭 사람 같았다. 눈을 질끈 감고 있었다.

'눈을 감은 채 죽으리라.'

그것은 점점 가까이 다가왔고 바로 코앞에서 멈추어 섰다. 시신이 일어나 타버린 손을 코앞에서 앞뒤로 흔들고 있는 것만 같았다.

모든 것을 내던졌다. 붓도염불도 잊었다. 오직 두려움뿐이었다. 세상에 태어나서 이렇게 무서웠던 적이 없었다. 염불마저 사라졌고 어디로 사라졌는지도 알 수 없었다.

꼼짝하지 않고 좌선하며 무슨 일이 일어나는지 관찰하고 있었다.

'뭐가 그리 두려운가?' '죽음이 두려워!' '죽음이 뭔데 왜 그렇게 두려움에 떨고 있지? 죽음이 있는 곳을 직시해봐. 죽음이 어디 있길래?'

'죽음이 내 안에 있군! 죽음이 내 안에 있다면, 왜 죽음으로부터 도망치려고 하는가? 달아나지 않아도 죽을 텐데 말이야. 어디를 가든 죽음은 나와 함께 있는 거야. 안에 있으니 달아날 곳도 없네. 두려워하든 두려워하지 않든 죽는 건 마찬가지야. 죽음을 피할 수 있는 곳은 없으니까.'

이렇게 받아들이고 직시하자 기분이 달라졌다. 그토록 엄청난 두려움이 사라질 수 있다니 참으로 놀라웠다. 두려움 대신 용기가 솟았다. 두려움을 극복한 순간부터 장대비가 내리기 시작했다. 폭우가 쏟아지기 시작했고 얼마 후 비가 그쳤을 때는 모든 것이 소낙비로 젖어 있었다. 흠뻑 젖은 채 울었다. 울면서 생각했다.

'나는 왜 버려진 아이처럼 이런 데서 비를 맞고 있는가? 도대체 이게 다 무슨 짓인가!'

이런 생각이 들자 스스로가 측은해졌고 눈물이 쏟아지기 시작했다.

그렇게 수행했다. 두려움을 정복한 뒤 마음속에서 일어나는 온갖 희열을 관찰했다. 느낄 수는 있되, 형언할 수는 없는 수많은 감정이 스쳐

지나갔다. "지혜로운 자는 스스로 깨닫는다"라는 붓다의 말씀을 생각했다.

고통을 직시하며 소낙비 속에서 좌선하는 동안 그 누구도 나와 함께 있지 않았다. 그 경험이 어떤 것인지는 느껴본 자만이 안다. 그러나 누가 그 과정을 직시해보았는가? 오직 나만이 알 수 있는 나 자신만의 체험이었다. 스스로 체험해야 알 수 있는 것이다. 더욱 강해졌고 동이 틀 무렵 두려움이 없다는 확신은 더욱 확고해졌다. 새벽에 눈을 뜨니 모든 것이 노란빛으로 보였다. 소변을 보았더니 피가 섞여 나왔다.

'어? 창자가 찢어지기라도 했나? 그러면 어때서 찢어지면 찢어진 거지. 누굴 탓하겠어? 찢어졌으면 찢어졌지, 죽으면 어때. 난 그저 여기 앉아 있었을 뿐 불선업(不善業)은 하지 않았어. 내장이 터졌다면 할 수 없지. 약을 구할 수 없어. 승려는 약용으로 풀을 베어선 안 돼. 죽으면 그만이지, 그게 별건가? 이렇게 수행하다가 죽는다면 더 좋은 수행 환경에 태어나리라. 난 준비됐어. 나쁜 일을 하다가 죽는다면 몰라도 수행하다가 죽는다면 영광이지, 상관없어.'

수행중 깨닫지 못했다고 해도 절대 포기하지 말라. 한 경지를 정복했다고 생각하는 순간 또다른 경계에 속박되지만 구경각(究竟覺)을 이룰 때까지 꾸준히 끝까지 노력하라. 그 전에는 결코 자족하지 말라. 모든 마음을 수행에만 집중하고 앉아 있을 때나 누워 있을 때나 서 있을 때나 바로 여기서 몸과 마음을 관찰하라.

요즘 사람들이 이른바 수행이라고 부르는 것은 사실 수행이라고 할 수 없다. 본능을 극복할 용기가 없기 때문에 감정을 거스르는 일은 하지 않으려고 한다. 번뇌를 직시하여 번뇌를 근절하려고 하지 않는다. 수행할 때는 감정의 노예가 되어서는 안 된다.

오랫동안 수행하고 승려가 된 사람들이 아무것도 이루지 못하는 상태가 바로 그런 이유다. 그들은 스스로를 훈련하지 않고 자신들의 마음을 들여다보려고 하지 않는다.

아잔 차의 깨달음 체험담 - 세 차례의 대폭발

—

출가한 지 3년 정도 지나자 삼매와 깨달음에 대해 궁금증이 생겼다. 기필코 깨닫고자 하는 일념으로 쉬지 않고 정진했다. 그러나 조급함으로 마음이 한없이 산란해져 발버둥질하던 끝에 삼매도 호흡과 같은 이치임을 터득하게 되었다. 자연스러운 호흡을 통해서만이 삼매로 나아갈 수 있다. 억지로 애쓰면 단지 집착만 더할 뿐이다.

정견(正見)3에 의지하여 수행을 계속해나갔다. 그러자 수행이 점점 더 자연스럽게 진행되어감을 느낄 수 있었다. 이윽고 내 마음속에 있는 욕망들이야말로 수행의 장애물임을 분명히 간파하게 되자 좀더 진솔하게 마음의 현상들이 일어나는 대로 그 요소들을 관찰하기 시작했다. 앉고 들여다보고, 앉고 들여다보기를 한없이 반복했다.

그러던 어느 날 드디어 고대하던 순간과 맞닥뜨리게 되었다! 그날 나

---

3 괴로움[苦], 괴로움의 원인[集], 괴로움의 소멸[滅], 깨달음에 이르는 길[道]을 아는 것으로 오온(물질, 감각, 인식, 반응, 의식)이 생멸하는 원인, 인과의 연기(緣起)를 아는 것이다. 오온과 아는 마음인 반야를 구분하는 것이 정견의 시작이고, 오온에서 욕심, 성냄, 어리석음을 제거한 열반의 마음을 실현하는 것이 정견의 완성이다. 이것의 실천이 위빠사나다.

는 하루의 수행을 끝내고 밤 11시도 넘은 시간에 홀로 경행하고 있었다. 거의 아무런 생각도 떠오르지 않았다. 내가 머물던 곳은 숲속의 한 사원이었는데, 때마침 마을에서 열리고 있던 축제 소음이 멀리서 들려왔다.

경행으로 다소 피곤함을 느낀 나는 방으로 들어왔다. 그런데 좌선 자리에 앉으려고 하자 왠지 여느 때처럼 결가부좌를 할 수 없을 듯한 느낌이 들었다. 나의 마음은 자연스럽게 깊은 선정에 들기를 원했다. 왜 그런 것일까?

좌선에 들자 참으로 평온해졌다. 마을에서 소음이 들려오기는 했지만 마음을 조절하면 그 소리를 듣지 않을 수도 있었다. 마음을 한 점에 집중하여 소리 쪽으로 돌리면 소리가 들렸고, 그렇게 하지 않으면 아무 소리도 들리지 않았다. 소리가 다가오면 그것을 알아차리는 주체를 알아보았고, 그 주체는 소리로부터 분리되어 있음을 알게 되었다.

그 순간 나는 알아차렸다. 바로 이것이다! 바로 이것이 아니면 무엇이겠는가?

여기 있는 바리때와 주전자가 별개이듯이 나의 마음과 마음대상도 전혀 별개임을 알 수 있었다. 마음과 소리는 전혀 연결되어 있지 않았다. 이렇게 계속 관찰했고, 결국 나는 깨달았다! 무엇이 주관과 객관을 함께 부여잡고 있는지를 보게 된 것이다. 그리하여 그 관계가 끊어져버리자 비로소 진정한 평화가 드러났다.

그때 내 마음은 다른 어떤 쪽으로도 분산되지 않았다. 좌선을 마치고자 했다면 그럴 수도 있었을 것이다. 일반적으로 수행을 마칠 때면 자신이 게으름을 피우는 것이 아닌가, 피곤한가, 마음이 산란한가 등을 점검하기 마련이다. 그러나 그때 나의 마음에는 게으름이나 싫증, 산란함이라곤 없었고 모든 면에서 완벽하고 충족된 상태임을 느낄 수 있었다.

휴식하기 위해 좌선을 중단했을 때 가부좌를 풀었음에도 불구하고 나의 마음은 여전히 부동 상태였다. 자리에 눕는 순간에도 마음은 눕기 전과 마찬가지로 평온했다.

그런데 머리가 베개에 닿는 순간 돌연 마음이 안쪽으로 향하는 '전환'이 일어났다. 어디쯤에서 그런 전환이 일어났는지는 알 수 없었으나 마치 스위치가 켜져 전기가 들어올 때처럼 내부에서 놀라운 전환이 일어났고, 동시에 나의 몸은 굉음을 내며 폭발했다. 알아차림은 최대한도로 깨어 있었다.

그 전환의 지점을 지나 마음은 계속 나아갔다. 안에는 아무것도 없었다. 전혀 없었다. 아무것도 들어 있지 않았고 닿는 것이라곤 아무것도 없었다.

알아차림은 안에서 잠시 중단되었다. 이윽고 마음은 다시 밖으로 빠져나왔다. 내가 의도적으로 나오게 한 것이 아니었다. 나는 다만 관찰자, 즉 '아는 자'에 불과했다. 그 상태에서 벗어나자 다시 평상시로 돌아왔다.

'도대체 무슨 일이 일어났던 것일까?' 스스로 의문이 솟구쳤다. 그러자 '단지 일어난 그대로일 뿐, 의심할 필요는 없다'는 자답이 떠올랐다. 단지 그것이 전부였고 나의 마음은 그 모든 것을 일어난 그대로 받아들일 수 있었다.

잠시 멈춘 후에 마음은 다시 안으로 향했다. 내가 의도한 것이 아니라 저절로 그렇게 움직였다.

안으로 들어가자 조금 전과 마찬가지로 또다시 전환이 일어났다. 나의 몸은 다시 산산조각으로 분해되었고 마음은 가늠할 수 없을 만큼 깊은 곳으로 떨어져 이윽고 고요해졌다…….

그렇게 원하는 만큼 안에서 머문 다음 밖으로 빠져나오자 다시 평소 상태로 돌아왔다. 그 과정 내내 마음은 자발적으로 움직이고 있었다. 결코 나 자신이 마음을 의도적으로 오고 가게 한 것이 아니었다. 나는 단지 알아차리고 관찰했을 뿐이다. 나는 아무런 의문도 품지 않았으며, 그리하여 여전히 좌선을 이어가면서 관찰했다.

세번째로 마음이 안으로 들어가자 급기야 온 세상이 산산이 부서져 버렸다! 땅, 풀, 나무, 산, 사람 등 일체가 허공이었다. 아무것도 남아 있지 않았다!

그 상태에서 머물고 싶은 만큼 머문 후 마음은 밖으로 빠져나와 다시 평소 상태로 돌아왔다.

언어로는 마음이 안에서 어떻게 머물고 있었는지를 표현할 수 없다. 이런 체험은 눈으로 보거나 말로 표현할 수 있는 성질의 것이 아니기 때문이다. 그 어떤 것도 이와 같은 체험과는 비교될 수 없다. 이 세 차례의 경이로운 체험에 대해 무슨 일이 일어났는지를 어느 누가 감히 설명할 수 있겠는가? 대체 이런 현상을 무엇이라고 명명할 수 있다는 말인가? 이와 같은 체험을 통해 알아차린 '마음의 본성'은 본디 언어로 표현하기 어려운 만큼 그에 관해 명확히 설명할 수 없다. 마음의 요소[心所]나 의식[心]의 범주에 관해 반드시 말로 옮겨야 할 필요는 없다.

나는 확고부동한 불퇴전의 신심을 지니고 수행했고 목숨까지 걸 준비가 되어 있었다. 모든 지식과 이해에 일대 변혁이 일어났다.

누군가 그런 나를 보았다면 미친 사람으로 여겼을지도 모른다. 실제로 마음챙김을 강력하게 단련하지 못했다면 미쳐버릴 수도 있었을 것이다. 이 세상천지에 전과 다름없는 것은 아무것도 없었기 때문이다. 아니, 정작 변한 것은 나 자신이었다. 그럼에도 불구하고 (외형적으로) 나는 여전히 동일 인물이었다.

그후로는 모든 사람이 한쪽으로 의견을 몰아간다 해도 나만의 견해를 견지할 수 있게 되었다. 나는 이미 남들과는 다른 궤도에 올라 있었던 것이다.

그날 내 마음이 절정의 위력을 발휘했을 때 그 원동력이 되어준 것은 다름 아닌 정신 에너지, 즉 선정에서 얻은 에너지였다. 다시 말해 그날의 나의 체험은 삼매력이 받쳐주었기에 가능했던 것이다.

삼매가 그 정도의 수준에 달하면 위빠사나는 저절로 흘러나온다.

이와 같이 수련한다면 그대들 역시 오래지 않아 '도달하게' 될 것이다.

벗들이여, 왜 한번 시도해보지 않는가?

저쪽 기슭으로 타고 갈 배가 당도해 있는데, 왜 뛰어들지 않는가? 어찌하여 오염된 진창구덩이를 벗어나려고 하지 않는가?

그대들이 원하기만 하면 나는 언제든 노를 저어줄 수 있다.

오늘도 나는 그대들을 기다리고 있다…….

스승 아잔 문의 체험담 – 구경각 아라한과의 성취

—

아잔 문은 20세기 태국에서 가장 존경받는 선사다. 그는 1870년 태국에서 태어나 스물세 살에 비구계를 받고, (붓도) 염불과 위빠사나를 결합한 수행으로 구경각인 아라한을 성취했다. 붓다 이후 오온과 12연기를 통해 아라한에 도달한 수행 사례를 남긴 이는 아잔 문 스님 외에는 찾아볼 수가 없어 아잔 차 스님의 스승인 그의 수행 체험기를 참고로 간략하게 소개한다.

아잔 문의 체험기

완전한 마음챙김과 지혜로 최대한의 힘을 쏟아 정진한 지 얼마 되지 않아서였다. 저녁부터 밤늦게까지 아잔 문은 12연기에 대해서 관했다. 경행과 좌선을 통해 12연기를 순차적으로 관하기도 하고 역순(逆順)으로 관하기도 했다. 역순 관찰은 무의식 깊이 흐르고 있는 근본 무명과 미세한 오온을 관찰하는 것이다. 무명과 욕망이 마음속에서 하나의 모임이 되어 잠재의식 세계를 왕래하자 순차적·역순으로 반복하면서 아주 미세하게 관찰했다. 그러자 무명은 완전한 마음챙김과 완전한 지혜 앞에서 마침내 완벽히 패배했다.

무명을 철저히 소멸시킨 이후로 마음은 하나의 법(法, dharma, dhamma)과 완전히 일체가 되어 속세에서와 같은 이중성은 더이상 존재하지 않게 되었다. 이는 해탈의 법으로 세속적인 모든 것과 결별하고 하나가 되는 것이다. 이 해탈의 법은 오직 한 번 일어났다. 근본 무명은 소멸되면 다시 일어나지 않는 경우를 말한다. 여기서 열 가지 결박의 번뇌(몸과 마음인 오온이 나가 아닌 유신견, 의심, 미신, 감각적 욕망, 색계, 무색계, 욕망, 불안, 아만, 무명)가 모두 사라진다.

해탈하는 순간 법을 존중하는 천상의 신들이 아잔 문을 방문하고 법의 찬연한 광채에 대해 이야기했다. 천상의 신들은 삼계에 있는 높고 낮은 곳의 보이지 않는 존재들이 모든 영역을 관통하는 눈부신 빛을 보고 놀라움과 경외감으로 전율을 느꼈다고 말했다.

당신의 성스러움으로부터 뿜어져나온 법의 빛은 수십만 개의 태양보다 더 밝았습니다. 우리는 성스러움(열반, 적멸)의 성취에 다만 감탄하고 놀랄 뿐입니다. 당신의 성취는 위대하고도 위대합니다. 다양한 세계에 있는 무수한 지각 있는 존재(유정有情)들이 법의 성스러운 빛에 둘러싸여 이전에는 몰랐던 더없는 행복을 체험했습니다.

그들이 떠난 뒤 아잔 문은 유난히 어렵고 위험했던 자신의 수행과정을 떠올렸다. 한 가지 분명한 것은 생명을 위협하는 일련의 시련에 맞서 용감히 이겨내지 못했다면 자신의 소망을 실현하지 못했을 것이며 궁극적인 목표도 이루지 못했으리라는 점이다.

전생을 읽는 숙명통, 타인의 마음을 읽는 타심통, 먼 곳이나 사람이 죽은 뒤 다시 태어나는 곳을 아는 천안통을 갖춘 아잔 문은 제자들이 좌선중에 일으키는 번뇌의 내용까지 간파하고 지도하여 그의 문하에서 수행하는 사람들은 단시일 내에 놀랄 만한 향상을 이루었다고 한다.

아잔 문은 항상 제자들에게 완전한 자기희생과 용기, 끊임없이 용맹정진하는 노력 없이는 수행의 결실을 얻는 것이 불가능하다고 강조했다. 특히 악행은 말로나 행동으로 하지 않아야 함은 물론, 마음속에 생각조차 품지 말 것을 강조했다.

입멸 후 아잔 문의 다비식 때는 수많은 재가 불자와 스님들이 모여

들었고 많은 사리가 나왔다. 특히 신기한 것은 태국에서는 선사들이 입적하면 뼛가루 중 일부를 재가 불자의 집에 모시는데, 나중에 보니 아잔 문의 뼛가루가 모두 사리로 변했다는 놀라운 일화도 전해진다.

아잔 문의 수행 가풍
—

당신이 두려워하는 것을 스승으로 삼아라

아잔 문은 제자들에게 시간과 장소의 제약을 뛰어넘어 가르침을 베풀었다. 아잔 문의 가르침은 시간과 장소에 따라 다양하게 필요했다. 한번은 망상에만 빠져 있는 한 제자에게 아잔 문이 솔직하게 말했다.

"너는 동굴에 가서 명상하는 편이 나을 것이다. 여기서 머무는 것보다 그편이 훨씬 낫겠다. 너에게는 지금 강력한 처방이 필요하다. 동굴에는 너 같은 고집스러운 스님에게 필요한 처방을 해줄 호랑이가 있다. 호랑이를 네 스승으로 삼으면 더 많은 것을 배울 수 있을 것이다. 너는 호랑이들을 두려워한다. 그러므로 너는 호랑이를 너의 조련사이면서 스승으로 받아들여야 한다. 귀신을 무서워하는 자는 귀신을 조련사로 받아들여야 하고. 이것이 자기수련을 쌓는 올바른 방법이다."

그 제자 스님은 재가 불자였을 때 '터프가이'로 알려져 있었다. 그 스님은 대담하고 솔직했으며 다소 고집스러웠다.

"무엇이 다가오든지 나는 가야만 한다. 그러면 나는 그가 말한 진리를 볼 수 있을 것이다. 그는 신중히 생각하지 않고는 절대 말하지 않는다고 알려져 있다. 그의 말에는 항상 의미가 숨겨져 있다. 그는 지금까지 우리의 생각을 너무 잘 알고 있음을 보여주었다. 또한 그는 그 동굴에 가면 나에게 무슨 일이 일어날지도 틀림없이 알고 있다. 그렇지 않다면 그는 나에게 그곳에 가라고 말하지 않았을 것이다. 나는 갈 것이다. 내가 그곳에서 죽는다면 그것이 나의 운명이다. 그러나 내가 죽지 않는다면 나는 이제까지 나에게 알려지지 않은 무언가를 깨달을 것이다. 그는 나에게 암시를 주었다. 이제 나는 아잔 문 스님이 말한 대로 행할 것이다."

제자 스님은 결심하고 가사를 제대로 갖추어 입었다. 그리고 떠나기 전에 아잔 문을 찾았다.

"어디 가느냐?

"그 동굴에 죽음을 맞이하러 갑니다."

제자 스님이 솔직하게 대답했다.

"나는 너에게 마음계발을 위해 그곳에 가라고 했지, 그곳에 가서 죽으라고 말하지 않았다."

"스님이 저에게 그곳에 가서 죽으라고 말하지 않은 것은 사실입니다. 그러나 제가 가려는 동굴에서 멀지 않은 곳에 크고 사나운 호랑이가 살고 있다고 다른 사람들에게 들었습니다. 그 동굴은 호랑이가 매일매일 지나다니는 길에 있습니다. 또한 호랑이는 그 동굴에 들어왔다가 나간 적도 있다고 합니다. 저는 그 호랑이가 저를 정말로 죽일까봐 두렵습니다. 그래서 저는 스님께 그렇게 대답했습니다."

"호랑이가 다른 사람들보다 유독 네 고기를 더 맛있어 할 것 같냐? 네 마음은 영리한 마법사다. 그것은 정진자를 현혹하고 두렵게 하여 너의 목표에서 멀어지도록 하는 술수와 책략으로 가득차 있다. 이것은 단지 시작일 뿐이다. 너는 이미 번뇌의 속삭임에 최면이 걸렸다. 너는 이런 시련으로부터 살아남을 수 있을 것 같냐? 너는 아직 죽음에 직면하지도 않았는데, 왜 그토록 죽음을 두려워하느냐? 내가 너에게 진리를 말해주겠다. 죽음의 근본적 원인은 출생이다. 그런데 왜 출생을 두려워하지 않느냐? 모든 사람은 출생이 이루 다 말할 수 없는 고통을 낳기에 충분하다는 사실에도 불구하고 끊임없는 출생을 갈망한다. 만일 사람이 대나무처럼 가지를 내며 생을 이어갈 수 있다면, 그는 수없이 자신을 소진하는 죽음에 대한 공포를 생각하지 않아도 됨으로써 보다 더 행복해질 수도 있을 것이다.”

“너는 수행하는 불교도다. 그런데 어찌하여 그토록 죽음을 두려워하느냐? 마음챙김과 지혜를 사용하여 번뇌의 속삭임과 위협을 떨쳐내고 그들의 술수와 책략을 밝혀내는 게 어떠냐?”

“전사는 오직 전장에서만 승리할 수 있다. 네가 죽음을 두려워한다면 전쟁터에 나가도 소용없다. 두려움 없이 죽음에 맞서야만 승리할 수 있다. 네가 정말로 고의 소멸을 원한다면 너는 죽음에 대한 두려움도 네가 너 자신에게 스스로 부과하는 고통의 하나임을 알아야만 한다. 그리고 스스로 부과한 고통의 해악을 볼 수 있는 전장에서 죽음에 대한 두려움을 없애야 한다. 이것이 번뇌의 속삭임과 번뇌의 멍에에 영원히 너 자신을 굴복시키는 것보다 훨씬 낫다.”

“이제 네가 믿을 수 있는 것을 결정해라. 법과 가르침이냐, 아니면 호랑이가 단지 너를 잡아먹기 위해 도처에 있다는 번뇌의 속삭임이냐? 나는 나 자신을 이런 식으로 훈련했고, 그 결과를 너는 지금 분명히 보고 있다. 스스로 올바른 선택을 하기를 바란다.”

제자 스님은 마음의 짐을 덜게 되어 스승의 솔직하고 명백한 가르침에 대한 환희심으로 가득차 있는 것처럼 보였다. 제자 스님은 절을 하고 아잔 문을 떠나 기쁜 마음으로 동굴로 향했다.

제자 스님은 여전히 황홀한 상태로 동굴에 도착했다. 제자 스님은 가져온 필수품들을 내려놓고 그날 밤 묵을 장소를 살폈다. 그 순간 그의 눈은 그를 속이기 시작했다. 그는 동굴 입구에서 호랑이 발자국을 보았다. 그리고 귀에서는 다음과 같은 속삭임이 들렸다.

"여기에는 호랑이가 살고 있어!"

제자 스님은 번뇌에 정복되었고 두려움에 휩싸였다. 아잔 문의 가르침으로부터 얻은 환희심과 용기는 온데간데없이 사라졌고 지금 제자 스님은 오싹한 두려움에 휩싸였다. 제자 스님은 발자국을 지우며 두려움을 없애려고 애썼지만 두려움은 여전했다. 두려움은 호랑이 발자국에 있었던 것이 아니라 그의 마음속에 있었던 것이다. 두려움은 그의 마음에 단단히 자리잡고 있었다.

그날 밤부터 다음날 온종일 제자 스님은 두려움이라는 해결되지 않는 문제로 애태웠다. 또다시 밤이 오자 그의 두려움은 커져만 갔으며 그곳에 정말로 호랑이가 살고 있는 듯했다. 그 장소는 그에게 정말로 지옥과 같았다. 그러나 그는 반복된 실수와 좌절에도 불구하고 끝까지 포기하지 않고 노력하여 결국 칭찬받게 되었다.

'나는 여기 오기 전에 결심한 바가 있다. 나는 아잔 문 스님에게 죽으러 왔다고 말했다. 나는 용기와 환희심에 가득차서 이곳에 왔다. 그러나 나는 지금 무엇을 하고 있는가? 이 같은 두려움에 휩싸이다니, 매우 수치스럽구나! 이곳에 오도록 나를 재촉한 것은 나 자신의 마음이다.

그리고 지금 나에게 술수를 쓰며 두려움으로 미치도록 몰아넣고 있는 것 또한 내 마음이다. 이것이 어찌 된 일인가? 내가 같은 사람인가? 겁 많은 동물로 변하기라도 했단 말인가? 지금 결심하는 편이 낫겠다. 절 벽 끝에 앉아 명상한다면 깜빡하여 떨어져 죽을 수도 있다. 그 경우 독 수리들과 까마귀들이 내 시체를 다 먹어치울 테고, 그러면 누구도 내 시체를 화장할 수고를 할 필요가 없을 것이다. 아니면 호랑이가 다니는 길에서 명상할 것인가? 그렇다면 호랑이가 돌아올 때 나를 찾을 수고 를 덜어줄 것이다.'

이렇게 생각한 후 제자 스님은 마침내 절벽 끝에 앉아 있기로 결심 했다. 그곳에서 잠시 잠깐이라도 마음챙김에서 벗어나면 바로 독수리 들과 까마귀들을 즐겁게 할 나락으로 떨어질 터였다. 그는 절벽 아래를 내려다보며 앉았다. 그는 호랑이가 다니는 길 쪽으로 등지고 있었다. 그 는 잠시 잠깐이라도 마음챙김에서 벗어나면 죽음에 이를 것이라고 생 각하며 '붓도'4를 염송하기 시작했다. 그는 종일 절벽에서 떨어지는 것 이 더 무서운가, 아니면 호랑이에게 잡혀 먹히는 것이 더 무서운가에 대해 관했다. 그리고 제자 스님은 호랑이에게 잡혀 먹히는 것보다는 훨 씬 더 직접적이고 위협적인 죽음에 이르는 것을 더 무서워하고 있음을 깨달았다.

오랜 시간이 지난 후 제자 스님은 마음이 갑자기 심오하고 확고한 선 정 상태로 모아지고 모든 주변 환경을 잊을 수 있는 확고한 자기수련을 하게 되었다. 남은 것은 놀랍게도 자기 자신을 지탱해주는 마음이었다.

---

4 빨리어 붓도(Buddho)는 붓다(Buddha)의 주격으로 청정한 마음을 성취한 나 자신이 바로 붓 다라는 의미를 내포하고 있다('부록' 참조).

이 완벽한 상태는 밤부터 다음날 아침까지 12시간 동안 계속되었다. 그날은 탁발하러 갈 필요도 없었고, 식사할 필요도 없었다. 명상의 결과는 제자 스님이 꿈꾸어왔던 것보다 훨씬 더 경이로웠다. 더이상 두려움이 존재하지 않았고 전보다 훨씬 더 용감해지고 자신만만해졌음을 느꼈다. 이제 법 효과는 몸과 마음의 질병을 모두 치료해주었다. 그때부터 어디에 가서도 두려움 없이 머무를 수 있다고 생각했다. 그는 호랑이에 대해서는 그것이 자신의 의지력을 시험할 하나의 기회라는 생각을 제외하고는 거의 마음을 쓰지 않게 되었다.

제자 스님은 항상 감사하고 존경하는 마음으로 그 가르침이 얼마나 진실하고 이로운지를 깨달았다. 그는 이제 자신의 마음을 단련하고 길들이는 방법을 알았다. 그리고 항상 두려움을 극복하기 위해 두려움을 이용했다.

어느 날 밤 그의 마음은 심원한 선정 상태로 모아지는 것을 거부했다. 아무리 오랫동안 열심히 노력해도 소용없었다. 그 순간 그는 그 지역을 자주 어슬렁거리는 호랑이를 생각했다. 그리고 호랑이가 그 순간 어디에 있는지 스스로에게 물었다. 호랑이가 그곳에 있다면 명상 수행을 하는 그를 도와주었을 것이기 때문이다. 사실 적절히 깨달아 알게된다면 명상은 결코 어렵지 않다. 그런 생각이 살짝 스친 지 30분가량이 지나자 호랑이가 다가오는 소리가 들렸다. 그는 호랑이가 자신의 목을 덮치는 모습을 그려보았다. 그러자 그의 마음은 갑자기 한순간 고요한 상태로 모아졌고 흔들리지 않고 말로 표현할 수 없는 일치된 평화 상태만이 남게 되었다. 그는 새벽 2시경에서 아침 10시경까지 마음의 선정 상태에 있었다. 그리고 그는 전처럼 탁발하러 갈 필요도, 식사할 필요도 없음을 느꼈다.

마음이 이른바 명상의 기초라고 불리는 완전한 선정 상태에 있으면 몸은 더이상 반응하지 않고 외부 환경에 대해서도 알지 못했다. 외부 환경에 따라 각성될 때마다 마음이 갑자기 그런 상태가 되는 것 또한 제자 스님의 체험이었다.

그는 선정 상태에서 벗어나 '친구'의 소리가 들린 곳으로 갔다. 그리고 자신이 앉아 있던 곳에서 4미터 정도밖에 떨어지지 않은 곳에서 호랑이 발자국을 확실히 보았다. 그러나 이상하게도 호랑이는 멀지 않은 곳에 앉아 있는 그의 '친구'에게는 아무런 관심도 보이지 않은 채 그의 동굴로 곧장 가버렸다.

제자 스님은 나중에 다음과 같이 이야기했다.

"마음을 길들일 어떤 압력이나 강제 없이 마음을 수련하기란 매우 어렵다. 위험의 순간은 마음을 한순간 피난 상태로 만드는 데 도움이 된다. 이것이 내가 평범한 동굴이나 숲보다 위험한 장소에서 머물기를 더 좋아하는 이유다. 호랑이가 자주 출몰하는 곳에 머무는 편이 훨씬 낫다. 즉 내 기질이 지금껏 제멋대로였기 때문에 온화한 방법으로 마음을 길들이기에는 적절하지 않다는 것이다."

"그리고 또다른 부수적인 효과도 있다. 그 동굴에서 얻은 평화와 행복에 더해 천상의 천사들과 대화할 수도 있었고, 죽음이 가까운 자의 미래를 볼 수 있는 통찰력 같은 것도 생겼다. 나는 갑자기 마을에서 멀지 않은 곳에서 사람들이 죽을 때마다 그 사실을 미리 알 수 있었다. 그리고 미리 예견된 모든 것은 사실로 드러났다. 내가 머물고 있던 동굴은 가장 가까운 마을에서 8킬로미터 정도 떨어져 있었다. 나에게 누군가가 세상을 떠나겠다는 생각이 떠오를 때마다 마을 사람들은 나에게 그들의 마을에 있는 죽은 자를 위한 의식을 치러줄 것을 부탁했다. 내가 거절함에도 불구하고 그들은 항상 그 숲 지역에는 스님들이 매우 드물다고 말하며 자신들에게 자비를 베풀어줄 것을 진심으로 간청했다. 나는 그들의 요구에 따를 수밖에 없었다. 그들의 바람대로 마을에 갔다가 다시 돌아오려면 아주 먼 거리를 걸어야 했다. 심지어 내 정진을 방해할 어떤 일도 하지 않기 위해 단식하는 기간에도 이와 비슷한 일은 여전히 일어나 숲속의 여정을 해야 했다."

호랑이 친구는 제자 스님의 의지력에 많은 공헌을 했다. 이틀에 한 번 혹은 사흘에 한 번 호랑이는 밤에 먹을 것을 찾아 동굴을 떠나곤 했다. 그러나 이상하게도 호랑이는 매번 제자 스님 곁을 지나쳤음에도 불구하고 그에게는 별다른 관심을 보이지 않았다. 그때부터 제자 스님은 항상 고독한 생활을 하면서 가능한 한 무서운 장소에서 명상하기를 좋아했다.

이는 마음을 일념으로 자기수련에 쏟았던 확고부동한 사람의 이야기다. 제자 스님은 자신의 두려움을 이용할 수 있었다. 그가 어떻게 자신의 무서운 적이었던 호랑이를 의지력과 결단력을 계발하게 해주는 친구로 변화시켰는가는 매우 흥미롭다.

귀신을 두려워한 스님 이야기

이 이야기는 처음에 아주 심각한 공포에 시달렸던 한 스님이 나중에 얼마나 용감해졌는가를 보여주는 일화다. 이는 비슷한 상황에 처해 있는 많은 사람에게 하나의 교훈이 될 수 있으며 아잔 차 스님의 체험담에서도 엿볼 수 있다.

한 스님이 두타행 수행을 하던 중 삼림이 우거진 곳에 날이 어둑어둑해질 때 도착했는데, 그곳이 공동묘지 옆이라는 말은 듣지 못했다. 첫날 밤 스님은 편안하게 그곳에서 쉴 수 있었다. 그런데 다음날 일어나서 보니 마을 사람들이 시신 한 구를 가져와 몇 미터 떨어진 곳에서 장작더미 위에 올려두고 화장하는 것이었다.

처음에 관을 들고 가는 모습을 본 순간 스님은 마음이 불안해지기 시작했지만 확실히 어느 정도 멀리 떨어져 있다고 속으로 중얼거리며 그럭저럭 안정을 찾았다. 그러나 스님은 자신이 앉아 있는 곳에 널려 있는 장작더미와 바로 눈앞에서 시신이 타오르는 장면을 목도하고 이중으로 두려움이 몰려왔다. 지금 바로 이 순간이 두려웠고, 앞으로 다가올 밤이 두려웠다. 밤이 될 때까지 공포감은 상상할 수 없을 정도로 극에 달해 거의 숨을 쉴 수 없는 지경까지 이르러 마치 죽어가고 있는 것처럼 보였다.

마을 사람들이 떠난 후 스님은 계속해서 공포에 시달렸다. 죽음과 관련된 경구 암송도, 어떤 명상도 공포에서 벗어나게 하지 못했다. 눈을 감을 때마다 한 줄로 길게 늘어선 귀신들이 스님에게로 다가왔다. 귀신들의 행렬은 끝이 없었다. 숨 쉴 틈 없이 귀신들의 얼굴이 계속 바뀌었다. 비구계를 받은 이래로 스님에게 일어난 가장 무서운 일이었다.

하루 한 끼로 눕지 않고 수행하는 두타행 스님은 일반적으로 두려움이 없으며 죽음과 귀신은 물론 어떤 위험과도 맞설 수 있다는 점을 상기했다. 그 자신도 이를테면 스님이었던 것이다! 어떻게 수치심도 없이 그와 같은 귀신을 두려워할 수 있다는 말인가? 이 같은 공포에 굴복하고 만다면 두타행 스님이라는 이름에 불명예를 남길 터였다.

생각이 여기에 미치자 스님은 용기를 내어 공포의 근원을 찾아내 정면으로 맞서리라고 결심했다. 가사를 입고 여전히 시신이 타고 있는 화장터로 다가갔다. 그러나 몇 발짝 떼지 못하고 갑자기 발이 땅에 붙은 것처럼 더이상 움직일 수 없었다. 스님은 있는 힘을 다해 억지로 걸음을 옮겼다. 다시 주춤거리거나 멈추는 일 없도록 걸음을 빨리했다. 스님은 공포로 떨리는 몸과 마음과 대항하여 싸우기 위해서는, 그리고 그의 죽음이 가까이 다가왔다는 생각을 떨치기 위해서는 더 많은 자기제어가 필요하다는 것을 알고 있었다. 순전히 의지력 하나로 내키지 않는 걸음을 가까스로 화장터로 옮겼다. 그리고 무슨 일이 일어나든 그대로 받아들이겠다고 마음속으로 다짐했다. 그러나 아직 공포를 완전히 극복하지는 못했다.

스님은 전심전력을 다했기 때문에 숨 쉬기조차 힘들었고 거의 실신하기 직전이었다. 그 순간 부분적으로 탄 시신을 보았고, 불 속에서 하얀 해골이 드러난 것을 보았을 때는 바로 그 자리에서 쓰러질 것만 같은 기분을 느꼈다. 스님은 두려움을 간신히 누르고 시신 앞에서 몇 미터 떨어진 곳에 조용히 앉았다. 그리고 시신을 마주하여 바로 그 시신을 주제로 명상에 들어갔다. 고동치는 가슴으로 애써 죽음과 관련된 구절들을 중얼거렸다.

"이 시체들과 마찬가지로 나도 죽음이 예정되어 있다. 내가 왜 죽음을 두려워해야 하는가? 나도 머지않아 죽을 것이다. 그런데 이 같은 공포가 무슨 소용이란 말인가? 나도 틀림없이 죽어서 저와 같은 시신이 될 것인데, 왜 시신을 두려워하는가? 두려워하지 말자!"

귀신들에 대한 공포와 투쟁하면서 이런 구절들을 중얼거리고 있을 때 스님은 등뒤에서 이상한 소리를 들었다. 그것은 발소리였다! 누군가가 그에게 다가오고 있었던 것이다! 발소리는 불규칙적이었는데, 잠시 동안 조용하다가 또다시 들렸다. 누군가가 뒤에서 그를 공격하려고 준비하고 있었다. 스님은 완전히 공포에 휩싸였고 호흡이 점점 거칠어지면서 "귀신이다! 도와주세요!" 하고 크게 소리치며 달아날 뻔했다. 스님은 가까스로 정신을 꽉 부여잡고 간신히 앉아 있었다. 그리고 다음에 무슨 일이 일어날지 기다렸다. 스님은 바로 몇 미터 떨어진 곳까지 무언가가 발끝을 세우고 조심스럽게 다가오는 기척을 느낄 수 있었다. 그리고 갑자기 누군가 혹은 무언가가 바삭바삭한 것을 먹고 있는 소리를 들었다. 스님은 생각했다.

'저놈이 저걸 다 먹고 나면 틀림없이 나도 우걱우걱 먹어치울 거야! 그러면 나는 끝장이다. 지금은 피하고 다음에 다시 와서 이놈과 싸울 방법을 찾아보자. 오늘 밤 여기서 굴복하느니 그편이 낫다.'

스님이 눈을 떴을 때 그 앞에 모습을 드러낸 녀석은 실로 어이없는 존재였다. 그는 자신이 얼마나 어리석고 턱없이 겁을 냈던가를 생각하며 크게 웃을 수밖에 없었다. 스님이 자기에게 달려들어 잡아먹으려 한다고 생각했던 괴물은 단지 동네 개에 불과했다. 그 개는 마을 사람들이 죽은 영혼들을 위해 공물로 남겨놓은 음식들을 찾아 주변을 킁킁거리며 돌아다니고 있었던 것이다. 녀석은 아무에게도 주의를 기울이지 않고 있었다. 심지어 두려움에 떨었던 스님에게도 별 신경을 쓰지 않았고 오직 땅에 떨어진 먹을 것을 찾는 데만 온통 관심이 있었다.

"그래, 온종일 나를 두려움에 떨게 만들었던 존재가 바로 너였구나."

스님은 한숨을 쉬었다. 그리고 무엇이 다가오든 맞서 싸울 결심을 했음에도 불구하고 자신이 얼마나 겁을 내었던가를 생각하면서 그런 자신을 불쌍히 여겼다. 자기제어를 위한 법의 이런저런 방법을 동원하여 끝내 두려움을 억누르지 못했다면 그 두려움이 스님을 몰아쳐 미치게 만들었을 것이다.

'스님 중에 나 같은 인간이 많다면 어떻게 할 것인가? 나는 참으로 불교라는 이름에 먹칠을 했구나!'

능숙한 마술사

이런 생각을 하면서도 스님은 아직 용기를 잃지 않았다. 두려움을 극복할 수 있을 때까지, 아니면 두려움과 싸우다가 지쳐 천수를 누리지 못하고 죽는 한이 있더라도 그곳을 떠나지 않겠다고 마음먹었다. 그는 두려움을 이기지 못한 스님은 다른 이에게 결코 모범이 될 수 없음을 깨달았다. 이로부터 스님은 공동묘지에서 밤낮으로 버티면서 용기를 갖고 자신의 두려움을 통제하기 위해 정진했다. 생명 없는 시신들과 살아 있는 자신의 몸을 비교하면서 시신들의 몸과 자신의 몸을 형성하고 결합하는 원소들에 대해 명상했다. 마음이 떠나면 살아 있는 몸도 죽은 몸이 된다. 각양각색의 원소들이 해체되고 그것은 근원지로 되돌아간다.

또하나 교훈으로 삼아야 할 것은 한 마리 개가 부지중에 스님을 거의 죽기 직전까지 공포에 사로잡히게 했다는 점이다. 스님의 마음이 요란하게 작동하여 실제로 존재하지도 않는 많은 것을 만들어낸 것이다. 실상 상상 속에서 지어낸 많은 것은 심적 고통만 일으켰을 뿐 결국은 아무것도 아니었다. 그러고 보면 인간의 망상이 마술사처럼 우리의 마음에 얼마든지 장난질을 칠 수 있다는 것을 알 수 있다. 그는 이런 생각을 했다.

'나는 망상과의 싸움으로 인해 거의 죽을 뻔했다. 지금이 바로 마음 속의 망상을 제어해야 할 때다. 마술사 같은 이 망상들은 송장이 장작 더미 위에서 화장되듯이 바로 태워버려야 한다.'

스님은 자신의 결심을 지켜나갔다. 순간순간 두려움을 느낄 때마다 스님은 그 두려움과 용감하게 맞서 싸웠다. 두려움을 불러일으키는 모든 것에 대항하여 용감하게 맞섰다. 그날 밤 스님은 잠도 한숨 자지 않고 자신의 두려움과 투쟁했다. 며칠 밤 동안 처음의 그 단호한 용기를 갖고 두려움과 싸운 결과, 마침내 스님은 두려움을 태워버리는 데 성공했다.

실제로 있었던 이 일화는 한 스님이 두려움을 없애기 위해 얼마나 용감하게 투쟁했는지를 보여준다. 결국 스님은 자신이 처음에 두려움에 사로잡혔던 바로 그곳에서 두려움을 극복했다. 이것은 공동묘지에서 수행하는 이로움일 수도 있다.

아잔 문의 수행 경책

생활 속 수행

- 세상 사람들은 번뇌를 따르는 이와 법을 따르는 이로 나뉜다.
- 번뇌를 근절하는 데 전심전력하라. 나의 유일한 목표는 오직 해탈일 뿐 한 번도 사념(思念)이 마음에 자리잡는 것을 허용하지 않았다.
- 아무리 바빠도 번뇌가 한순간이라도 자신을 조롱하거나 바보로 만드는 것을 용납하지 말라.
- 졸음이 오면 즉시 일어나 세수하고 좌선하든가, 아니면 경행으로 잠을 쫓아라. 졸음이 심하면 평소보다 빨리 걸어라.
- 공양시에도 음식 맛에 집착하지 않도록 항상 씹는 동작과 느낌, 동작의 움직임을 관찰하라. 맛에 탐착하면 마음수련이 되지 않는다.
- 어떤 역경이나 어려움에 부딪히더라도 변명하거나 좌절하지 말고 오직 수행으로 극복하라.
- 활동하거나 걸어 다닐 때도 관찰을 놓치지 말아야 한다. 특히 동작하기 전에 마음챙김을 먼저 하여 그 의도부터 관찰하라. 그러면

자신의 무의식 속에 있는 악습이나 고정관념을 쉽게 찾아내 개선할 수 있다.

• 지식의 산은 인간을 향상하지 못하게 하고 오히려 퇴보하게 한다. 붓다께서는 칼라마 사람들에게 사유, 추측, 소문, 전통, 교리에 의존하지 말고 체험으로 확인하라고 이르셨다.

• 삼계(三界)는 모두 무상·고·무아의 윤회(saṁsāra) 현상이다. 정도의 차이가 있을 뿐이다.

• 화내지 않는 것, 비폭력은 이기기를 원하는 자가 갈고닦아야 할 수행 덕목이다.

• 법으로 분노와 증오의 힘을 누를 수만 있다면 이 세상의 평화는 이루어진다. 자비는 언제나 성냄을 제압한다.

• 자신의 스승은 바로 자기 자신이다. 따라서 자신에 의지하고 법에 의지해야 한다. 자신의 콧구멍으로 숨을 쉬어야지 남의 콧구멍으로 숨을 쉴 수는 없다.

• 날로 심해지는 고통의 세계로부터 벗어나는 것은 돈을 내고 영화를 구경하는 것처럼 쉬운 일이 아니다. 그 길은 쾌락과 열정의 흐름에 역행하는 것으로 목숨을 건 전심전력의 헌신이 필요하다.

• 계발된 마음은 멀리 가지 않는다. 주인을 따르는 개처럼 항상 돌아온다.

• 자신의 결점을 찾아 내면을 들여다보라. 자신을 계발하거나 개선하지 않는 한 장점이나 단점을 발견하는 따위의 일은 아무 쓸모가 없다.

• 어떤 정진자든 자신의 진실성에 비례하여 진리를 구현할 권리가

있다.

번뇌 제거

- 육체적 욕망은 사랑에 빠진 남녀의 마음속에 존재한다. 사랑에 빠진 동물의 마음에도 존재한다. 이 욕망을 저지하지 않으면 육체적 욕구의 노예로 전락하여 세상은 혼돈에 빠지게 된다.
- 번뇌와 마음은 미묘하게 얽혀 있어 마음을 번뇌로부터 분리하기란 쉽지 않다. 마음챙김을 놓치는 순간 번뇌는 마음을 다시 휘젓고 다닌다. 마음챙김의 방어선을 항상 지켜내야 한다.
- 번뇌는 수행함으로써 지혜가 계발됨에 따라 감소되며, 종국에는 완전히 소멸될 수 있다.
- 번뇌가 일어나는 곳은 어디든지 마음챙김과 지혜로 무자비하게 공격하라.
- 마음은 미묘한 것이다. 약간의 충돌만 있어도 수행에 장애가 된다. 이성에 대한 약간의 미련이라도 있으면 해탈할 수 없다.
- 윤회와 질병의 근원은 자신이 만든 번뇌의 화살이다. 번뇌를 제압할 수 있는 것은 법뿐이다. 법을 따르는 사람은 번뇌를 소멸시킬 수 있다.
- 번뇌는 생겨나기는 쉬워도 없애기는 매우 어렵다. 그보다 더 해로운 것은 번뇌에 미혹되어 즐거워하는 것이다.
- 드러나지 않는 고통이 어디서 비롯되었는지 깨달았는가? 그것은 별로 해롭지 않다고 하찮게 여기는 번뇌와 욕망에서 기인한다.
- 자신의 마음을 들여다보고 이런 번뇌에 대응하는 자신의 처신에

대해 있는 그대로 관찰하라. 만일 사소한 번뇌를 하찮게 여겨 관찰하지 않는다면 맛을 알지 못하는 국물 속의 국자와 같은 신세가 될 것이다. 국자가 아니라 법의 맛을 아는 혀가 되어라.

발심(發心)

- 어떤 상황에서든 법을 절대로 포기해서는 안 된다. 무슨 일이 일어나든 그대로 내버려두어라. 그것은 자연스러운 과정이다. 마음을 계발하는 장소로는 거칠고 사나운 맹수들로 가득한 곳이 오히려 적격이다.
- 수행자가 궁극의 깨달음에 이른다는 것은 외적 한계에 굴복하는 것이 아니라 내적 법으로부터 떨어지지 않음을 의미한다.
- 수행자는 신심, 마음챙김, 노력, 선정, 지혜의 다섯 가지 힘인 오력(五力)을 갖추어야 한다.
- 수행하는 동안은 절대로 노력을 게을리할 수 없다. 교활한 속임수로 공격하는 번뇌에 대항하여 신심, 마음챙김, 선정, 지혜와 결합된 정진력으로 계속 싸워야 한다.
- 계행을 지킬 필요가 없는 것은 죽은 시신뿐이다. 모든 계율은 마음 관찰에서부터 시작되어야 한다. 마음의 제어는 말의 제어, 행위의 제어의 근본이다.
- 마음계발인 관찰은 인과와 법의 법칙에 따라 자신을 다스리는 능력이다.
- 원숭이를 길들일 때 원숭이와 무수히 싸워야 하듯이 마음관찰할 때 마음이 갖고 있는 본연의 속성과 치열하게 싸워야 한다.

- 세속인의 마음은 문어의 촉수와도 같아 가능한 한 자신이 관여하고 싶은 모든 것에 다가가려는 경향이 있다.
- 붓다에 이르는 길은 대발심(大發心)하여 두려움 없이 도전하는 이에게 열려 있다.
- 법에 존경과 정성을 기울이지 않고 건성으로 수행하는 자에게는 결코 깨달음은 오지 않는다.
- 법이 있는 곳에는 평화와 행복이 있다. 마음이 법이고, 법이 마음이다. 법에 의지하는 사람은 모든 것에 자족하므로 자신이 처해 있는 어떤 환경 속에서든 평화와 자유를 누릴 수 있다.
- 무한한 평화와 자유인 법은 본래부터 인간의 내부에 존재했다.
- 윤회의 고리는 광막한 감옥과 같다. 그것은 죄수들을 탐욕에 빠뜨려 자신이 자유가 박탈된 죄수란 사실로부터 눈멀게끔 만든다.
- 완전한 자기희생과 용기 없이는 궁극의 깨달음에 이를 수 없다.
- 고(苦)의 격노한 폭풍을 잠재울 수 있는 것은 마음챙김과 지혜뿐이다. 죽음 앞에서 몸이 해체되는 순간은 고의 위협적인 힘이 절정에 달하는 순간이다. 이에 반격할 수 있는 것은 오직 충분히 갈고닦은 마음챙김과 지혜뿐이다.
- 죽음이 두려워 수행의 고삐를 늦추어서는 안 된다. 목숨을 건 노력 없이는 법의 경이로움을 깨달을 수 없다.
- 만약 쾌락에 탐닉한다면 생지옥 외에는 아무것도 성취할 수 없다는 것을 아는 번뇌가 수행자를 비웃을 것이다.
- 죽는 날까지 수행의 고삐를 늦추어서는 안 된다. 후퇴하는 자는 붓다의 제자가 아니다.

- 수행의 장애들이 가로막고 있는 곳은 어디든 뚫고 나가야 한다. 죽음이 닥친다고 해도 결연한 노력으로 맞서라. 전사는 절대로 죽음의 공포 따위에 사기가 떨어져서는 안 된다.

- 악을 행하지 않고, 선(善)만을 행하며, 그 마음을 청정하게 하는 것(諸惡莫作 家善奉行 自淨其意). 이 세 가지는 모든 붓다의 가르침이다.

제 2 장
수행자들과의 법담

이 장의 질의응답은 왓 빠 뽕으로 아잔 차 스님을 찾아오는 방문객들(대부분이 태국인과 서구인)과 문하의 승려들의 질문에 답한 수행 법담(法談) 중에서 발췌하여 엮은 것이다.

왓 빠 뽕의 수행 가풍은 먼저 올바른 견해, 즉 정견(正見)를 확립하고 마음을 챙겨 일상의 일과 상황에 정견을 적용해보는 것이다.

불법의 핵심과 수행상의 문제점, 삶 속에서 부딪치는 의문점에 대한 아잔 차 스님의 명쾌한 답변은 이런 수행 가풍을 은연중에 전해준다.

이 가르침들 속에 심겨 있는 '깨달음의 씨앗'을 캐내는 일은 여러분의 몫이다.

[문] 처음 수행에 입문하는 이가 갖추어야 할 것은 무엇입니까?

[답] 대부분의 사람은 신심이나 정견에 대한 정확한 이해 없이 수행을
시작합니다. 그것은 그럴 수밖에 없습니다. 모든 일의 출발점은 자
신이 서 있는 자리니까요. 중요한 것은 수행에 임하는 사람이 스
스로 자기 마음과 주변 상황을 잘 관찰하여 자신의 본성을 직접
깨치겠다는 자발적인 자세를 가져야만 한다는 점입니다. 그렇게만
하면 가슴속에 신심과 지혜가 자라나게 될 것입니다.

　신심에는 두 가지가 있습니다. 하나는 불(佛)·법(法)·승(僧)에
대한 맹목적인 믿음으로 우리는 이 믿음에 힘입어 종종 수행을
시작하거나 출가하게 됩니다. 다른 하나는 확고하고 흔들림 없는
참다운 믿음으로 자신의 내면을 알게 되면서 자라납니다. 비록 아
직은 극복해야 할 번뇌가 남아 있다고 하더라도 수행을 통해 자
기 안에서 일어나는 모든 현상을 명확하게 보게 됨으로써 불법을
의심하는 마음에 종지부를 찍게 됩니다.

수행을 처음 시작할 때 중요한 것은 올바른 방향 감각을 찾는 일입니다. 어느 길로 갈지 상상만 하거나 이곳저곳으로 방황만 해서는 안 됩니다. 지도를 들여다보든가 이전에 가본 사람에게 물어 가는 길에 대한 감을 익혀야 합니다.

붓다께서 최초로 가르치신 해탈의 길은 감각의 탐닉도, 고행도 아닌 중도(中道)였습니다. 수행자의 마음은 균형을 잃거나 양극단에 빠지지 않고, 어떤 경험에 대해서든 열려 있어야 합니다. 이런 마음은 수행자로 하여금 집착하지 않고 혐오감 없이 사물을 대하게 해줄 것입니다.

[문] 새로 입문하는 제자들에게서 가장 문제로 여겨지는 점은 어떤 것입니까?

[답] 그들이 갖고 있는 견해입니다. 모든 사물에 대해, 자기 자신에 대해, 수행에 대해, 붓다의 가르침에 대해 갖고 있는 의견과 생각입니다.

이곳에 오는 대부분의 사람은 사회에서 어느 정도의 지위에 있는 분들입니다. 돈 많은 사업가, 대학 졸업자, 교사, 공무원 같은 분들이지요. 그들의 마음은 사물에 대한 견해로 꽉 차 있습니다. 그들은 너무나 똑똑하기 때문에 다른 사람의 말을 들으려고 하지 않습니다. 너무나 똑똑한 분들은 얼마 머물지 못하고 떠나지요. 그래서는 아무것도 배울 수가 없습니다. 사람은 똑똑함을 버려야 합니다. 더러운 물로 가득찬 컵은 아무 데도 쓸모가 없겠지요. 썩은 물이 비워진 다음에라야 그 컵은 쓰일 수 있게 될 것입니다.

그대 마음속에서 모든 견해를 비워버리십시오. 그러면 보일 것입니다. 우리의 수행은 똑똑함도 초월하고, 어리석음도 초월합니다. 자기 스스로 '나는 머리가 좋아. 나는 돈이 많아. 나는 중요한 사람이야. 나는 불교에 대해 모르는 게 없어'라고 생각한다면 그대는 아나따(anattā), 즉 무아의 진리를 깔아뭉개고 있는 셈입니다. 그런 사람에게 보이는 것은 모두가 자아(自我)고, 나이며, 나의 것입니다.

그런데 불교는 자아를 버리는 공부 아닙니까. 비어 있음, 공(空), 열반을 배우는 것 아닙니까. 행여라도 자신이 다른 사람보다 낫다고 생각한다면 고통만 당하게 될 것입니다.

[문] 불교는 다른 종교와 크게 다릅니까?

[답] 참다운 종교의 사명은 사람들이 사물을 있는 그대로 명확하고 정직하게 보게 함으로써 진정한 행복에 이르게 하는 것으로 불교도 예외가 아닙니다. 어떤 종교든 어떤 체계나 수행법이든 이 목적을 달성한다면 언제든지 불교라고 불러도 좋습니다.

예를 들면 기독교의 가장 중요한 기념일은 크리스마스입니다. 작년 크리스마스에는 서구에서 온 승려들이 선물도 나누고 그날 하루를 특별히 기리기로 했지요. 그러자 다른 제자들이 저마다 입을 모아 "불자가 계를 받고 비구가 되고 나서 어떻게 크리스마스를 축하할 수 있습니까? 이날은 기독교의 경축일 아닌가요?" 하더군요.

그날 나는 법문시간에 세상 사람들이 어째서 근본적으로 다 같은 존재인지를 말해주었습니다. 사람들은 각기 외모는 달라도 몸과 마음은 근본적으로 똑같습니다. 인간은 누구나 생로병사를 겪는 같은 과(科)에 속하니까요. 겉으로 나타난 상이성(相異性)은 별 것이 아닙니다. 마찬가지로 크리스마스가 어떤 방식으로든 특별히 남에게 착하고 도움이 되는 일을 하게 하는 계제가 될 수 있다면 그 명칭이 무엇이든 의미 있고 훌륭한 일이 아니겠습니까.

그래서 나는 마을 사람들에게 이렇게 제안했습니다. "오늘은 우리 '크리스붓다마스'라고 부릅시다. 사람들이 올바르게 수행하고 있는 한 그들은 '기독불교'를 수련하고 있는 셈이며 그 모두가 훌륭합니다." 사람들이 집착하고 있는 온갖 개념에서 벗어나 실제로 무엇이 일어나고 있는지를 직접 자연스럽게 알 수 있도록 이런 방법을 쓰기도 하는 것입니다. 무엇이 진리인가를 직접 확인하고 선을 행할 수 있도록 영감을 불어넣는 것이라면 어떤 것이든 '바른 수행'이라고 할 수 있습니다. 그 명칭이 무엇이든 무관합니다.

나도 기독교인을 상대할 때는 하느님을 이야기합니다. 그들에게 붓다의 가르침에 대해 무언가 설하려고 해도 제대로 이해하지 못할 것이기 때문입니다. 기독교 서적을 읽어본 적은 한 번도 없지만 나는 마음속으로 신을 찾습니다. 행여 하느님이 1년에 한 번씩 아이들에게 크리스마스 선물을 안겨주는 산타클로스(인격신―옮긴이)라고 생각하는 이는 없겠지요? 신(하느님)은 곧 법이며 진리(우주 법칙이 신―옮긴이)입니다. 이것을 깨달은 사람은 모든 것을 알게 됩니다.

무릇 진정한 가르침이란 어떻게 고로부터 자유로워질 수 있으며 어떻게 하면 사랑하는 마음으로 충만해지고 지혜롭고 자비로워질 수 있는가를 깨우쳐주는 일입니다. 어느 곳에서 어떤 용어로 설하든 이 가르침만이 진정한 법입니다. 그렇기 때문에 이 법을 기독교라고 부를 수도 있는 것입니다. 그리하면 보통 서구인들은 이해하기 쉬울 테니까요.

[문] 불법의 진정한 목적은 무엇입니까?

[답] 진정한 불법 탐구에는 오직 하나의 목적만이 있을 수 있습니다.

그것은 삶의 괴로움(고)에서 벗어나는 길을 찾아내 자신과 일체중생이 행복과 평화를 얻을 수 있도록 하는 것입니다. 우리가 괴로움을 겪는 것은 그럴 만한 원인이 있어서고 괴로움이 발붙일 곳이 있어서입니다. 이런 진행과정을 제대로 살펴봅시다.

마음이 고요할 때는 평상심(平常心) 상태에 머물지만 마음이 움직이면 생각, 즉 사념이 일어납니다. 행복이니 고통이니 하는 것은 이런 마음의 움직임, 곧 일어난 생각의 조각들입니다. 들뜬 마음이나 여기저기 가고 싶은 욕망 등도 마찬가지입니다. 만일 이와 같은 마음의 움직임을 이해하지 못하면 일어난 사념을 좇다가 그 제물이 되고 말 것입니다. 그런 까닭에 붓다께서는 우리에게 마음의 움직임을 찬찬히 들여다보라고 가르치셨습니다. 마음의 움직임을 관해보면 마음의 기본적인 특성을 알 수 있습니다.

즉 그것은 끊임없이 변화하고[無常], 만족스럽지 못하고[苦], 실체가 없는[無我] 것입니다. 이와 같은 마음의 현상을 알아차리고 면밀히 관찰해야 합니다. 그렇게 관찰하다보면 다음과 같은 연기(緣起)과정을 알 수 있습니다.

붓다께서는 어리석음[無明]이 모든 세간적(世間的) 현상과 의지 작용[行]의 원인이라고 하셨습니다. 의지작용은 분별·판단하는 식(識)을 일으키고, 다시 식은 마음[名]과 몸[色]을 일으킵니다. 마음과 몸[名色]에는 여섯 문인 육입(六入, 눈·귀·코·입·몸·마음)이 있으며, 육입은 대상과 부딪혀 접촉[觸]이 일어나고, 그 접촉을 통해 대상을 느끼며[受], 좋아하고[愛], 집착하여[取], 존재[有]가 형성되고, 그 존재는 태어나 늙고 병들어 죽게 됩니다[生死]. 이 과정이 인연에 따라 끊임없이 순환되는 것이 연기입니다. 이 같은 연기의 각 과정을 반야관(般若觀)으로 꿰뚫어 무상·고·무아로 알아차릴 때 불법의 궁극적 목표인 몸과 마음의 본래 자리, 즉 '참나', 열반, 해탈의 구현이 비로소 가능해지는 것입니다.

[문] 법이란 무엇입니까?

[답] 법(연기, 인과, 진리)은 어디에 속해 있는 것이 아닙니다. 법은 주인이 없습니다. 세계가 모습을 드러낼 때 법은 세계 속에서 생동하지만 진리로서 홀로 존재합니다.

법은 그대의 눈길 닿는 어디에나 존재합니다. 집을 짓든, 걸어가든, 화장실에 앉아 있든 이 모두가 법 그 자체지요. 법은 언제나 여기에, 변함없이, 무한하게, 법을 찾는 이들을 위해 있습니다. 법은 마치 지하수와 같습니다. 누구든지 샘을 파면 물을 찾아낼 수 있습니다. 하지만 샘을 파든 파지 않든 물은 항상 거기, 지하에 흐르고 있습니다.

법을 구하는 데 우리는 너무 먼 곳으로 찾아나서고, 지나쳐버리고, 본질을 간과해버립니다. 법은 오랜 항해 끝에 망원경을 통해 발견되는 그런 것이 아닙니다.

　법은 바로 여기에 있으니 우리와 가장 가까이 있고, 우리의 진정한 본질이며, 진정한 자신이니 곧 무아입니다. 우리가 이런 본질을 바로 볼 때 더이상 아무런 문제도, 아무런 갈등도 없게 됩니다. 선과 악, 즐거움과 고통, 밝음과 어둠, 나와 남, 이 모두 실체가 없는 비어 있는 현상일 뿐입니다. 이런 본질을 알게 되면 나라는 고정관념에서 벗어나 진정으로 자유로워집니다.

　무릇 수행이란 버리기 위한 것이지 얻기 위한 것이 아닙니다. 그러나 몸과 마음을 포기하기 전에 몸과 마음의 참성질을 알아야만 합니다.

　그때 비로소 집착에서 벗어날 수 있습니다. 그 무엇도 내가 아니고 나의 것이 아닙니다. 모든 것은 무상합니다. 열반이 나의 것이라고 할 수 없는 이유는 무엇일까요? 열반을 구현한 이는 '나'라든가 '나의 것'이라는 관념을 갖고 있지 않기 때문입니다. 그런 생각을 한다면 열반을 구현할 수 없습니다. 그들은 꿀의 단맛을 알되, 자신이 꿀의 단맛을 맛보고 있다고 여기지는 않습니다.

　즐거운 일이 생기더라도 비어 있는 것으로 보십시오. 괴로운 일이 일어나도 그것은 그대 자신이 아님을 이해하십시오. 모든 것은 소멸하고 마니까요. 모든 현상을 자기 자신인 듯이, 혹은 자기가 그 소유주인 듯이 여기지 않으면 마음은 균형(중도)을 얻게 됩니다. 이런 균형이 바로 붓다의 정법(正法)입니다. 이때 균형을 잡아주는 받침대가 바로 집착하지 않는 마음입니다.

명료하게 볼 수만 있다면 순간순간의 모든 경험이 다 법입니다. 즐겁거나 괴로운 일 모두 실체가 없는 것이며, 이 세상 어떤 것도 본질적 가치를 갖고 있지 않다는 것을 통찰하고, 단지 보겠다는 마음만 지니면 그대는 가장 하찮은 사물 속에서도 붓다를 발견할 수 있을 것입니다.

[문] 법에 이르는 지름길은 무엇입니까?

[답] 만일 그대가 법을 알고자 한다면 그저 단념하십시오. 그저 놓아버리십시오. 수행에 관해 생각만 한다면 그림자만 움켜쥐고 정작 실물은 놓치는 격입니다. 생각만으로 연구하는 것은 큰 도움이 되지 않습니다. 오직 법의 원리에 따라 수행해나가면 자신의 눈으로 직접 법을 보게 됩니다. 거기에는 그저 말로만 듣는 것 이상의 어떤 것이 있습니다.

반드시 자신과 대화를 나누고 자기 마음을 관찰하십시오. 만약 그대가 이 언어 차원의 분별심의 마음을 끊어버리면 진정한 판단 척도를 얻게 될 것입니다. 그렇지 못하면 사물을 보는 이해력이 대상을 깊이 꿰뚫지 못할 것입니다. 어떤 일을 겪든지 그 체험의 본질에 대해 아주 소박한 자세로 마음을 열어놓는다면 그대는 붓다와 하나가 될 수 있습니다.

이와 같이 수행하십시오. 그러면 나머지는 저절로 따라옵니다.

[문] 법은 신통이 있습니까?

[답] 그것입니다. 마음을 해탈하게 하고 고를 소멸하게 하는 가르침이

야말로 진정한 의미에서의 신통이라고 할 것입니다. 그 밖의 신통은 모두 놀음판의 속임수처럼 망상일 뿐입니다. 그런 거짓 신통은 우리가 생로병사와 맺고 있는 관계, 그것으로부터의 해탈이라는 인생의 진짜 게임을 이해하지 못하게 만들고 사람들을 미혹시켜 정신 팔게 할 뿐입니다.

나는 진짜 신통만을 가르칩니다.

[문] 불법을 공부하려면 어디로 가야 합니까?

[답] 그대가 진정으로 법을 구한다면 법이 숲속이나 산이나 동굴 등과는 아무 상관이 없다는 사실을 알게 될 것입니다. 법은 오직 마음속에 있습니다. 법은 그 자체의 언어, 즉 모든 사람에게 한결같은 언어인 체험이라는 언어를 갖고 있습니다. 개념과 직접적인 체험 사이에는 큰 차이가 있습니다. 만약 그대가 마음속에서 법의 맛을 보게 된다면 대가족의 일원처럼 다른 사람들과 하나가 될 것입니다.

[문] 붓다란 진정 어떤 존재인가요?

[답] 지혜의 눈으로 볼 때 붓다는 태어남도 없고, 어떤 몸, 어떤 역사, 어떤 형상과도 인연 맺을 필요가 없는 시공을 초월한 존재입니다. 붓다는 태어난 적도 없고, 깨달은 적도 없고, 열반에 든 적도 없습니다. 오로지 모든 존재의 근원이며 흔들림 없는 마음의 본질에 대한 깨달음일 뿐입니다.

오온은 곧 사라지는 것들입니다. 몸에 집착하면 마음에 집착하게 되고, 마음에 집착하면 몸에 집착하게 됩니다. 마음을 믿지 말아야 합니다. 계행을 닦고 마음의 고요함[定]을 이루어 감각을 제어하고 마음을 챙겨야 합니다. 그때 모든 것이 무상·고·무아임을 깨달아 행과 불행이 다가와도 그것을 좇지 않게 될 것입니다.

고요해지도록 하십시오. 그 고요함 속에서 붓다의 참기쁨이 피어납니다.

붓다의 가르침의 진수는 사물을 진실 그대로, 온전하게, 분명하게 보는 법을 배우는 것입니다. 진실 그대로를 보면 해탈을 얻습니다. 이처럼 시공을 초월한 붓다야말로 우리의 참고향이며 우리가 머물러야 할 곳입니다. 불·법·승에 귀의할 때 비로소 우리는 이 세상 모든 것으로부터 풀려납니다. 그리하여 삼라만상 모두가 우리의 스승이 되어 인생의 진정한 본질을 드러내 보여줄 것입니다.

[문] 인생의 진정한 본질이란 무엇입니까? 우리는 왜 태어난 것입니까?

[답] 나로서는 답하기 힘든 질문입니다. 그대는 왜 먹나요? 아마도 더이상 먹지 않아도 되기 위해 먹을지도 모릅니다. 마찬가지로 그대는 더이상 태어나지 않아도 되기 위해 태어났는지도 모릅니다.

사물의 참다운 본성, 그 실체 없음에 관해 언급한다는 것은 쉬운 일이 아닙니다. 이 가르침을 들은 이들은 그 뜻을 이해하는 방법도 계발해야 합니다. 그 방법이 바로 위빠사나 수행입니다('부록' 참조). 위빠사나 수행을 통해 우리는 삶의 진정한 해답을 찾을 수 있으며 고에서 벗어나 참다운 평화를 누리게 될 것입니다.

[문] 영원한 해탈로 가는 길은 어떤 것입니까?

[답] 수행과정에서 우리는 모든 경험을 '나 자신'이거나 '나의 것'으로 이해하고 받아들이는 버릇이 있습니다. '나는 평온하다, 나는 흔들리고 있다, 나는 착하다, 나는 악하다, 나는 행복하다, 나는 불행하다'라는 식으로 계속 자신에게만 매달린다면 태어남[生]과 존재함[有]만 더욱 양산하게 될 뿐입니다. 행복이 다하면 괴로움이 오고, 괴로움이 다하면 행복이 다시 나타나고…… 이렇게 천당과 지옥 사이를 끊임없이 왔다갔다할 것입니다.

붓다께서는 일찍이 마음의 조건이 이와 같음을 보셨습니다. 태어남과 존재함 때문에 해탈을 성취하지 못함을 간파하신 것입니다. 그리하여 삶의 순환과정인 12연기의 12가지 요소를 가려내 그 진면목을 관찰하셨습니다. 집착이 있으므로 태어남과 죽음이 존재합니다. 태어남은 기쁘고 죽음은 슬픕니다. 죽어야 태어나고 태어나므로 죽습니다. 한순간에서 다음 순간으로, 태어남과 죽음은 수레바퀴처럼 끝없이 돌고 돕니다(12연기). 붓다께서는 마음이 일으키는 것은 무엇이든 모두 무상(無常)하며, 조건지어지고 실체가 없는[無我] 것임을 보셨습니다. 그리하여 모든 것을 놓아버림으로써 고를 멸하는 법을 알아내셨습니다.

그대들도 이와 같은 삶의 실체를 있는 그대로 꿰뚫어보아야 합니다. 사물을 있는 그대로의 모습대로 보면 "마음은 아무것도 가진 것이 없고, 일어날 것도 없고, 태어남도 사라짐도 없다"라고 하신 붓다의 가르침대로 마음을 이루는 모든 요소가 기실 하나의 속임수임을 알게 될 것입니다. 본래 마음은 무엇에도 얽매이지 않는, 더없이 자유롭고 청정하며 광대무변한 것입니다.

[문] 마음이 본래 청정하다는 것은 수행할 필요가 없다는 뜻인가요?

[답] 그런 의미가 아닙니다. 청정함조차도 집착해서는 안 됩니다. 우리
는 모든 이중적 개념, 즉 선과 악, 청정과 부정을 넘어서야만 합니
다. 자아와 무아, 태어남과 죽음도 초월해야 합니다. 다시 태어나게
될 자아를 본다는 것은 고통스러운 일입니다. 진정한 청정은 경계
가 없고 손 닿을 수 없는 것으로 모든 상대적·창조적 개념 너머에
있습니다.

우리는 오로지 불·법·승 삼보(三寶)에 귀의할 뿐입니다. 이는
이 세상에 출현하는 모든 붓다가 남기는 유산입니다.

[문] 업(業, karma)이란 무엇입니까?

[답] 업은 행위이자 집착입니다.

어떤 것에 집착하게 되면 우리의 몸[身]과 말[口]과 마음[意]은
모두 업을 짓게 됩니다. 그 업은 장차 우리를 괴로움에 빠져들게
만듭니다. 그것이 바로 집착의 열매고 과거에 일으킨 번뇌의 열매
입니다. 우리가 어렸을 때 잘못을 저질러 부모님이 화를 내며 꾸
짖으면 당장은 화가 치밀어도 얼마 후에는 잘못을 깨닫게 되듯이
업도 그와 같습니다. 모든 것은 원인에 따라 조건지어집니다. 몸뿐
아니라 말과 생각도 미래의 어떤 결과에 대해 조건을 만든다는 사
실을 잊지 마십시오.

그렇다고 해서 과거, 현재, 미래의 일을 헤아리느라 온 신경을

쓸 필요는 없습니다. 오로지 지금 이 순간 몸과 마음을 관찰하는 데 전력을 기울이기만 하면 됩니다. 자신의 마음을 지켜보면 자신의 업을 가늠할 수 있기 때문입니다. 수행하면 분명히 보일 것입니다. 오랜 수행 끝에 자연히 알게 됩니다. 다만 타인의 업은 그 자신의 몫으로 맡기십시오. 어떤 것에도 집착하지 말고 남에게도 신경 쓰지 마십시오. 자신이 독을 지니고 있으면 괴로움을 당할 사람은 바로 자신입니다. 그대가 그것을 나와 함께 나누어 가질 필요는 없습니다. 스승이 그대에게 베풀어주는 이로움을 거두십시오. 그러면 그대의 마음도 스승의 마음처럼 평온해질 것입니다.

[문] 선행을 많이 쌓아야 하지 않습니까?

[답] 참다운 수행으로써 선을 계발하고 악을 제거함은 훌륭한 일입니다. 하지만 거기에는 한계가 있습니다. 궁극적으로 우리는 선과 악 모두를 넘어서야만 합니다. 그리하면 마침내 일체를 포용하는 자유를 얻게 되고 자비와 지혜가 저절로 흘러나오는 무욕의 경지에 도달하게 될 것입니다.

[문] 무아란 무엇입니까?

[답] 죽음을 바로 알지 못하면 인생은 참으로 갈피를 잡기가 어려워집니다.

우리 몸이 진정 우리 자신의 것이라면 몸은 우리의 명령에 복종해야만 할 것입니다. 그러나 몸에게 "늙지 마라", "아프면 안 된다"라고 해서 우리 뜻에 따라주든가요? 아닙니다. 거들떠보지도 않습니다. 이 집은 우리가 빌려 쓰고 있을 뿐 우리의 소유가 아닙니다. 만일 이 집이 우리 것이라고 믿었다가는 우리가 집을 떠날 수밖에 없게 될 때 괴로움을 겪게 될 것입니다.

실제로 영구불변의 자아나 우리가 영원히 의지할 수 있는 견고하고 변함없는 어떤 실체 같은 것은 결코 존재하지 않습니다. 붓다께서는 궁극의 진리와 관습적 진리를 구분하여 보셨습니다. 자아란 관념은 단지 하나의 개념, 하나의 관습에 지나지 않습니다. 미국인, 태국인, 스승, 제자 등 모든 것이 관습입니다.

궁극적으로는 아무것도 존재하지 않습니다. 다만 지(地), 수(水), 화(火), 풍(風)이라는 요소가 임시로 모인 것에 지나지 않습니다. 우리는 몸을 사람 혹은 나 자신이라고 여기지만 궁극적으로 나란 없으며 단지 무아일 따름입니다.

이 무아를 바로 알기 위해 수행해야만 합니다. 만약 수행은 하지 않고 지적 사유에만 기댄다면 그대의 머리는 터져버리고 말 것입니다. 일단 가슴으로 무아를 바로 보게 되면 삶의 부담이 덜어집니다. 따라서 그대의 가정생활, 하는 일, 모든 것이 훨씬 수월해질 것입니다. 그대가 자아를 초월하면 이제 행복에 집착하지 않게 됩니다. 행복에 집착하지 않게 될 때 그대는 비로소 진정 행복해지기 시작합니다.

[문] 그렇다면 참다운 사랑도 버려야 합니까?

[답] 참다운 사랑이란 무엇입니까? 그것은 다름 아닌 지혜로움입니다.

대부분의 사람이 사랑이라고 믿는 것은 단지 무상하기 짝이 없는 느낌일 뿐입니다. 맛있는 것을 매일같이 먹으면 곧 싫증을 느끼듯이 그런 사랑 역시 결국에는 증오와 슬픔으로 변질될 따름입니다. 세속적인 행복에는 집착이 깔려 있어 항상 고통에 묶이게 됩니다. 마치 도둑 뒤에 경찰이 따라오듯이 말입니다.

그런데도 우리는 그런 느낌이 일어남을 억누를 수도 없거니와 막을 수도 없습니다. 그러나 그런 느낌에 집착하고 자기 자신과 동일시할 것이 아니라 그 참모습이 어떤 것인지를 제대로 알아야 합니다. 그때 법이 드러납니다.

사람은 사랑하기 마련입니다. 그러나 사랑하는 사람은 결국 떠나가거나 죽게 됩니다. 변해버린 것을 한탄하고 그리워하며 집착하는 것은 고통이지 사랑이 아닙니다. 우리가 이 같은 진리를 깊이 깨달아 더이상 요구하거나 바라지 않을 때 욕망을 넘어선 지혜와 참다운 사랑이 이 세상을 가득 채우게 됩니다.

[문] 고는 무엇이며 어디에서 옵니까?

[답] 고에는 두 가지가 있습니다. 고를 더 증가시키는 고와 고를 사라지게 하는 고입니다.

만약 고를 멸해줄 고를 스스로 직시하려고 하지 않는다면 그대는 계속 고를 겪게 될 것이 틀림없습니다.

[아잔 차 스님은 사원 안마당에서 제자 스님들을 만나면 종종 "오늘 고가 많은가?"라고 묻곤 했다. 만일 "그렇습니다"라고 대답하면 "그래, 자네가 오늘은 집착이 많은 게로군" 하고 함께 웃었다.]

설탕은 왜 달고 물은 왜 아무 맛도 없을까요? 단지 원래의 성질이 그럴 뿐입니다. 망상과 고요함, 고통과 즐거움도 마찬가지입니다. 생각이 멈추기를 바라는 것은 잘못입니다. 어떤 때는 망상이 일고, 어떤 때는 고요합니다. 양쪽 모두 본래 무상하고 고통스러운 것이며 영원한 행복의 요인이 되지 못함을 알아야만 합니다.

고를 관찰하고 고의 원인을 제거해야 합니다. 만약 이를 보지 못한다면 결코 지혜가 생겨날 수 없을 것입니다. 어림짐작으로 봐서는 안 되고 사물을 있는 그대로 여실히 보아야 합니다. 느낌은 단지 느낌일 뿐이고, 생각은 생각일 뿐입니다. 만일 행복이 실상이라면 변하지 말아야 할 것 아닙니까? 이 점을 통찰하여 무엇이 참[眞]이고 실상인지를 알아야 합니다. 이렇게 공부하고 수행해야 올바른 견해, 즉 정견를 얻을 수 있습니다.

[문] 평상심이란 무엇입니까?

[답] 정신과 마음이 모든 것에서 홀가분하게 떨어져나오면 그 마음은 평상심에 머물게 됩니다. 마음이 평상심을 잃고 흔들리면 올바른 수행의 길에서 벗어나 쾌락 탐닉이나 증오라는 어느 한쪽 극단으로 넘어가 더 많은 망상과 생각의 틀을 짓게 됩니다. 선이든 악이든 하나같이 마음속에서 일어나는 것입니다.

우리가 추구하는 것은 쾌락이 넘치는 삶이 아니라 마음속 평화입니다. 평화는 우리 내면에 있으며 산란함과 고통이 있는 바로 그 자리에서 발견되게 되어 있습니다. 평화는 숲속이나 산꼭대기에서 찾아낼 수 있는 것도 아니고, 스승이 줄 수 있는 것도 아닙니다. 그대가 고통을 경험하는 바로 그 자리에서, 그 고통에서 벗어날 수 있는 자유도 찾아낼 수 있습니다. 고통을 피해 도망가려는 행동은 실제로는 고통을 향해 달려가는 것입니다. 고통을 관하고 고통의 원인을 보십시오.

결과로 나타나는 과보(果報)를 상대하지 말고 고통을 가져오게 만든 원인을 당장 끝내버리십시오.

[문] 수행은 왜 하십니까? 그 결과가 무엇입니까?

[답] 여러분은 왜 밥을 먹습니까? 어떻게 먹습니까? 잘 먹고 나면 기분이 어떻습니까? (그러고 나서 스님은 웃었다. 나중에 스님은 우리가 모든 것을 알고 있다는 것과 스승의 가르침은 제자들을 내적 지혜 쪽으로, 그들 자신의 자연스러운 법으로 돌아가게 하는 것이어야 한다고 설명했다.)

[문] 스님은 어떻게 수행하십니까?

[답] 나는 이론에 의지하여 수행하지 않습니다. 다만 '알고 있는 마음', 그것만을 들여다봅니다. 만일 누군가를 사랑하고 있음을 알게 되면, 곧 '왜'냐고 물으십시오. 일어나는 모든 것의 근원을 면밀히 조사하여 들여다보면 집착과 증오의 문제를 풀 수 있고 그것으로부터 벗어날 수 있습니다. 모든 것은 아는 마음으로 귀착되고 그곳으로부터 일어납니다. 가장 중요한 것은 반복적인 꾸준한 수행입니다.

[문] 스님의 연세는 얼마나 되셨습니까?

[답] 나는 아무 데도 살고 있지 않습니다. 그대가 나를 찾아낼 수 있는 곳은 없을 것입니다. 나에게는 나이도 없습니다. 나이가 있으려면

존재해야만 하고, 존재한다고 생각하는 것이 이미 문제를 만드는 것입니다. 문젯거리를 만들지 마십시오. 더이상 할말이 없군요.

[문] 요즘은 스승이 너무 많고 명상 체계도 가지각색이어서 혼란스럽기 짝이 없습니다.

[답] 그런 문제는 도시 외곽에서 시내로 들어가는 방법에 비유할 수 있습니다. 시내로 들어가려면 북쪽이든 남쪽이든 어느 방향에서도 갈 수 있지요. 그런 여러 가지 방법은 그저 외형상으로만 각기 달라 보일 뿐입니다. 이쪽 길로 가든 저쪽 길로 가든, 빨리 가든 늦게 가든 그대의 마음이 깨어만 있다면 어떤 방법이든 상관없습니다.

　　모든 훌륭한 수행법은 궁극적으로 만나게 되는 귀착지가 있습니다. 바로 집착하지 않는 것입니다. 종국에는 그 수행법마저도 다 놓아버려야 합니다. 마찬가지로 스승에 대해서도 집착해서는 안 됩니다. 어떤 수행법이든 놓아버림, 곧 무집착으로 통하기만 한다면 올바른 수행법입니다. 가지각색 명상법을 다 안다고 해서 진리에 이르는 것은 아닙니다. 결국은 싫증만 느끼게 될 뿐입니다. 밖으로 찾아나서는 것은 아무 소용도 없습니다. 결국에는 되돌아와 자신의 본래 모습을 직시해야만 할 테니까요. 그대가 서 있는 그 자리가 바로 법을 알게 되는 자리입니다.

[문] 혜능 선사의 『육조단경六祖壇經』을 보신 적이 있습니까?

[답] 혜능의 지혜는 매우 예리합니다. 초보자들은 이해하기 어려운 대단히 심오한 가르침입니다. 그러나 그대가 우리 계율에 따라 집착

함 없이 인내하며 수행한다면 언젠가는 그 가르침을 이해하게 될 것입니다.

　나의 제자 한 사람이 풀로 지붕을 인 오두막집에 살았습니다. 우기가 되어 비가 자주 내리던 어느 날 강풍이 불어 지붕이 반쯤 날아가버렸지요. 하지만 그는 지붕을 수선할 생각도 하지 않고 비가 새도록 그냥 두었습니다. 며칠 후 그에게 집이 어떻게 되었냐고 물었더니 무집착을 수련하고 있다고 대답하더군요. 그러나 정작 그것은 지혜가 수반되지 않은 무집착입니다. 물소의 무심(無心)과 같은 것이지요.

　만일 그대가 실답게 수련하고 소박하게 살면서 모든 이기심을 버리고 인내하며 수행한다면 혜능의 지혜 또한 이해하게 될 것입니다.

[문] 우리 속인들이 당면한 문제는 어떻게 풀어야 합니까?

[답] 만일 진흙을 한 움큼 손에 쥐어 꽉 짜면 흙이 손가락 사이로 줄줄 새어나올 것입니다. 마찬가지로 압박감이나 스트레스 속에서 살아가는 사람들은 탈출구를 찾게 됩니다. 사람들은 나에게 오늘날 세계가 당면한 문제들, 가령 지구의 종말 같은 것에 관해 묻습니다. 그러면 나는 되묻곤 합니다.

　세간적이란 말이 무슨 뜻인가요? 세상이란 무엇인가요? 모르겠다고요? 바로 그 모른다는 것, 그와 같은 깜깜함, 즉 무명(無明)이 세간적인 것이고, 그런 무명으로 가득찬 곳이 이 세상인 것입니다.

　여섯 감각기관인 육근(六根)에 얽매여 있는 우리의 지식은 아무리 향상되어도 무명의 영역에서 벗어날 수 없습니다. 무지가 지배하고 있는 이 세간의 문제들을 풀어나가려면 본질을 정확히 파악하여 세속의 어둠 저 위에서 비추고 있는 더 높은 차원의 지혜를 깨달아야 합니다.

오늘날의 물질문명은 탐(貪)·진(瞋)·치(痴)에 휩쓸려 방향 감각을 잃은 채 추락 직전에 처해 있습니다. 그러나 붓다의 가르침은 결코 변하거나 퇴색하는 법이 없습니다. 붓다의 가르침은 자비와 법, 진리 자체를 안내자로 삼기 때문입니다.

[문] 세간의 지식은 수행에 방해가 됩니까?

[답] 많은 사람이 대학에서 공부를 마치고 학위를 받아 출세까지 하고도 여전히 그 삶 속에 무언가가 빠져 있다는 결핍감을 느끼곤 합니다. 그들은 생각하는 수준이 높고 지적으로 세련되었을지는 몰라도 그 마음은 여전히 편협하고 의심으로 가득차 있습니다. 제법 하늘 높이 날 수 있는 독수리이기는 하지만 과연 제대로 된 먹이를 구할 수 있을까요?

이와 같이 조건지어져 있고, 상대적이고, 일정한 한계를 넘지 못하는 세간적 지식의 범주를 뛰어넘는 올바른 견해, 정견이 바로 법(불법)입니다. 물론 세간의 지식도 훌륭한 목적에 사용될 수 있지만 그런 지식의 발달은 종교나 도덕의 가치를 퇴색되게 만드는 원인이 될 수도 있습니다.

중요한 것은 세간의 지식에 집착하지 않으면서, 동시에 그것을 활용할 줄 아는 초(超)세간적 지혜를 계발하는 일입니다.

[문] 수행의 일부로 경전을 많이 읽고 연구하는 것은 권할 만한 일인지요?

[답] 책 속에 붓다의 법이 들어 있는 것은 아닙니다. 그대가 진정 붓다의 가르침을 깨치고 싶다면 그대 자신의 마음을 지켜보십시오. 느낌이나 생각이 어떻게 일어나고 사라지는지를 관찰하십시오. 어떤 것에도 집착하지 말고 감각에 와닿는 것은 무엇이든 마음을 챙기며 대하십시오. 그것이 붓다의 진리에 이르는 길입니다.

　평상심을 지니십시오. 그대가 세상을 살아가면서 하는 일은 모두 수행의 기회입니다. 모두가 다 법입니다. 사소한 일과를 할 때도 마음을 챙기십시오.

　수행할 시간이 충분하지 못하다고 불평하는 사람들이 있습니다. 그러면 숨 쉴 시간은 충분하답니까? 명상 수행이란 다른 어떤 것이 아니라 무엇을 하더라도 평상심을 지니고 마음을 챙기는 일입니다.

[문] 재가 수행자들은 팔정도를 어떻게 닦아야 합니까?

[답] 재가자의 팔정도 수행에 대해 묻는 경우가 많습니다. 재가자의 일상생활은 어려우면서도 쉽습니다. 다시 말해 실행하기는 어렵고 이해하기는 쉽다는 뜻입니다. 그런 질문은 마치 뜨거운 숯덩이를 움켜쥐고 뜨겁다고 하소연하는 것과 다름없습니다. 나는 그대에게 그 숯을 버리라고 말할 수밖에 없습니다. 그러나 그대는 "버릴 수는 없어요. 금방 식을 겁니다"라고 하며 버틸 것입니다. 그대는 그것을 놓아버리든가, 아니면 대단한 인내심으로 견디는 수밖에 없습니다.

물론 마음은 길들이기 쉽지 않은 심성입니다. 말[馬]을 길들일 때 너무 거세게 저항하면 얼마 동안 먹이를 주지 마십시오. 그러면 저절로 다가올 것입니다. 시키는 대로 말을 듣게 되면 먹이를 조금 주십시오. 우리 삶의 아름다움은 마음을 길들일 수 있다는데 있습니다.

우리는 올바른 노력, 정정진(正精進)으로 지혜로워질 수 있습니다. 재가 수행자로 살아가면서 법을 수행하려면 속세에서 살되, 그 너머에 머물러야 합니다. 오계(五戒)를 위시하여 계를 지키는 것은 대단히 중요하며 모든 선행의 근본입니다. 계행은 마음에서 악을 씻어내고 재앙과 근심의 원인을 없애줍니다. 마음을 다부지게 다스려 계(戒)를 잘 지키고 기회가 되는 대로 정규적인 명상 수행을 하십시오.

수행이 잘될 때도 있고 그렇지 못할 때도 있을 것입니다. 걱정하지 말고 계속 꾸준히 하십시오. 의혹이 일어나면 마음속에 일어나는 다른 생각들과 마찬가지로 그런 의심 또한 무상한 것임을 깨달으십시오. 계속 수행해나가면 선정이 일어날 것입니다. 선정을 사용하여 지혜를 계발하십시오. 감각이 대상과 마주침으로써 일어나는 좋아함이나 싫어함을 잘 알아차리고 거기에 집착하지 마십시오. 수행 결과나 빠른 향상에 대해 조급하게 생각하지 마십시오. 어린아이도 처음에는 기어다니다가 걷는 법을 배우고 뒤이어 뛰는 법을 익힙니다. 계행을 철저히 준수하고 끊임없이 수행만 하십시오.

[문] 마음챙김에 대해 간략히 설명해주시겠습니까?

[답] 마음챙김이란 위빠사나 수행의 대상인 사념처[身·受·心·法]의 염(念)을 뜻하며 빨리어로는 삿띠라고 합니다. 즉 지금 여기에 있는 것을 이해하고 주시하고 알아차리는 것을 이릅니다. 명확한 이해(sampajañña, 明智)란 어떤 일을 현재 진행되고 있는 흐름 속에서 파악하는 것입니다. 마음챙김과 명확한 이해가 함께 작용할 때 그것에 동반되는 지혜가 항상 일어나 어떤 일도 성취할 수 있도록 도와줍니다.

모든 명상 기법은 마음챙김을 키우는 데 도움이 될 때 그 가치가 있는 법입니다. 감추어진 진리를 찾아내고자 할 때 마음챙김 수행은 중요한 역할을 합니다.

마음을 챙김으로써 우리는 마음속에서 일어나는 모든 욕망, 좋아함과 싫어함, 즐거움과 괴로움을 지켜보게 됩니다. 그리하여 그런 것이 항상 변하고, 고통스럽고, 개아(個我)가 없는 것임을 깨닫고 놓아버립니다. 그렇게 되면 무지 대신 지혜가, 의심 대신 깨달음이 자리잡게 됩니다.

마음챙김 수행을 위해 하나의 대상을 택할 때는 자신의 특성에 맞는 것을 선택해야 합니다. 어떤 대상을 마음챙김의 염처(念處)로 정하든 그 수행은 마음에 지혜를 가져다줄 것입니다.

마음을 관찰하십시오. 어떤 경험이 일어나고 사라지는지 그 과정을 주시하십시오. 처음에는 움직임이 끝없이 이어집니다. 하나의 현상이 일어나는 즉시 다른 현상이 일어날 것입니다. 사라지는 현상보다 일어나는 현상이 더 많아 보일 것입니다. 시간이 경과함에 따라 현상들이 어떻게 그처럼 빠른 속도로 일어나는지를 이해하게 되면서 더욱 분명하게 알아차리게 되고, 마침내 그것이 일어났다 사라져 다시는 일어나지 않게 되는 시점에 다다르게 될 것입니다.

마음챙김을 통해 우리는 사물의 참주인을 알 수 있게 됩니다. 이 세상이 그대의 것이고 몸도 그대의 몸이라고 생각하는지요? 이 세상은 이 세상의 것이고 몸은 몸의 것입니다. 만약 그대가 몸에게 늙지 말라고 하면 몸이 그 말을 듣던가요? 그대의 위(胃)가 탈이 날 때 그대 허락을 받고 탈이 나던가요?

우리는 단지 몸이라는 집을 빌려 쓰고 있을 따름입니다. 누가 정말 그 진정한 주인인지를 왜 찾아보려고 하지 않습니까?

[문] 위빠사나 수행법을 알기 쉽게 설명해주십시오.

[답] 허리를 곧추세우고 앉아 주의를 집중하고 수행을 시작하십시오. 방이나 마루에서, 혹은 의자에 앉아서도 할 수 있습니다. 처음부터 무리하게 집중할 필요는 없습니다. 다만 들숨과 날숨에 마음을 모으십시오. 혹시 도움이 된다면 들이쉬고 내쉬는 호흡을 관찰하는 동안 '붓도(Buddho : Buddha의 주격, 佛)', '담모(Dhammo : Dhamma의 주격, 法)', '상고(Sangho : Shangha의 주격, 僧)'를 반복하여 외워도 좋습니다.

이처럼 숨이 들어오고 나감을 알아차리는 데 억지와 무리가 있어서는 안 됩니다. 호흡을 억제하려고 해서도 안 됩니다. 호흡이 너무 짧거나 길게, 너무 부드럽거나 거칠게 느껴질지도 모릅니다. 호흡이 제대로 이루어지지 않는 듯한 느낌이나 편안하지 못한 느낌이 들 때도 있을 것입니다.

부디 그대로 놓아두십시오. 저절로 자리잡게 두십시오. 언젠가는 호흡이 자유롭게 들어오고 나가게 됩니다. 그대가 알아차리고 있는 가운데 들숨과 날숨이 잘 자리잡게 되면 제대로 된 것입니다. 간혹 마음이 산만해질 때면 어떤 식으로 되기를 바라는 마음이 일어날 것입니다. 그러나 억제하지 말고 안달하지 마십시오. 단지 호흡에 집중하면서 그대로 두십시오. 계속 그렇게 하십시오. 그러면 삼매가 저절로 이루어질 것입니다.

이와 같은 방식으로 수행을 계속하다보면 종종 호흡이 멈출 때도 있습니다. 그럴 경우에도 두려워하지 마십시오. 단지 호흡을 주시하는 수행자의 의식이 멈추었을 따름이니까요. 호흡을 느끼지 못하는 동안에도 오온의 미세한 요소는 끊임없이 흐르고 있음을 아십시오.

때가 되면 전과 다름없이 호흡이 되돌아올 것입니다. 이와 같이 자신의 마음을 평온하게 할 수 있는 단계에 이르면 의자에 앉아서든 차 안이나 보트 속에서든 수행자는 어디서든지 집중하고 즉시 평온 상태에 들어갈 수 있습니다. 처한 곳이 어디든 좌선 수행이 가능해지는 것입니다. 이 수준에 다다른 수행자는 팔정도에 대해 어느 정도 알게 된 셈입니다.

그러나 수행자는 감각대상도 계속 관찰하지 않으면 안 됩니다. 고요해진 그대의 마음을 보이는 것, 소리, 냄새, 맛, 감촉, 생각, 마음대상, 마음의 요소 쪽으로 기울여보십시오. 일어나는 것은 무엇이든 면밀히 살펴보십시오.

좋아하든 싫어하든, 즐겁든 괴롭든 무엇이든 알아차리고 그쪽에 휩쓸리지 마십시오. 좋아함이나 싫어함 등은 겉으로 드러난 현상세계에 대한 반응일 따름입니다. 수행자는 더 깊은 세계를 보아야만 합니다. 그렇게 되면 그 어떤 것이라도(처음에 좋게 보였든 나쁘게 보였든 간에) 단지 무상하고 고통스럽고 실체가 없는 것에 불과함을 알게 될 것입니다.

이 세 가지 특성에 준해 일어나는 모든 것을 통찰해보십시오. 이것이 바로 위빠사나 수행법이니 이를 통해 모든 번뇌를 다스릴 수 있을 것입니다. 그리하여 머지않아 무상·고·무아를 꿰뚫어보는 지혜와 통찰력이 생기게 됩니다. 이것이야말로 진정한 지혜의 시작이며 해탈로 이어지는 명상 수행의 핵심인 것입니다.

수행이 진행되는 대로 따르십시오. 그 과정을 잘 지켜보십시오. 끊임없이 전력을 다해 정진하십시오. 진리를 터득하십시오. 체념하는 법, 버리는 법, 평온해지는 법을 배우십시오.

[문] '관찰하는 자'는 누구입니까?

[답] 마음은 그저 마음일 뿐인데, 마음을 관찰하는 자라니 이해가 안 된다는 것인가요? 마음이 그 무엇이라면 마음을 관찰하는 자인 '아는 마음'은 또다른 무엇입니다. 마음은 사고하는 과정(thinking process)이자 동시에 아는 마음(knowing)이기도 합니다. 마음을 알도록 하십시오. 마음이 감각대상을 만날 때, 그리고 그 대상에서 떠날 때 어떤지를 제대로 알아야 합니다.

이와 같이 '아는 마음'이 마음을 관찰할 때 지혜가 솟아납니다.

마음은 대상을 만나면 마치 벼를 본 물소처럼 그 대상에 휩쓸립니다. 마음이 어디로 향하든 그 마음을 지켜보아야만 합니다. 소(마음)가 볏논(감각대상) 가까이 가거든 고함을 지르십시오. 만일 말을 듣지 않으면 작대기로 후려갈기세요.

마음은 감각대상과의 촉(觸)을 경험하면 그것을 휘어잡습니다. 마음이 그처럼 대상을 휘어잡을 때는 '아는 마음'이 그를 깨우쳐주어야 합니다. 무엇이 바른 것이고 그릇된 것인지를 알게 하고 인과(因果)작용을 일깨워주어 마음이 어떤 것에 집착하든 반드시 바람직하지 못한 결과를 초래한다는 사실을 이해하게 해야 합니다. 즉 마음이란 놈이 이치를 알게 될 때까지, 그리하여 마침내 움켜쥔 것을 놓아버릴 때까지 가르치지 않으면 안 됩니다.

이와 같이 하면 수행은 점점 주효해지고 마음은 평온해질 것입니다.

[문] 감각기관에 대한 관찰은 어떻게 합니까?

[답] 수행할수록 수행자는 안(眼), 이(耳), 비(鼻), 설(舌), 신(身), 의(意)의 감각기관을 통해 지각되는 모든 것을 자세히 관찰하려는 자세를 가져야 합니다. 이를테면 소리[聲]와 같은 한 가지 지각대상을 대상으로 삼아 수행해봅시다. 잘 들어보십시오. 귀에 들리는 것과 소리는 별개입니다. 우리는 단지 그렇다는 사실을 알고 있을 뿐이고 실재하는 것은 그것이 전부입니다. 그 밖에는 아무도, 아무것도 존재하지 않습니다. 세밀하게 주의를 집중하는 법을 배우십시오. 이와 같이 자연 현상에 의지하여 관함으로써 진리를 찾아내십시오.

그대는 사물들이 어떻게 각기 따로따로인지를 알게 될 것입니다. 마음이 집착하지 않고, 속세 일에 정신 팔리지 않고, 무언가에 사로잡히지 않을 때 비로소 모든 것이 명백해집니다. 귀가 소리를 듣고 있거든 그대는 마음을 지켜보십시오. 마음이 소리에 끌린 나머지 소리와 결부하여 또다른 엉뚱한 이야기를 만들어내고 있지는 않습니까? 산란해지지는 않습니까? 그대는 상황을 파악할 수 있고, 그 상태에 머물 수 있고, 알아차릴 수 있는 존재입니다.

종종 소리로부터 달아나고 싶을 때가 있을 것입니다. 그러나 그와 같은 도피는 대상에서 벗어나는 방법이 되지 못합니다. 수행자는 알아차림을 통해 벗어나지 않으면 안 됩니다. 법이 우리 마음에 들 때가 있고 그렇지 않을 때도 있지만 문제는 법에 있는 것이 아닙니다. 수행을 시작하자마자 곧바로 평온을 얻게 되리라고 기대해서는 안 됩니다. 마음이 멋대로 생각하도록, 하고 싶은 대로 하게 내버려두십시오. 우리는 그저 관찰만 할 뿐 반응할 필요가 없습니다.

그런 다음 감각대상(육경六境 : 모양·소리·냄새·맛·감촉·마음대상)이 감각기관(육근六根 : 눈·귀·코·혀·몸·마음)에 와 부딪힐 때 평온을 유지해야만 합니다. 모든 감각인식(육식六識 : 안식·이식·비식·설식·신식·의식)을 동일한 것으로 보십시오. 감각인식이 어떻게 일어나서 사라지는지를 보십시오. 마음을 현재에 머물게 하십시오. 이미 지나간 것에 대해서는 마음을 기울이지 마십시오. 그리고 내일 할일에 대해서도 생각하지 마십시오.

이처럼 우리가 항상 지금 이 순간에서 사물의 참본성을 보게 된다면 그때 삼라만상은 법 그 자체가 되어 저절로 모습을 드러낼 것입니다.

[문] 깨달음의 일곱 가지 요소 중 택법각지(擇法覺支)는 어떻게 일어납니까?

[답] 마음이 확고해질 때까지, 어떤 경험도 담아두지 않게 될 때까지 마음을 길들이십시오. 그리하면 대상이 다가와도 집착함 없이 대상을 지각하게 됩니다. 마음과 감각대상을 서로 떨어지게 하려고 억지로 애쓸 필요는 없습니다. 수행함에 따라 그것은 저절로 분리되어 단지 몸과 마음을 구성하는 요소에 지나지 않음을 보여줄 것이기 때문입니다. 그대가 진리에 비추어 육경, 즉 모양[色]·소리[聲]·냄새[香]·맛[味]·감촉[觸]·마음대상[法]에 대해 알게 되면 모두가 무상·고·무아라는 공통적 특성을 지니고 있음을 깨닫게 될 것입니다.

한 예로 소리를 들을 때마다 수행자는 이 공통적 특성을 마음속으로 되새기게 됩니다. 따라서 소리를 들었어도 듣지 않은 것이나 매한가지입니다. 이처럼 마음챙김은 마음을 보호해주면서 항상 수행자와 함께합니다. 그대의 마음이 이런 단계에 이르면 그대가 어디에 있든 그대 안에 지혜가 자라게 될 것이므로 바로 이것이 깨달음의 일곱 가지 요소 칠각지(七覺支) 중 하나인 택법각지, 즉 법을 선택하는 지혜인 것입니다.

그것은 스스로 일어나고, 스스로 돌아가며, 스스로 자신과 대화하고, 스스로 해결하며, 감각[受]·인식[想]·반응[行]·의식[識]을 있는 그대로 관찰합니다. 그 무엇도 이 지혜에 접근할 수 없습니다. 택법각지는 스스로 해야 할 일을 갖고 있습니다. 법을 선택하는 이 지혜는 마음속에 본래 내재하는 자율적인 자질로 수행의 초기 단계에서 수련을 통해 발견할 수 있습니다.

무엇을 보든지, 무엇을 하든지 항상 주의 깊게 살피십시오. 휴식을 위해 수행을 미루는 짓은 하지 마십시오. 어떤 이들은 대중수행을 끝내고 돌아오면 이제 수행을 그만두어도 된다고 생각합니다. 그리하여 대중 수행을 마치자마자 곧바로 마음챙김과 관 수행을 중단합니다. 그리해서는 안 될 것입니다.

무엇이 눈에 들어오든지 그것을 관하십시오. 선량한 사람이든, 악한 사람이든, 부자든, 가난한 사람이든 그저 살펴보기만 하십시오. 노인이든 어린아이든 모두 관하십시오. 이것이 우리 수행의 핵심입니다. 진리(眞理)를 찾아 관하는 데 수행자는 크든 작든, 희든 검든, 선하든 악하든 모든 감각대상의 특성과 인과관계가 뒤얽혀 어우러지는 모습을 지켜보아야 합니다.

생각이 일어나거든 단지 생각으로만 관하십시오. 이들은 모두 무상하고, 고통스럽고, 실체가 없는 것이니 집착할 것이 못 됩니다. 그것이 마지막으로 들어갈 무덤은 '알아차림'이므로 몽땅 가져다 그 알아차림 속에 던져버리십시오. 그리하면 모든 사물에서 무상·고·무아를 보게 되어 고를 종식할 수 있습니다. 그렇게 이 삶의 모습을 끊임없이 관하고 살피십시오.

우리의 삶은 무상하여 끊임없이 변하지 않고는 배기지 못합니다. 그대는 인생의 참특성을 보아야 합니다. 일단 이런 일상사 중

하나만이라도 철저하게 꿰뚫어보면 나머지도 모두 알게 됩니다. 모두 같은 특성을 지니고 있기 때문입니다. 그대에게 다가오는 변화무쌍한 경계가 모두 다 같은 것임을 알게 되면 비로소 오로지 법만이 모습을 드러내게 될 것입니다.

일단 이 흐름에 발을 들여놓아 해탈을 경험하게 되면 다시는 되돌아가지 않을 것이며 악행을 짓고 삿된 견해를 갖게 하는 단계를 넘어서게 됩니다. 마음은 진로를 바꾸어 성자의 길로 들어섰으므로 다시는 고해(苦海)에 떨어지지 않습니다. 마음은 완전히 도에 이르러 그 의무와 작용을 알아 팔정도를 알고 그 본성을 알게 됩니다.

그러므로 지체 말고 당장 수행을 시작하십시오. 주저하지 말고 오직 나아가기만 하십시오! 결코 후회하지 않을 것입니다.

[문] 수행중에 나타나는 특이한 현상은 어떻게 받아들여야 합니까?

[답] 수행하다보면 여러 가지 형상이나 환상들이 나타납니다. 매혹적인 형상이나 자극적인 소리에 부딪히게 되며, 좌선 수행중에 특이한 체험을 하거나 빛이나 천사, 불상 따위의 환상을 경험할 수도 있습니다. 그런 것을 보게 되면 수행자는 먼저 스스로를 관찰하여 자신의 마음이 어떤 상태에 있는지 확인해야 합니다. 기본을 잊지 마십시오. 정신을 가다듬으십시오. 그런 상(像)이 일어나기를 바라지 말 것이며, 사라지기를 바라지도 마십시오. 만약 그런 신비한 경험을 추구하여 좇는다면 마음은 안정을 잃게 되고 쓸데없는 허튼소리나 지껄이다가 끝나버리고 말 것입니다. 혹시 그런 현상이 나타나거든 즉각 그 현상을 관찰하십시오. 그렇게 했을 때 그

환각에 속지 않도록 하십시오. 그런 현상은 그대 자신이 아니라는 사실을 알아야만 합니다. 그 역시 단지 무상하고 고통스럽고 실체가 없는 것임을 알고 곧이곧대로 대하지 마십시오.

만일 그런 현상이 쉽게 사라지지 않거든 다시 한번 마음을 챙겨 힘껏 호흡에 집중하십시오. 그리고 적어도 세 번 이상 깊이 숨을 들이마시고 내쉬십시오. 그리하면 그것을 떨쳐버릴 수 있습니다. 어떤 현상이 일어나든 계속해서 정신 집중을 이어나가고 그 어떤 것도 자신으로 착각하지 마십시오.

그 모든 현상은 좋아하거나 집착하거나 두려워하게 만드는 환상일 뿐이며 마음이 만들어낸 속임수일 뿐입니다. 마음이 꾸며낸 그런 구조물에 휘말리지 마십시오. 지혜로운 수행자에게는 기이한 경험이나 환영 모두 도움이 될 수 있지만 현명하지 못한 이들에게는 해를 끼칠 위험이 있습니다. 그런 현상에 휘말리지 않게 될 때까지 계속 수행하십시오.

이와 같이 하여 그대의 마음을 믿을 수 있게 되는 단계에 도달하면 더이상 아무것도 문제될 것이 없습니다. 마음이 즐거워지고 싶어하면 그 즐거움이 불확실하고 불안정한 것임을 알아차리기만 하십시오. 수행중에 일어나는 환상이나 그 밖의 경험을 두려워하지 말고 도리어 그런 현상을 수행대상으로 삼아 공부하도록 하십시오. 그렇게 되면 번뇌를 마음을 길들이는 데 활용할 수 있게 되어 극단적인 치우침에서 벗어나 맑고 집착 없는 평상심의 경지에 이르게 됩니다.

마음은 우주의 중심으로서 마치 하나의 점과 같고 마음의 상태는 잠시 혹은 장기간 이곳에 머물려고 찾아오는 손님과 같습니다. 이 손님들을 잘 유념하여 보십시오. 자기들 쪽으로 이끌려고 그려 보이는 생생한 그림들과 늘어놓는 그럴싸한 꼬드김을 환히 꿰뚫고 있어야만 합니다.

하지만 그대가 차지한 자리를 내주지는 마십시오. 그대가 발붙일 곳은 거기뿐이니까요. 그대가 한눈팔지 않고 그 자리를 지키면서 부단히 알아차림 수행을 확고히 하여 찾아오는 손님들을 눈여겨본다면 그들은 결국 발걸음을 끊고 말 것입니다. 그대가 그 손님들의 정체를 꿰뚫어보게 되었는데도 다시 찾아오겠습니까?

당장 그들과 이야기를 나누어보십시오. 그들 하나하나의 정체를 제대로 간파하게 될 테니까요. 그래야만 그대의 마음이 평온해질 수 있습니다.

[문] 경행을 제대로 하고 있는지 점검해보고 싶습니다.

[답] 매일 경행 수행을 하십시오. 우선 마음이 산만해지지 않도록 적당히 긴장하고 손을 모아 합장합니다. 평상시 걸음으로 경행대의 이쪽 끝에서 저쪽 끝까지 빈틈없이 자신을 알아차리며 걷습니다. 경행대 끝까지 가면 되돌아섭니다. 마음이 옆길로 새면 조용히 서서 본래대로 되돌아오도록 합니다. 그래도 마음이 계속 엇나가면 호흡에 주의를 기울입니다. 언제나 원래의 위치로 돌아오지 않으면 안 됩니다. 이와 같이 숙련된 마음은 항상 이로움을 줍니다.

몸이 피곤을 느끼면 자세를 바꾸도록 하십시오. 그러나 바꾸고 싶다는 충동을 느끼는 즉시 바꾸는 것은 좋지 않습니다. 먼저 자세를 왜 바꾸려고 하는지, 이를테면 육체적 피로 때문인지, 정신적 불안정 혹은 게으름 때문인지를 살펴보십시오. 몸이 고통스럽게 여기는 부분을 주목해보십시오. 정직하고 면밀하게 관찰하는 법을 배우십시오. 수행정진은 마음의 문제이지 육체의 문제가 아닙니다. 좋아하거나 싫어하는 마음이 생길 때면 그대로 좇아가지 말고 마음속에서 벌어지는 일을 알아차리면서 쉬지 않고 관찰해야 합니다. 만약 이와 같은 관찰이 제대로 이루어지지 않는다면 밤을 새워 하는 좌선이나 경행은 용맹정진이라 할 수 없습니다.

　미리 정한 한 지점에서 다른 지점까지 걷는 동안 수행자는 시선을 두 걸음 정도 앞쪽에 떨구고 몸의 느낌에 집중하든가, 아니면 '붓도'를 되뇝니다. 마음속에 일어나는 현상을 두려워하지 마십시오. 그런 현상을 있는 그대로 알아보십시오. 진리는 사념이나 느낌을 넘어섭니다. 그런 것을 믿거나 현혹되지 마십시오. 일어나고 사라지는 진행을 주시하십시오. 이런 이해는 지혜가 생겨나도록 합니다.

　의식이 일어나면 전구에 불이 들어올 때처럼 즉시 알아차려야 합니다. 만일 수행자가 정신을 차리지 않고 있으면 장애를 일으키는 현상에 마음을 빼앗기기 마련인데, 오직 정신 집중만이 이런 현상을 없애줄 것입니다. 도둑이 나타났다고 하면 재물을 지키려는 경계심이 강화되듯이 장애를 상기하는 수행자는 정신 집중을 게을리하지 않습니다.

[문] 열심히 수행하는데, 아직 아무것도 이루어지지 않는 것 같습니다.
[답] 수행에서 무언가를 성취하려고 하지 마십시오. 해탈을 얻으려고

하거나 깨달음을 얻으려는 그 욕망이 바로 그대의 해탈을 방해하는 요소입니다. 수행은 자기가 하고 싶은 만큼 얼마든지 열심히 할 수 있으며 밤낮을 가리지 말고 정진하면 됩니다. 하지만 무언가를 성취하고자 하는 욕망을 항시 품고 있다면 결코 평안을 얻을 수 없습니다. 그와 같은 욕망은 회의와 불만의 원인이 될 뿐입니다. 욕망으로부터 지혜가 나오는 법은 없습니다. 오로지 놓아버리십시오.

마음챙김으로 몸과 마음(오온)을 관찰하고 그 무엇이든 성취하려고 하지 마십시오. 그렇지 않으면 명상 수행을 시작하여 마음이 가라앉을 만하면 즉시 '아, 벌써 첫째 단계에 왔나? 대체 얼마나 더 해야 할까?' 하는 조바심이 나게 됩니다. 그 순간 모든 것이 수포로 돌아가고 맙니다. 그저 수행이 어떻게 자연스럽게 진행되고 있는지를 관찰하는 것만이 최선책입니다.

수행자는 선입견 없이 자기 마음속에서 일어나고 있는 현상을 있는 그대로 꾸밈없이 주시해야만 합니다. 관찰하면 할수록 그만큼 더 분명하게 보입니다. 마음을 집중하는 법을 완전히 터득한다면 자신이 지금 어떤 단계에 와 있는지 신경쓸 필요가 없습니다. 수행의 본질에 관해 내가 무어라고 말할 수 있겠습니까? 해탈을 측정하거나 분류할 수 있는 방법은 없습니다. 올바른 방향으로 계속 수행만 하십시오. 모든 것이 자연히 본래의 모습을 드러낼 것입니다.

수행할 때는 자신의 몸과 마음을 잘 지켜보십시오. 그렇게 해나가면 지혜와 통찰력이 저절로 일어날 것입니다. 만약 좌선하겠다고 앉아서 수행이 이러저러하게 되었으면 하는 바람을 갖는다면 차라리 그 자리에서 그만두는 편이 낫습니다. 수행에 어떤 이상이나 기대를 품지 마십시오. 지금까지 배운 것이나 의견은 접어두십시오. 그대는 모든 언어를 넘어서고, 모든 상징을 넘어서고, 수행을 위한 계획마저도 다 넘어서야 합니다. 그때 비로소 '지금 여기에서' 드러나는 진리의 모습을 스스로 보게 될 것입니다.

만일 그대가 방향을 '안'으로 돌리지 않는다면 결코 실상(實相)을 바로 보지 못할 것입니다.

[문] 망상 때문에 수행에 진척이 없습니다.

[답] 염려하지 마십시오. 마음을 현재 순간에 두십시오. 마음에 무엇이 일어나든지 오직 알아차리기만 하고 그대로 두십시오. 없애려고도 하지 마십시오. 그러면 마음이 평상심으로 돌아올 것입니다. 좋거나 나쁘거나, 뜨겁거나 차갑거나, 빠르거나 느리거나 간에 차별심을 두지 마십시오. 나도 없고 너도 없고 자아라는 것도 없고 모두가 있는 그대로일 뿐입니다.

걷고 있다면 특별히 다른 무엇을 할 필요가 없습니다. 오로지 걷기만 하십시오. 그리고 눈앞에 있는 것을 주시하십시오. 홀로 있거나 은둔해야만 한다고 집착할 필요도 없습니다. 어떤 상황에 처해 있든지 평상심 상태에서 관찰함으로써 자신을 알도록 하십시오.

의혹이 일어나면 그것이 일어나고 사라짐을 관찰하십시오. 매우 간단합니다. 무엇에도 매달리지 마십시오. 수행은 길을 따라 걷는 일과 비슷합니다. 가끔은 장애물과도 마주치게 될 것입니다. 번뇌가 생기면 오직 알아차리기만 하십시오. 그리고 그냥 흘려버림으로써 극복해보십시오. 이미 지나쳐온 장애물은 생각하지 마십시오. 앞으로 다가올 일에 대해서도 걱정하지 마십시오. 현재에만 머무십시오. 갈 길이 얼마나 먼지, 목적지가 어디인지도 신경쓰지 마십시오. 모든 것은 변하기 마련입니다. 무엇을 만나든 집착하지 마십시오.

결국 마음이 자연스러운 균형을 이루게 되면서 저절로 수행될 것입니다. 모든 것은 저절로 왔다가 저절로 사라지니까요.

수행이란 지금까지 길들여진 습(習)에 더이상 휘둘리지 않고 번뇌를 퇴치하려고 시도할 때 시작되는 것입니다. 갈등과 장애가 일어나는 곳, 바로 그곳이 손을 대야 할 부분입니다. 버섯을 딸 때도 무턱대고 따지 않습니다. 어떤 버섯이 먹을 수 있는 종류인지 알아본 다음에 땁니다. 수행도 마찬가지입니다. 독사에게 물렸을 때처럼 갖가지 맹독성을 지닌 번뇌에서 벗어나려면 그 위험한 독성에 대해 알아야만 합니다.

탐·진·치라는 번뇌는 고통과 이기심의 뿌리에 자리잡고 있습니다. 우리는 번뇌를 극복하여 그 영향에서 벗어나 마음의 주인이 되는 법을 배워야 합니다. 물론 그것은 어린 시절부터 친했던 친구와 이별하는 일처럼 쉬운 일이 아닙니다.

번뇌는 호랑이와 같습니다. 우리는 정념(正念), 정진력, 인내력을 총동원하여 견고하게 잘 만든 우리 안에 호랑이를 가두어야 합니다. 그런 다음 습관적인 욕구들을 채워주지 않음으로써 호랑이(번뇌)를 굶어 죽게 할 수 있습니다. 굳이 칼로 난도질할 필요까지는 없습니다. 가령 자식이 자라면서 불경스러워졌다고 칩시다. 자식의 행동에 곤혹스러워진 부모는 "대체 어디서 이런 자식이 나왔을 꼬?"라고 자문하게 될지도 모릅니다.

이처럼 고는 우리가 사실상 진리를 잘못 이해하고[邪見] 갖가지 정신작용에 집착하는 데서 오는 것입니다. 우리는 자신의 마음을 물소를 길들이듯이 길들여야 합니다. 물소는 우리의 생각이고, 주인은 수행자며, 물소를 키우고 훈련하는 일은 수행입니다. 길들인 마음만이 진리를 볼 수 있으며 자아의 생성 원인과 그 끝, 즉 모든 고의 멸을 알 수 있습니다. 그것은 복잡한 것이 아닙니다.

수행과정에서는 누구에게나 번뇌가 있습니다. 번뇌가 일어나면 부딪쳐 싸우면서 번뇌와 더불어 수행해야만 합니다. 이는 생각만으로 될 일이 아니라 직접 체험하며 겪어야 할 일입니다. 거기에는 엄청난 인내가 요구됩니다. 차츰차츰 우리는 습관적 사고방식과 느끼는 방식을 바꾸어나가야만 합니다.

우리가 모든 사물을 '나'나 '나의 것'이라는 관점에서 볼 때 얼마나 고통받게 되는지를 알아야 합니다. 그 점을 확실히 알게 되면 놓아버릴 수 있습니다.

[문] 마음이 자유롭지 못합니다.

[답] 우리에게 필요한 것은 진리를 책 속에서 혹은 하나의 관념으로 만나는 것이 아니라 바로 우리 자신의 마음에서 발견하는 일입니다.

아직도 마음이 자유롭지 못하다면 마음이 모든 것을 분명히 볼 수 있게 됨으로써 스스로 초래한 조건에 얽매인 상황에서 벗어날 수 있을 때까지 순간순간 직면하는 모든 상황의 원인과 결과를 통찰해야 합니다. 다시 마음이 집착하게 되더라도 새로운 현상을 하나하나 살펴나가되, 절대로 관찰을 멈추지 말고 그대로 지속하여 그 현상의 실체를 꿰뚫으십시오. 그렇게 되면 집착은 발붙일 곳을 찾지 못할 것입니다. 이것이 내가 스스로 수행해왔던 방법입니다.

그대가 좌선에 들면서 감각대상과 접촉하지 않게 되기를 바라거나 아무 생각도 하지 않게 되기를 바란다면 그 바람 자체가 바로 욕망입니다. 생각과 싸우면 싸울수록 생각은 더 힘이 세질 뿐입니다. 생각 따위는 신경쓰지 말고 계속 수행만 하십시오.

감각대상과 접하게 되면 그저 관찰하십시오. 그리하여 그 모두가 단지 무상하고, 고통스럽고, 실체가 없는 것임을 통찰하십시오. 모든 것을 이 세 가지 특성에 비추어 계속 관찰하십시오.

그리하면 마음의 굴레에서 서서히 벗어날 수 있을 것입니다.

[문] 저는 출가 수행자가 된 뒤로 어려움과 고통이 더 커졌다고 느낄 때가 많습니다.

[답] 여러분 중에는 과거에 물질적 즐거움과 고등교육, 외형적 자유를 누렸던 분들이 적지 않을 것입니다. 그에 비하면 지금 여러분은 힘든 상황에 있습니다. 하지만 누구나 수행과정에서 어느 정도는 이런 어려움을 극복해나가야 합니다. 고통을 끝내줄 고통을 겪어야만 하니까요.

화가 나거나 속이 상할 때야말로 마음을 이해할 수 있는 좋은 기회입니다. 붓다께서도 번뇌가 스승이라고 했습니다. 교육 정도와 세속 지식이 낮은 사람일수록 수행하기 쉬운 법입니다. 참고 견딤은 우리 수행의 필수 요소입니다.

나도 젊었을 때 절망에 빠지는 날이 많았습니다. 아예 승복을 벗어던지고 싶은 때도 있었고 자살을 생각한 적도 있었습니다. 그러나 이런 괴로움은 잘못된 견해에서 오는 것입니다.

그대가 진리를 보게 되면 자신의 견해와 관점에서 풀려나오게 (해탈) 될 것입니다. 그때 모든 것이 평온해집니다.

[문] 의혹이 일어날 때는 어떻게 합니까? 어떤 날은 수행 자체에 의혹을 품게 되고, 자기 계발이나 스승에 대한 의심으로 괴로워지기도 합니다.

[답] 의혹을 품는 것은 당연한 현상입니다. 사람들은 으레 의혹을 품은 채로 수행을 시작합니다. 그리고 의혹을 품는 가운데 많은 것을 배우게 됩니다.

중요한 것은 그 의심하는 마음을 자기 자신이라고 착각하지 않는 것이지요. 즉 의혹은 가지되, 사로잡히지는 말라는 것입니다. 자신의 마음을 끝없이 맴돌게 할 테니까요. 그 대신 의혹을 느끼고 방황하는 과정을 빠짐없이 지켜보십시오. 의심하는 자가 누구인지를 보십시오. 의심이 어떻게 와서 가는지를 보십시오. 그리하면 의혹 때문에 희생당하는 일은 없게 될 것입니다. 스스로 의심에서 빠져나와 마음이 가라앉게 되면서 모든 일이 어떻게 일어나 사라지는지를 볼 수 있을 것입니다.

자신이 집착하고 있는 것을 그대로 놓아버리십시오. 의심하는 마음을 놓아버리고 다만 지켜보기만 하십시오. 이것이 의심을 없애는 유일한 방법입니다.

[문] 욕망과 성냄 같은 번뇌는 환(幻)입니까? 아니면 실체입니까?

[답] 양쪽 다입니다. 우리가 탐·진·치라고 부르는 번뇌는 표면상 나타
난 이름과 모양입니다. 그것은 마치 바리때를 보고 크다, 작다, 예
쁘다 하는 것과 같지요. 큰 바리때를 원하는 사람은 기존의 바리
때를 보고 작다고 할 것입니다. 갈애(渴愛, taṇhā) 때문에 우리는
그런 개념을 만들어냅니다.

   갈애는 차별심을 일으키지만 진리는 그저 있는 그대로일 뿐이
지요. 예를 들어봅시다. 그대는 남자입니까? 그렇다고요? 그것은
외형일 뿐입니다. 그대라는 존재는 실상 원소들의 결합, 즉 변화하
는 집합물의 모임일 따름입니다. 해탈한 마음은 차별심을 갖지 않
습니다. 크지도 작지도 않고, 너도 아니고 나도 아닙니다. 아무것도
아닙니다. 이것을 '아나따', 즉 무아라고 합니다.

   하지만 궁극에는 아(我)도 없고 무아도 없습니다.

[문] 저는 성냄과 욕망은 쉽게 관찰합니다. 그런데 어리석음(무명)은 어
떻게 관해야 합니까?

[답] 그대는 말을 타고 앉아서 "말은 어디에 있는가?"라고 묻고 있군요.
정신차리십시오.

[문] 진심(瞋心)이 일어날 때는 마음을 어떻게 닦아야 할까요?

[답] 절로 사라지도록 놔두든지, 아니면 자비심으로 닦아야 합니다. 성
내는 마음이 뻗쳐오를 때는 자비의 감정을 계발함으로써 이를 없
앨 수 있습니다.

남이 나쁜 짓을 하거나 화를 내더라도 덩달아 화내지 마십시오. 만일 화를 내면 그 사람들보다 더 어리석은 사람이 됩니다. 지혜롭게 구십시오. 마음속에 연민을 가지십시오. 그 사람도 괴로워하고 있을 테니까요. 그가 마치 사랑하는 형제라도 되는 양 그대의 마음을 자비심으로 가득 채우십시오. 자비의 염을 모아 염처로 삼으십시오. 그것을 이 세상 모든 중생을 향해 넓게 펼치십시오. 증오는 자비심을 통해서만 극복할 수 있습니다.

[문] 수행중 성욕은 어떻게 극복할 수 있습니까? 때때로 성욕의 노예가 된 듯한 느낌이 들 때도 있습니다.

[답] 모든 욕망은 역겨운 것을 관함으로써 없앨 수 있습니다.

육체적 외형을 보고 일으키는 집착은 일종의 극단적 현상이므로 마음을 그 반대편에 두도록 시도해야겠지요. 살아 있는 몸을 죽은 시신으로 여기면서 썩는 과정을 관하거나 육체의 각 부분, 즉 폐, 지라, 비계, 배설물 등으로 해체하여 관합니다(부정관). 욕망이 일어날 때 이런 것을 염두에 두면서 몸의 더러운 면을 떠올리면 욕망에서 벗어날 수 있습니다.

[문] 저는 감각을 억제하기 위해 극도로 주의를 기울여왔습니다. 시선을 아래에 두고 모든 사소한 행동까지 마음챙김을 하고 있는데, 제대로 하고 있는 것인지요?

[답] 감각 억제는 올바른 수행법입니다. 우리는 하루종일 감각에 대해 마음을 챙겨야만 합니다. 하지만 너무 지나치게 하지는 마십시오.

걷고 먹고 행동하는 일들을 자연스럽게 하십시오. 그리고 자신의 내면에서 무슨 일이 일어나고 있는지 자연스럽게 마음에 챙기도록 하십시오. 자신에게 수행을 강요하거나 인위적인 틀에 억지로 자신을 끼워맞추는 것은 또다른 형태의 욕망입니다. 참고 견디는 것이 필요합니다. 자연스럽게 행동하고 마음을 챙기면 저절로 지혜가 생기지요.

[문] 수행자에게는 어느 정도의 수면이 적당할까요?

[답] 내가 대답할 성질의 물음은 아닌 것 같군요. 하지만 중요한 것은 스스로 관찰하여 스스로 아는 것입니다. 너무 적게 자면 몸이 불편하고 마음챙김을 유지하기 어렵습니다. 너무 많이 자도 마음이 무뎌지고 불안정해집니다. 그대 스스로 자연스러운 균형을 찾으십시오. 몸과 마음을 주의 깊게 관찰하십시오. 자신에게 얼마큼의 수면이 적당한지 알게 될 때까지 필요한 수면량을 주의 깊게 유념하십시오. 아침에 일어나 졸음을 못 이겨 다시 쓰러진다면 수행에 장애만 될 테니까요. 눈을 뜨자마자 즉시 마음챙김을 확고히 해야합니다.

졸음을 극복하는 방법에는 여러 가지가 있습니다. 좌선을 어두운 곳에서 하고 있다면 밝은 곳으로 옮기십시오. 눈을 떠보십시오. 일어나 세수하거나 얼굴을 때리거나 목욕을 해보십시오. 졸릴 때는 자세를 바꾸십시오. 계속 걸으십시오. 뒤로 걸어보십시오. 무언가에 부닥뜨릴지도 모른다는 생각에 잠이 달아날 것입니다. 그래도 안 되면 조용히 멈추어 서서 마음을 맑게 하고 밝은 대낮이라고 상상해보십시오. 아니면 까마득한 절벽 근처나 깊은 우물가에 앉아보십시오. 잠이 달아나고 말 것입니다. 이 모든 것이 다 소용 없을 때는 가서 자는 수밖에 없겠지요. 주의를 집중한 채 자리에 누워 잠에 빠져드는 순간까지 마음을 챙기십시오. 그리고 잠에서 깨어나는 즉시 곧장 일어나십시오.

[문] 먹는 것은 어느 정도가 적당합니까?

[답] 먹는 것도 잠자는 것과 같습니다. 스스로 알아내야 합니다. 음식 은 육체적 필요에 맞추어 취해야 합니다. 음식을 약으로 보도록 하십시오. 식사 후 식곤증을 느끼고 나날이 살이 찔 정도로 많이 먹고 있지 않은가요? 적게 먹도록 노력하십시오. 자신의 몸과 마음을 관찰하여 다섯 술이 넘지 않게, 만복에 이르기 전에 숟가락을 내려놓고 나머지는 물로 채우십시오. 그러고는 가서 앉으십시 오(좌선). 잠과 배고픔을 지켜보십시오. 음식의 적정량을 감지해야 합니다. 수행이 깊어지면 힘이 넘치고 적게 먹게 될 것입니다. 하지 만 그 단계에 이를 때까지는 본인 스스로 조절해야 합니다.

[문] 절을 많이 하라고 권하시는데, 그 이유는 무엇입니까?

[답] 절은 매우 중요한 수행법으로 격식에 맞추어 제대로 해야 합니다. 절을 할 때는 천천히 몸을 굽혀 이마가 땅에 닿도록 하십시오. 양 팔꿈치는 무릎 가까이 약 8센티미터쯤 떨어뜨리십시오. 천천히 절 을 올리는 동안 몸에 관해 마음챙김을 하십시오. 절은 자만심을 가라앉히는 좋은 처방법입니다. 기회 있는 대로 하고 또 하십시오.

세 번 절을 올리는 동안 불·법·승 삼보의 특성을 상기해도 좋습니다. 즉 청정함과 밝음과 평온의 덕목을 떠올리십시오.

절을 하는 것은 자기수련을 위해, 몸과 마음의 조화를 꾀하기 위해 외형적 형식을 빌리는 것입니다. 남들은 절을 어떻게 하는지 뜯어보는 짓은 하지 않는 것이 좋겠지요. 사람은 길들이기 힘든 존재입니다. 빨리 배우는 사람도 있고 배움이 느린 사람도 있습니다. 다른 사람에 대한 분별심은 자신의 자만심만 키울 뿐입니다. 그러는 대신 자신을 지켜보십시오.

이미 법과 조화를 이룬 사람은 외형적 형식을 초월해 있습니다. 이기심의 차원을 넘어섰으므로 그의 모든 행위가 절의 자세입니다. 걷는 것도, 먹는 것도, 용변 보는 것도 모두 절하는 자세가 되는 것이지요.

[문] 장기간의 묵언 용맹정진을 제자들에게 권하시는지요?

[답] 이는 매우 개인적인 문제입니다. 수행자는 시장 한가운데서든 아주 외딴곳에서든 그 어떤 상황에서도 수행할 수 있어야 합니다. 다만 처음에는 조용한 곳에서 시작하는 것이 좋겠지요. 우리가 숲속에서 사는 이유 중 하나가 거기에 있습니다. 처음에는 천천히 진행하면서 마음챙김을 유지하는 데 주력해야 합니다. 어느 정도 지난 다음에는 어떤 상황에서든 마음챙김을 할 수 있게 됩니다.

어떤 이는 6개월이나 1년 정도 묵언 용맹정진을 하는 것이 어떤지를 묻습니다. 여기에는 어떤 정해진 규칙이 있는 것이 아닙니다. 그 기간은 개인에 따라 다르게 정해져야 합니다.

스승과 제자는 묵언 수행의 가능성과 한계에 대해 함께 세심하게 점검해야 합니다. 이런 수행을 할 각오가 되어 있는지, 지금이 적당한 시기인지 등을 면밀히 따져보아야 합니다. 그대 자신의 한계를 파악하여 참작하도록 하십시오. 그렇게 하는 것 또한 지혜입니다.

묵언 수행중이 아니더라도 수행자는 항상 말을 삼가야 합니다. 꼭 해야 할 말 외에는 가급적 말을 삼가십시오. 계를 받은 사람은 잡담이나 사교에 흥미를 가져서는 안 됩니다.

세월이 흐를수록 훌륭한 선원을 찾아내기가 점점 어려워집니다. 대부분의 승려가 불교를 연구대상으로 여길 뿐 실천적 수행은 하지 않습니다. 도처에서 마음을 닦는 일보다는 숲을 베어 사찰을 새로 짓는 일에 더 열을 올리고 있습니다. 예전의 선사(禪師)들은 자연을 벗삼아 살아갈 뿐 사찰을 짓는 일 등은 하지 않았습니다. 요즈음은 법당 불사를 하는 일이 신도들의 관심을 가장 많이 끄는 종교 활동이 되었습니다. 그런대로 좋은 일이지만 사찰을 건립하는 목적을 알아야 합니다.

승려의 일과 중 80퍼센트에서 90퍼센트 이상은 수행으로 채워져야 합니다. 그 나머지 시간은 일반 대중에게 이로움을 회향(廻向)하는 데 쓰일 수 있을 것입니다. 이때도 대중을 가르치는 사람은 그 자신을 통제할 수 있어 남을 도울 수 있는 사람이어야 하며 자신의 짐도 무거워 쩔쩔매는 사람이어서는 안 될 것입니다.

스승이 때때로 들려주는 법문은 수행자들의 마음 상태와 수행 향상도를 점검하는 기회로 유념해야 합니다. 법문의 요점들은 수행을 통해 확실히 익혀야 할 중요한 사항들입니다. 그대는 자기 안에서 그런 요점들을 스스로 알아볼 수 있습니까? 지금 제대로 수행하고 있습니까? 잘못을 범하지 않고 올바른 견해를 갖고 있습니까? 스스로 알기 전에는 그 누구도 그런 것을 가르쳐줄 수 없습니다.

남의 말을 듣고 의혹을 떨쳐버릴 수는 없습니다. 의혹을 없애는 유일한 길은 자기 힘으로 영원히 잠재워버리는 것입니다. 우리는 물리적으로 단절되어 있는 숲속생활의 이익을 마음챙김을 닦는 데 써야만 하며 고립이나 도피를 목적으로 오용해서는 안 됩니다.

[문] 이곳 선원에는 수행을 소홀히 하는 스님들이 많은 것 같습니다. 게으름을 피우고 마음챙김을 하는 것 같지도 않아 보기가 언짢습니다.

[답] 그대는 다른 스님들의 좋지 않은 행동거지를 보면 "나는 이렇게 열심인데 저 스님은 무슨 수행을 저렇게 하나. 나만큼 열심히 정진하려면 멀었어. 엉터리 중들이야" 하며 공연히 화를 내고 괴로워합니다.

모든 이가 그대가 바라는 대로 행동하기를 원하는 것은 자신의 고통만 초래할 뿐입니다. 아무도 그대를 위해 대신 수행해줄 수 없으며 그대 또한 다른 누구를 위해 수행해줄 수 없습니다. 다른 사람을 살펴보는 일은 자신의 수행에 결코 도움되지 않습니다. 남을 살펴본다고 지혜가 늘지는 않으니까요. 그런 행위는 그대에게 큰 번뇌만 안겨줄 따름입니다. 비교하지 마십시오. 차별하지 마십시오.

차별심은 급한 커브길처럼 위험합니다. 다른 사람이 나보다 낫다거나, 못하다거나, 같다는 등의 생각은 우리를 그 길 밖으로 튕겨나가게 만듭니다. 차별하면 괴로움만 따릅니다. 승려로서 지켜야 할 계율은 자신의 수행을 위한 도구이지 남을 비판하거나 결점을 찾는 데 쓰는 무기가 아닙니다. 그대 자신의 견해는 버려버리고 자신을 지켜보십시오. 이것이 우리의 법입니다.

만약 괴로워지면 자기 마음속의 괴로움을 지켜보십시오. 오로지 그대 자신의 행동에 마음을 챙기십시오. 자신을 점검하고 느낌을 점검하십시오. 그리하면 '알게' 될 것입니다.

그것이 수행하는 방법입니다.

[문] 수행중 지루할 때는 어떻게 해야 합니까?

[답] 수행자는 지루함을 느낄 겨를이 없습니다. 마음을 자세히 들여다보고 있으면 잠시도 가만있지 않음을 알 수 있습니다. 따라서 수행자에게는 끊임없이 해야 할 일이 있는 셈입니다.

[문] 조급할 때는 어떻게 해야 합니까?

[답] 현대인들은 일반적으로 조급합니다. 그래서 행복하든 고통스럽든 번뇌에 빠지든 한결같이 극단으로 치닫습니다. 하지만 수행을 제대로 하면 해결해야 할 문제가 무수히 많다는 사실 또한 깊은 지혜에 이르게 하는 동인이 될 수도 있습니다.

[문] 장시간의 좌선 수행을 꼭 해야만 큰 깨달음을 얻을 수 있습니까?

[답] 그렇지 않습니다. 계속해서 몇 시간씩 앉아 있는 것이 반드시 필요한 것은 아닙니다. 어떤 사람은 오래 앉아 있을수록 더욱더 지혜로워진다고 착각합니다. 여러 날 앉아 있기로는 둥지에서 알을 품

고 있는 암탉들이 더 잘하겠지요. 지혜는 어떤 자세로든 쉬지 않고 마음을 챙기는 중에 얻어집니다. 사람에게는 제각기 자연스러운 삶의 속도가 있습니다. 수행 속도도 모두 똑같을 수 없지요. 이런 문제를 놓고 고민할 필요는 없습니다. 오직 마음챙김에 노력하십시오.

모든 일이 자체적으로 자연스럽게 흘러가도록 놓아두십시오. 그렇게 하면 그대의 마음은 어떤 환경에서든 점점 더 고요해질 것입니다. 숲속에 있는 맑은 연못처럼 말입니다. 그때 별의별 기이하고 희귀한 동물들이 그 연못에 물을 마시러 올 것이며 그대는 모든 존재의 본성을 분명하게 볼 수 있을 것입니다. 희한하고 기이한 것들이 수없이 오감을 보게 되겠지만 그대 마음의 고요함은 흔들림이 없을 것입니다. 바로 그것이 붓다의 행복입니다.

[문] 마음이 좀 고요해지려면 주위가 시끄러워 방해됩니다. 수행과정에서 선정에 들 수 있는 능력이 반드시 필요한지요?

[답] 수행하면서 좀 조용히 있고 싶은데, 소음이나 자동차소리, 사람 목소리, 시선을 끄는 것들이 괴롭히며 주위를 산만하게 만든다는 생각을 합니다. 하지만 무엇이 누구를 성가시게 하는 것일까요? 그것이 우리를 방해하는 것이 아니라 우리가 그것을 성가시게 하며 좇아간다는 사실을 알아야 합니다. 세상을 거울이라고 생각하십시오. 세상 모든 것은 자기 마음의 반사입니다. 그것을 깨달으면 언제라고 할 것 없이 항상 모든 시간이 향상의 기회고 모든 경험이 진리를 드러내고 깨달음을 가져다줍니다.

원래 길들이지 않은 마음에는 걱정과 근심이 가득차 있습니다. 그래서 명상 수행으로 약간의 평온함을 맛보게 되면 자칫 그 평온 상태가 수행의 마지막 종착점인 줄로 착각하고 거기에 집착하게 됩니다. 심지어는 자신이 욕망이나 갈애나 증오심을 완전히 극복했다고 생각할 때도 있지만 결국에는 그런 것에 눌려 꼼짝 못하는 꼴을 당하기도 합니다.

실제로 마음이 고요함에 빠져 헤어나지 못하는 것은 혼란스러운 상태를 벗어나지 못하는 것보다 더 위험합니다. 왜냐하면 혼란스러운 상태에 있을 때는 적어도 거기에서 벗어나고자 애를 쓰게 되지만 고요함 속에 머물러 만족하게 되면 더이상 나아가지 못하기 때문입니다.

평온의 맛이 달콤하기 그지없겠지만 그 역시 무상·고·무아로 보아야만 합니다. 붓다께서는 명상 수행의 본질이 삼매라고 생각하지 않으셨습니다. 수행할 때 삼매나 어떤 특별한 경지에 들기를 바라지 마십시오. 그저 마음이 고요한지 아닌지만 알아차리십시오. 그리고 만일 고요하다면 고요의 깊이가 어떤지 알아차리십시오. 그리하면 마음이 저절로 향상될 것입니다.

수행중에 선정에 이르게 된다면 좋은 일이지만 선정이 반드시 필요한 것은 아닙니다. 그렇지만 지혜가 생기도록 하려면 어느 정도의 정(定)과 정신 집중은 확고히 자리잡아야 합니다. 그러고 나서 자신을 관찰하는 데 그것을 이용하십시오.

만트라 같은 수행 방편에도 집착하지 마십시오. '붓도'라는 만트라로 마음을 선정에 들게 했다면 만트라를 놓아버리십시오. 붓도는 '아는 자[覺者]'라는 뜻이므로 그대가 아는 자가 되었다면 무엇 때문에 그 말을 계속 반복하겠습니까? 붓다께서는 법에도 집착하지 말라 하셨습니다.

[문] 수행 덕분에 평온한 마음 상태를 이루게 되었습니다. 이제부터는 어떻게 공부해야 합니까?

[답] 좋은 현상입니다. 마음을 평온하게 하고 삼매 상태에 머물도록 하십시오. 삼매의 결과를 몸과 마음을 관찰하는 데 쓰십시오. 마음이 평온을 유지하지 못할 때도 지켜보기를 계속하십시오. 그러면 진정한 의미의 평온을 알게 될 것입니다. 왜냐고요? 마침내 무상을 보게 되기 때문입니다. 평온마저도 무상으로 보여야 합니다. 혹시라도 평온 자체에 집착한다면 평온하지 못할 때 고통을 당하게 됩니다. 모든 것을 버리십시오. 심지어 평온마저도.

[문] 저는 여러 해 동안 수행하고 있습니다. 마음은 열려 있고 거의 어떤 상황에서도 평온을 유지하고 있습니다. 이제는 수준 높은 삼매와 마음의 몰입을 닦고 싶습니다.

[답] 그와 같은 수행은 그대에게 이익을 가져다주는 정신적 훈련입니다. 좌선 수행을 통해 마음이 고요해지고 선정이 이루어지면 그것은 훌륭한 도구로 쓰일 수 있습니다.

그러나 만일 선정 상태의 행복감이나 즐거움을 느끼는 맛에 좌선한다면 시간 낭비만 하는 셈입니다. 본래 수행이란 선정을 이룬 다음에 다시 그 선정을 몸과 마음의 본성을 관찰하는 데 쓰는 것입니다. 그것이 '해탈 수행'입니다.

그런 관찰이 이루어질 때만 마음을 집중[定]할 수 있고 참다운 지혜가 자연스럽게 생길 수 있습니다. 처음에 들리는 지혜의 소리는 너무 나직하여 지혜를 지나치게 대단한 것으로 여긴 나머지 제대로 알아보지 못하고 짓뭉개버리는 어리석음을 범할 수도 있습니다.

만일 그대가 고요함 속에서 지혜를 알아본다면 무상(無常)과 공성(空性), 몸과 마음의 무아성(無我性)을 깨닫게 될 것입니다. 마음이 어떤 물건인가를 관하여 이해하게 될 때 선정이나 책의 한계도 아는 지혜를 갖추게 됩니다. 그리하여 어디에도 집착하지 않는 지혜로써 책을 대하거나 남을 가르칠 수도 있을 것이며 삼매 선정의 수행으로 돌아갈 수도 있을 것입니다.

[문] 사마타와 위빠사나, 즉 선정과 지혜는 같다고 하셨는데, 좀더 자세히 설명해주시겠습니까?

[답] 매우 간단한 이야기입니다. 정견이 있으면 선정(사마타)과 지혜(위빠사나)는 같이 작용합니다. 우선 마음은 수행대상에 집중함으로써 고요해집니다. 우리가 눈을 감고 앉아 있으면 마음이 매우 고요해지지요. 이것이 사마타입니다.

결국 이 집중은 지혜를 일어나게 하는 원인이 됩니다. 눈을 감고 앉아 있을 때나 바쁜 도시를 걸어다닐 때나 마음은 여전히 고요합니다.

예를 들면 이렇습니다. 한때 그대는 어린아이였습니다. 그런데 지금 그대는 어른이 되어 있습니다. 그 어린아이와 어른은 동일한 사람일까요? 동일인이라고 할 수 있겠지요. 하지만 어떻게 보면 다른 사람이라고 할 수도 있지 않을까요? 이처럼 선정과 지혜는 별개의 것으로 보일 수도 있지요. 혹은 음식과 배설물과의 관계와 같다고도 할 수 있겠지요.

내가 하는 말을 그대로 믿지 말고 수행을 통해 스스로 확인해 보십시오. 특별히 필요한 것은 아무것도 없습니다. 지혜와 선정이 어떻게 일어나는지를 보면 그대 스스로 그 사실을 알게 됩니다.

오늘날 대부분의 사람은 말 자체에 매달려 있습니다. 어떤 이들은 지혜가 진정한 수행이라며 선정을 경시합니다. 또다른 이들은 선정이 필수적인 수행이라며 지혜를 수행하기 전에 선정을 수련해야만 한다고 주장합니다. 이 모두 다 어리석은 생각입니다. 이런 식으로 생각하면서 시간을 낭비하지 마십시오. 오직 수행만 하십시오. 그러면 스스로 알게 됩니다.

[문] 지금까지의 말씀 중 요점만 다시 정리해주시겠습니까?

[답] 자신을 관찰하십시오. 자신이 누구인지를 아십시오. 오로지 관함을 통해 자신의 몸과 마음을 아십시오. 앉아 있을 때, 누워서 잘 때, 먹을 때도 자신의 한계가 어디까지인지를 알도록 하십시오. 지혜를 쓰십시오.

수행은 무언가를 성취하려고 하는 것이 아닙니다. 오직 있는 그대로를 알아차리십시오. 우리의 수행은 오직 마음을 곧장 들여다보는 일일 뿐입니다. 그리하면 고와 고의 원인과 고의 끝이 보일 것입니다. 하지만 많이 참고 견디지 않으면 안 됩니다. 차츰차츰 배워가야겠지요.

붓다께서는 제자들에게 스승 밑에서 적어도 5년은 머물러야 한다고 가르치셨습니다. 지나치게 엄격한 수련은 피하도록 하십시오. 겉모습에 사로잡히지 마십시오. 다만 평정심을 지니고 그 마음을 바라보십시오.

승려의 계율과 사원 내의 규칙은 대단히 중요한 것입니다. 소박하고 조화로운 환경을 이루기 위한 필수 요소지요. 그것을 잘 활용하십시오. 그러나 계율의 핵심은 본래의 의도를 알아차리고 마음을 관찰하는 것입니다. 모든 것을 지혜로써 행하십시오.

남을 지켜보는 것은 좋지 못한 수행법입니다. 차별심을 내지 마십시오. 숲속의 작은 나무를 보고 다른 나무들처럼 크지 않고 쭉쭉 뻗지도 않는다고 화를 내겠습니까? 남을 비판하지 마십시오. 서로가 각기 다를 따름입니다. 남들을 모조리 바꾸어보겠다는 짐을 걸머질 필요는 없습니다.

그대들은 보시와 헌신의 가치를 알아야 합니다. 참으십시오. 계를 지키십시오. 소박하고 자연스럽게 살아가십시오. 마음을 지켜보십시오.

이처럼 수행하면 이기심은 사라지고 평온을 얻게 될 것입니다.

제 3 장
깨달음에 이르는 길

"자신의 마음을 지켜보는 이는 악마의 덫에서 벗어날 수 있다."

자신의 마음을 관찰할 때 '아는 마음'은 일체를 끊임없이 알아차린다.

마음은 사고하는 과정이자 동시에 알고 있는 마음이기도 하다.

마음이 모든 것을 분명히 보게 되어 자체의 조건적 상황에서 벗어날 수 있을

때까지 매 순간 모든 상황의 원인과 결과를 숙고해야 한다. 마음이 다시 집착

하게 되더라도 절대로 관찰을 멈추지 말고 계속하여 핵심을 꿰뚫어라.

이처럼 '아는 마음'이 마음을 관찰해나가면 집착이 더이상 발붙이지 못하며

비로소 지혜가 솟아나게 된다.

지금 여기서 수행하라!

1978년 7월 왓 빠 뽕의 우안거 결제일 법회에서 갓 계를 받은 신참 스님들에게 설한 법문.

'붓도' 염송과 호흡 관찰

—

자연스럽게 숨을 들이쉬고 내쉬면서 주시하십시오. 설사 다른 이들이 물구나무를 서더라도 그것은 그들의 일이니 신경쓰지 마십시오. 오직 들숨과 날숨에만 집중하고 자신의 호흡을 알아차리십시오. 그것으로 족합니다. 그 밖에 할일이라곤 아무것도 없습니다. 숨이 들어오고 나갈 때를 알아차리십시오. 숨을 들이쉴 때는 '붓', 내쉴 때는 '도'라고 염송하면서[1] 호흡 관찰(mindfulness of breathing)을 이어나가십시오.

---

1 '붓도'는 예비적인 진언[만트라]으로서 호흡 관찰이나 경행과 병행하여 쓰이거나 붓다의 공덕을 기리며 붓도를 염송하는 염불 수행에 독립적으로 활용된다.

이를 알아차림의 주제로 삼으십시오.

잠시 동안 계속해서 이렇게 행하십시오. 숨이 들어오면 들어오는 줄 알아차리고 나가면 나가는 줄 알아차리십시오. 그러면 마음이 평화로워지고 산만함이나 불안감이 사라질 것입니다. 오직 숨만 지속적으로 들이쉬고 내쉽니다.

처음에는 단순하게 이렇게만 하십시오. 일체 생각을 놓아버리십시오. 비록 오래 앉아 있어 편안하고 평화로운 단계에 이를지라도 그대 자신 안에서 그 편안함이나 평화로움을 알아차리십시오.

이런 상태를 계속 유지하다보면 호흡이 더욱 섬세하고 유연해지며 몸이 이완되고 마음도 유연해집니다. 한번 해볼 만한 가치가 있지 않습니까? 계속 이와 같이 함으로써 알아차림이 자연스럽게 이어지도록 하십시오. 편한 자세로 앉아 고요함 속에 확실히 자리잡게 되면 멍해지거나 나른해져 꾸벅꾸벅 조는 일도 없어지고 애써 노력하지 않아도 모든 것이 저절로 수월하게 이루어집니다. 이제 그대는 평화롭습니다!

이윽고 가부좌를 풀고 일어서면서 그대는 "아니, 대체 이게 어떻게 된 일이지?"하며 종전의 그 오묘한 평화로움의 정체를 계속 파고들게 됩니다. 그리하여 그대는 자신을 알아차리게 되고 분명한 마음챙김을 유지하게 됩니다. 탁발하러 가거나 바리때를 닦거나 음식을 먹는 등과 같이 무엇을 하든 어디를 가든 자신이 무엇을 행하고 있는지를 알아차려야 합니다. 마음챙김을 꾸준히 유지하십시오! 언제 무엇을 하든 지속적인 마음챙김으로써 행하십시오.

경행할 때도 마찬가지입니다. (둘레가 일곱 아름에서 여덟 아름 정도 되는) 두 그루의 나무 사이로 곧게 뻗은 길을 오가며 걷는 경행도 수행상의 핵심은 좌선 수행과 동일합니다. 즉 마음을 집중한 다음 분명한 마음챙김이 일어나기에 충분하도록 마음을 고요히 가라앉힐 것을 다짐하면서 경행에 들어갑니다. 수행할 때 어떤 수행자는 모든 살아 있는 생명체의 안녕을 기원하는 자비를 염송하면서 경행을 시작하기도 합니다. 또한 소심한 수행자에게는 다양한 예비 수행이 필요합니다.

먼저 오른발부터 내딛으십시오. 자연스럽게 걸으면서 매 걸음마다 마음속으로 '붓도, 붓도'를 되뇌도록 하십시오. 경행 내내 자신의 발을 주시하십시오. 망상이 일어나거나 불안해지면 평온해질 때까지 걸음을 멈추십시오. 그러고 나서 다시 걸음을 옮기십시오. 경행의 처음과 중간과 끝을 알아차리고 길 끝에서 되돌리는 걸음을 알아차리십시오. 매 순간 그대가 어디에 있는지를 끊임없이 알아차리십시오.

이것이 경행 수행법입니다. 이대로 따르기만 하면 누구든 경행할 수 있습니다. 어떤 이들은 "같은 길을 그저 왔다갔다하는 것이 수행이라니, 어리석은 짓이지!" 하고 코웃음칠지도 모릅니다. 그러나 그대도 알다시피 경행에는 많은 지혜가 담겨 있습니다.

경행길 양쪽 끝까지 반복해서 걸으십시오. 피곤해지면 걸음을 멈추십시오. 주의를 '안'으로 돌려 차분하게 자신의 호흡을 알아차림으로써 마음을 안정되게 가다듬으십시오.

한 가지 더 알아둘 것은 자세를 바꾸어가며 수행하는 방법입니다. 즉 서서 하는 입선, 앉아서 하는 좌선, 누워서 하는 와선 등으로 자세를 바꾸면서 계속 수행하는 것을 이릅니다. 줄곧 서서만 있거나 앉아만 있거나 누워만 있는 식으로 한 자세로만 있을 수 없습니다! 우리는 이 모든 자세를 골고루 취하면서 살아가며, 따라서 이들 각각의 자세에서 알아차림을 계발하고 그것을 유용하게 활용해야 합니다.

계속 이런 방식으로 수행하십시오. 이것은 결코 쉬운 일이 아닙니다. 간단히 비유하면 이는 마치 계속 반복하여 유리잔을 여기에 2분간 놓았다가 저기로 옮겨 다시 2분간 놓아두는 일과도 같습니다. 실제로 2분마다 여기서 저기로 유리잔을 옮겨보십시오. (단지 하나의 사례에 지나지 않지만) 집중해서 직접 한번 실행해보십시오.

호흡을 주시하는 것도 이와 같은 이치입니다. 즉 의심하고 괴로워하지만 지혜를 성취할 때까지 호흡을 계속해서 주시해야 합니다. 아마도 "아니, 멍청이처럼 쓸데없이 유리잔이나 옮기고 있으라니 도대체 제정신입니까?"라고 따지는 이들도 있을 것입니다. 신경쓰지 말고 오직 이같이 행하기만 하십시오. 5분마다가 아니라 2분마다임을 잊지 마십시오. 집중하십시오! 할일은 그것뿐입니다.

이와 같은 방식으로 자신의 호흡을 주시하십시오. 오른발을 왼편 넓적다리 위에 얹어 다리를 교차시키는 결가부좌 자세로 균형을 잡아 똑바로 앉으십시오. 들숨이 복부에 도달할 때까지 숨을 들이쉬고 폐에서 공기가 모두 빠져나갈 때까지 숨을 내쉬십시오. 숨이 찰 때까지 들이쉰 다음 내쉬십시오. 호흡을 일정하게 조절하려고 하지 마십시오! 호흡이 길면 긴 대로, 짧으면 짧은 대로 있는 그대로 알아차리는 것으로 충분합니다. 앉은 자세로 숨이 자연스럽게 들어오고 나감을 지켜보십시오. 호흡을 놓치지 마십시오. 만약 호흡을 놓쳤다면 멈추십시오. 호흡을 정비한 뒤 가다듬고 다시 주시하십시오.

조만간 그대에게는 예상치 못한 좋은 일이 일어날 것입니다. 그러므로 오직 꾸준히 수련하십시오. 할 수 없다는 생각은 버리십시오. 수행은 땅에 볍씨를 뿌리는 일과도 같습니다. 볍씨는 흩뿌려도 곧 싹이 돋아나 볏단을 이루며 바로 탈곡하여 맛난 흰쌀밥을 먹을 수 있습니다. 알다시피 벼농사는 이렇게 이루어집니다. 이 모든 과정은 자연스럽게 진행되는 것입니다.

좌선 수행도 이와 마찬가지입니다. 그러나 가끔 그대는 회의를 느끼기도 할 것입니다. '여기 앉아 오직 호흡만 지켜보는 것이 대체 무슨 의미가 있다는 말인가? 호흡이란 놈은 멍하니 바라보고 있는 나란 존재 없이도 저절로 들어오고 나갈 터인데!' 하지만 이런 생각은 단지 핑곗거리를 찾는 편견에 불과합니다. 이런 쓸데없는 생각은 다 떨쳐버리고 평온해질 때까지 오직 수행에만 전념하십시오. 평온해지면 호흡이 섬세해지고 몸과 마음도 편안해져 모든 것이 좋아지기 때문입니다.

호흡의 들어오고 나감은 사라졌지만 여전히 살아 있는 상태에 이르게 될 때까지 좌선을 계속하십시오. 결코 두려워하지 마십시오! 호흡이 멈추었다는 생각에 놀라 도망치려고 하지 마십시오. 이는 이제야 비로소 평화로운 상태에 도달했음을 의미하기 때문입니다. 달리 어떤 것도 하려고 하지 말고 오직 평온함 속에서 좌선에만 몰입하십시오. 가끔은 숨조차 쉬고 있지 않은 것처럼 느껴지지만 정작 호흡은 지속되고 있습니다. 이와 같은 현상이 자주 발생할 수 있지만 괜찮습니다. 그 어떤 것에도 속지 말고 이 모든 현상을 알아차리기만 하십시오. 계속 이렇게 수행하십시오. 이와 같은 좌선 수행을 자주 하십시오!

식사 후에는 바로 가사를 걸치고 경행에 나서십시오. '붓도, 붓도' 하면서 경행길을 따라 걸으십시오. 경행길이 무릎 깊이로 파일 만큼 걷고 또 걸으십시오. 피곤해지면 잠시 앉으십시오. 열심히 계속 반복하십시오. 알아차리기 위해, 수행을 자신의 것으로 소화하여 새롭게 태어나기 위해, 수행에 관한 모든 것을 이해하기 위해 수행하십시오.

경행을 짧게 끝내려고 하지 마십시오. 이 생각 저 생각하며 잠시 걷다가 처소로 돌아가서 눕자마자 코를 골며 잠드는, 그런 방일한 수행자가 되어서는 안 됩니다! 그런 식으로는 결코 아무것도 깨칠 수 없습니다. 그렇게 나태하여 언제 수행을 마치겠습니까? 피곤해하거나 게으름을 피우다가 언제 깨달음을 얻을 수 있겠습니까? 그러므로 게으름을 극복하고 오직 전심전력으로 수행하여 깨달음에 이르도록 하십시오. '평화로움, 평화로움……' 하며 말로만 찾지 마십시오. 그런 식으로 수행하고 곧바로 평화로워지지 않으면 쉽게 포기하는, 그런 어리석음은 저지르지 마십시오.

무릇 말하기는 쉬워도 행하기는 어렵습니다. 말하기 좋아하는 이들은 이렇게 투덜댑니다. "아, 쌀농사도 이렇게 힘들지는 않을 거야. 벼를 심어서 쌀밥을 먹는 것이 수행하는 일보다 훨씬 쉽겠다." 그렇다면 논에 나가서 직접 한번 해보십시오. 아마도 논을 갈 때 황소와 물소도 제대로 구별하지 못할 것입니다. 실제로 어떤 일을 해보는 것과 그에 관해 말만 늘어놓는 것은 판이하게 다릅니다. 알다시피 수행도 바로 이와 같습니다.

그대는 평화를 발견하기를 원합니다. "평화가 저기에 있구나!" 하는 식으로. 그러나 아직 아는 것이라곤 아무것도 없습니다. 누구에게 물어보아도 알 수 없을 것입니다. 그러니 오로지 '붓도, 붓도……' 하면서 자신의 호흡이 들어오고 나감을 알아차리기만 하십시오. 그것으로 족합니다. 바로 그것만 행하십시오. 많은 것을 생각할 필요가 없습니다. 당분간은 오늘 배운 이 수행법만 터득하도록 하십시오. 그렇게 행해도 아무것도 알 수 없다고 낙심하지 말고 흔들림 없이 행하십시오. 어떤 일이 벌어지든 문제될 것 없습니다. 단지 이 수행에만 전념하십시오. 그러다보면 이 수행에 대해 제대로 알게 될 것입니다. 그러니 계속 행하여 알도록 하십시오! 이렇게 앉아 무슨 일이 일어나고 있는지를 알게 된다면 그야말로 만사형통하게 될 것입니다. 그대의 마음이 진정 평화로워지면 이렇게 알게 됩니다. 그리하여 그대는 새벽까지 밤새 앉아 있을 수 있게 되고, 마침내 앉아 있다는 것조차 느끼지 못하면서 어느덧 좌선을 즐기게 됩니다. 이와 같은 놀라운 변화에 대해 명확히 설명할 수는 없지만 좌선이 마치 즐거운 놀이처럼 여겨지게 되는 것입니다.

이런 경지에 이르면 그대는 불현듯 심오한 설법이라도 한번 쏟아놓고 싶은 충동을 느끼게 될지도 모릅니다. 하지만 그칠 줄 모르는 설법으로 혹세무민하는, '말의 설사'에 빠지지 않도록 주의하십시오. 마치 신출내기 늙은 비구 생(Sang)처럼 말입니다.

언젠가 해질 무렵 경행하고 있었을 때의 일입니다. 어느 순간 근처 대숲에서 누군가가 계속 지르는 고함소리를 듣게 되었습니다. '저기서 누가 가르치는 중인가? 대체 누가 저렇게 고함을 지르고 있는 것일까?' 궁금해하면서 그 자리에 앉아 계속 귀를 기울였습니다. 그 소리는 그칠 줄 몰랐습니다. 듣다못해 회전등을 비추며 소리가 나는 쪽으로 다가갔습니다.

고함소리의 주인공은 다름 아닌 갓 계를 받은 비구 생이었습니다. 그는 대숲 등잔불 밑에서 결가부좌한 채 저녁나절에 홀로 목이 터져라 설법을 하고 있었던 것입니다. "생, 대체 제정신인가?" 나의 나무람에 그는 이렇게 하소연했습니다. "아아, 도무지 저 자신을 억제할 수 없었습니다! 앉아 있든 걷고 있든 오직 법을 설하고 싶은 생각뿐입니다. 어떻게 해야 이런 충동에서 벗어날 수 있을지 도무지 모르겠어요." 정말 제정신이 아니었습니다! 하지만 알다시피 얼마든지 일어날 수 있는 일이기도 합니다.

오직 끊임없는 알아차림을
—

그러나 이런 장애를 이겨내십시오. 기분 내키는 대로 휩쓸려서는 안 됩니다. 게으를 때도, 부지런할 때도 항상 이를 견디십시오. 좌선과 경행을 게을리하지 말고 누워 있을 때조차도 자신의 호흡을 주시하십시오. 잠들기 전에는 '잠의 달콤함에 빠지지 않으리라' 하고 마음속으로 다짐하십시오. 깨어날 때도 명상 수행을 이어가십시오.

또한 식사할 때도 '나는 이 공양을 탐욕으로 취하지 않으며, 단지 오늘 하루 동안 나의 생명을 유지하기 위한 약으로 수행을 이어나가기 위한 충분한 힘을 지니기 위해 이 공양을 듭니다'라고 스스로를 일깨우십시오. 이처럼 공양을 들기 전에 스스로를 일깨우듯이 잠들기 전에도 스스로를 일깨우십시오. 서 있을 때는 서 있음을 알아차리고 앉아 있을 때는 앉아 있음을 알아차리십시오. 누워 있을 때도 누워 있음을 알아차리십시오. 무엇을 하든 이렇게 수행하십시오!

누워서도 오른편으로 돌아누워 '붓도, 붓도……' 하면서 자신의 호흡을 잠들 때까지 주시하십시오. 그리고 깨어나자마자 '붓도, 붓도……'

를 이어나가십시오. 마치 잠자는 동안에도 한 호흡도 놓치지 않았다는 듯이 말입니다. 그렇게 하다보면 이윽고 평화로움이 일어날 것입니다……. 계속 마음챙김을 유지하십시오.

다른 이의 수행을 건너보지 마십시오. 남의 수행을 따라 하는 것은 아무 의미가 없습니다.

좌선에 들 때는 앉은 채로 몸의 균형을 잡은 후 상체를 곧추세우십시오. 머리를 뒤로 젖히거나 앞으로 숙이지 말고 똑바로 세우십시오. 그러면 불상처럼 꼿꼿하고 환한 모습으로 앉아 있을 수 있습니다.

몸이 불편해져 자세를 바꾸려고 한다면 고통을 견딜 수 없을 때까지 참아보다가 바꾸십시오. 사람들은 "뭐라고요? 나는 그렇게까지 견딜 자신이 없어요!" 하며 투덜댑니다. 그러나 몸을 움직이기 전에 좀더 기다려보십시오. 한계에 다다를 때까지 고통을 견디십시오. 아무리 고통스러워도 참아내며 수행을 이어나가십시오. 너무 고통스러워 마음속으로 '붓도'를 연호하기가 어려워지면 붓도 대신 고통을 수행 주제로 삼아 '고통, 고통, 고통……' 하면서 알아차리십시오.

고통이 막바지에 다다를 때까지 그렇게 계속하십시오. 그리하여 어떤 일이 벌어지는지를 지켜보십시오. 붓다께서 고통은 저절로 일어나 저절로 사라진다고 설하셨습니다. 그러므로 고통이 저절로 사라지도록 내버려두고 멎게 하려고 애쓰지 마십시오! 아마도 옥수수 알갱이만한 굵은 땀방울들이 등줄기를 타고 흐르기 시작할 것입니다. 그러나 일단 그대가 이 힘든 과정을 거치면 고통에 대해 제대로 알게 됩니다. 하지만 이런 과정은 서서히 진행되므로 자신을 너무 다그치지 마십시오. 오직 묵묵히 참으면서 차근차근 극복해나가십시오.

마찬가지로 음식을 먹을 때도 알아차림을 놓치지 마십시오. 음식을 씹고 있음을, 삼킴을, 그리고 삼킨 음식이 어디로 흘러 내려가는지를 알아차리십시오. 그 음식이 자기 몸에 맞는지, 그리고 그것이 몸속 어디쯤에 도달하는지를 알아차리십시오.

식사법도 개선하십시오. 다섯 술이 넘어 만복감이 느껴지기 전에 식사를 끝내십시오! 그리고 충분한 양의 물을 마시도록 하십시오. 이와 같이 직접 한번 시도하여 어떤지를 살펴보십시오. 대다수 사람의 식사법은 이와는 거리가 멉니다. 도리어 그들은 배가 부른 상태에서도 다섯 술 이상을 더 먹습니다! 그러나 이는 잘못된 식사법임을 깨달아야 합니다.

붓다께서는 먹을 때도 주의를 기울여야 하며 만복감이 느껴지는 시점을 알아차려 다섯 술이 넘기 전에 공양을 마치라고 설하셨습니다. 그 대신 배가 부를 때까지 물로 채우십시오. 그러면 경행이나 좌선을 할 때 몸이 가뿐하게 느껴져 수행 또한 저절로 향상될 것입니다. 그러나 대부분의 사람은 이같이 행하려고 하지 않습니다. 그대가 진심으로 자신을 수련하려고 하지 않는 한 이는 실천에 옮길 수 없습니다. 그리하여 다섯 술을 넘어 포화 상태에 이르도록 먹게 됩니다. 바로 이 같은 행실이야말로 욕망과 번뇌의 실체가 어떤지를 단적으로 보여주는 것으로 붓다의 가르침에도 어긋나는 처신입니다. 그러므로 자신에 대한 끊임없는 주시가 강조되는 것입니다.

잠을 잘 때도 알아차리십시오. 이것은 그대의 재량에 달려 있습니다. 때때로 그대는 제시간에 자지 않게 됩니다. 하지만 일찍 자든 늦게 자든 신경쓰지 마십시오. 이것이 내 방식입니다. 늦게 자든 일찍 자든 상관없이 나는 처음 깼을 때 바로 일어납니다. 자고 깨는 문제로 수선 떨지 마십시오. 그런 문제는 바로 그 자리에서 처리하십시오. 잠에서 깨어났는데도 아직 졸리다면 바로 일어나십시오! 일어나 세수한 후 경행을 시작하여 곧바로 걸어 나아가십시오. 이것이 자신을 수련하는 방법입니다. 바로 이렇게 행하십시오!

호흡 멈추기로 마음 길들이기

—

지금까지 이야기한 것은 마음수련의 첫 단계 수행법입니다. 그러나 남이 전하는 수행법을 그저 듣는 것에서 그친다면 그것을 제대로 알 수 없습니다. 오직 실수행을 통해서만 분명한 이해가 가능합니다. 그러므로 서둘러 수행에만 전념하십시오.

명상 수행을 할 때는 오직 한 가지 대상에만 초점을 맞추십시오. 좌선 자세로 오로지 호흡이 들어오고 나가는 것만을 끊임없이 지켜보면 서서히 마음이 평화로워집니다. 마음이 산만하면 자리에 앉자마자 집이 그리워져 마음은 저 너머로 향하고 국수 생각이 간절해집니다(갓 계를 받은 신참 승려들, 늘 허기져 있는 것은 다들 알지요?). 그리하여 먹고 마시기를 원하게 되고 그런 식으로 모든 것을 바라고 그리워하게 됩니다! 급기야 스스로 미쳐버릴 때까지 말입니다. 그토록 미칠 지경이라면 미치도록 내버려두십시오. 사태의 실상을 제대로 파악할 때까지 기다리십시오.

그러나 일단 수행하십시오! 경행해본 적이 있나요? 어떤가요? 마음이 방황하면 제자리로 돌아올 때까지 행하던 것을 잠시 멈추십시오. 마음이 걷잡을 수 없이 방황하면 참을 수 없을 때까지 숨을 멈추십시오. 그러면 마음이 제자리로 돌아올 것입니다. 좌선중에 마음이 이리저리 날뛰게 될 때도 숨을 멈추고 참을 수 없을 지경까지 내뱉지 않으면 마음은 제자리로 돌아오게 될 것입니다.

마음을 강하게 단련하십시오. '마음 길들이기'는 짐승을 길들이는 것과는 달라서 정말 어렵습니다! 그러나 지레 낙담하지 마십시오. 때때로 가슴이 터질 지경에 이를 때까지 숨을 참아보십시오. 이 같은 수련은 마음을 잡는 유일한 길입니다. 마음은 제자리로 돌아오고야 맙니다! 한번 시도해보십시오.

이번 우안거 동안 수행이 어떤 것인지 알아차리게 될 것입니다. 그러니 주야로 수행에 전념하십시오. 시간이 날 때마다 즉각 수행에 임하십시오. 밤낮을 가리지 말고 (비록 10분밖에 시간이 없더라도) 경행하십시오. 마음을 한 대상에 모으고 끊임없이 그것을 주시하십시오. 만일 무언가가 말을 걸어오면 멈추십시오. 응하지 마십시오. 즉각 마음을 제자리로 되돌려 수행을 계속하십시오.

마음을 챙기는 수행은 물병에 담긴 물과 같습니다. 물병을 조금 기울이면 물이 뚝뚝 떨어지기 시작합니다. 물병을 좀더 기울이면 쪼록쪼록 흘러내립니다. 우리의 마음챙김도 이와 같습니다. 만일 물병의 물을 다 부으면 뚝뚝 떨어지던 물은 물병 주둥이에서 계속해서 줄줄 쏟아질 것입니다. 마찬가지로 우리가 서 있든 걷든 누워 있든 무엇을 하든 간에 항상 알아차림을 유지하고 있다면 우리의 마음챙김은 끊임없이 흐르는 물과 같아집니다. 마음챙김에 온 힘을 쏟아붓는다면 끊임없이 이어지게 될 것입니다. 그러나 마음이 방황하며 이 생각 저 생각 떠올리게 되다면 우리의 마음챙김은 단지 간헐적으로 떨어지는 물방울 같은 신세가 되고 말 것입니다.

우리의 마음을 길들이는 일도 이와 같습니다. 잡생각에 빠지거나 불안정하거나 계속 집중하지 않는 것 등은 별문제가 되지 않습니다. 정작 중요한 것은 오직 끊임없이 수행하여 알아차림이 끊기지 않고 지속될 때까지 계발하는 일입니다. 그리하여 서 있거나 앉아 있거나 누워 있거나 무엇을 하든 간에 알아차림이 항상 함께하도록 해야 합니다. 이를 직접 행하여 터득하십시오!

하지만 단지 가부좌를 틀고 멍하니 앉아만 있다고 해서 이 같은 상태가 저절로 일어나는 것은 아닙니다. 그렇다고 해서 너무 지나칠 정도로 노력한다고 해도 그 상태에 이를 수 없습니다. 그러니 일절 노력하지 마십시오! 아직은 그것을 해낼 수 없습니다! 이를 명심하십시오.

그렇게 하다보면 때로는 그대가 좌선조차 하지 않으려고 해도 그대의 수행은 저절로 이루어질 것입니다. 그리하여 그대는 앉아서 마음을 비웁니다. 그러면 (탁!) 그대는 곧바로 평화로워집니다. 이제, 그 평온함 속에서 쉬십시오. 바로 그 자리에 도달했으므로……

그대로 받아들이십시오. 이제 그것으로 충분합니다.

가르침의 정수

여러분은 오랜 시간 여러 스님과 스승들로부터 불법을 배워 섬겨왔습니다. 그런데 어떤 경우에는 법에 관한 가르침이 너무 피상적이고 모호한 표현으로 일관되어 일상생활에서 실천하고 적용하기에는 어려운 문제점이 생기기도 합니다. 또다른 경우에는 그 가르침이 고급 언어나 전문용어, 특히 경전상의 축어적인 표현으로 이루어져 있어 일반 대중은 이해하기가 쉽지 않습니다. 마지막으로는 대중이 법의 가르침을 이해하고 실천하여 실질적인 유익함을 얻을 수 있도록 너무 모호하거나 피상적이지도 않고, 너무 난해하거나 전문적이지도 않은 균형잡힌 방식으로 가르치는 경우가 있습니다.

오늘 나는 예전에 제자들을 지도할 때 자주 사용하던 방식으로 불법의 가르침을 나누고 싶습니다. 그리하여 오늘 이 자리의 가르침이 여러분에게 실질적인 도움이 될 수 있기를 바랍니다.

불법에 귀의하려면

—

불법에 귀의하려는 사람은 우선 기본적으로 신앙이나 확신을 가져야 합니다. 따라서 다음과 같은 불법의 의미를 이해해야 합니다.

- 붓다(Buddha) : 마음의 청정과 광명(자비), 평화를 성취하신 아는 자[覺者]
- 법(Dhamma) : 계(戒)·정(定)·혜(慧)로부터 구현되는 청정과 광명(자비), 평화의 본질

그러므로 불법에 귀의하려는 이는 자기 내부에서부터 계·정·혜를 계발하고 향상해야 할 것입니다.

불법의 길을 가려면

—

만일 누군가 집에 돌아가기를 원한다면 그저 우두커니 앉아 그 여정을 생각만 하는 경우는 거의 없을 것입니다. 그들은 최종 목적지인 집에 이르기 위해 바른 방향으로 여정을 짠 다음 실제로 길을 떠나 일정대로 나아가야 합니다. 만일 길을 잘못 들면 늪지나 헤어나기 힘든 또다른 장애물에 부딪히게 될 것입니다. 혹은 방향을 잘못 잡아 위험한 상황에 빠지면 아마도 영영 집으로 돌아가지 못하게 될 수도 있을 것입니다.

긴 여정 끝에 집에 도달한 이들은 편안하게 휴식과 수면을 취할 수 있습니다. 집은 몸과 마음을 편히 쉬게 하는 안식처입니다. 이제 그들은 정말 집에 도착한 것입니다. 그러나 만일 여행자가 그의 집 앞을 스쳐지나가거나 집 주변을 배회하기만 한다면 집에 이르고자 먼 길을 무릅쓴 여정에서 아무런 대가도 얻을 수 없습니다.

불법에 이르기 위한 여정도 이와 같아 각자 스스로 헤쳐나가야 할 과제이며 아무도 우리를 위해 그것을 대행해줄 수 없습니다. 따라서 우리는 불법을 향한 여정의 도과(道果)인 마음의 청정과 광명, 평화의 축복을 성취할 때까지 계·정·혜 삼학(三學)의 길을 따라 나아가야 합니다. 그러나 단지 그 여정의 지도나 계획안에 불과한 책이나 경전, 법문을 통한 지식에만 의존하는 이들은 수백 생을 살아도 결코 마음의 청정과 광명, 평화를 얻을 수 없습니다. 그들은 그저 시간만 낭비하며 수행의 진정한 결실은 결코 얻지 못할 것입니다. 스승은 단지 길의 방향만 알려줄 뿐입니다. 스승에게 가르침을 받은 후 수행을 통해 스스로 불법의 길로 나아감으로써 수행의 결실을 얻을 것인지 여부는 전적으로 각자 자신에게 달려 있습니다.

또다른 비유로는 의사가 환자에게 처방해준 한 병의 약을 들 수 있습니다. 그 약병에는 상세한 복용법이 쓰여 있지만 환자가 그 복용법을 수백 번 읽기만 하고 실제로 복용하지 않는다면 결국 그는 죽을 수밖에 없습니다. 그 약이 실제로 아무런 도움도 되지 못하기 때문입니다. 죽기 전에 그는 그 의사가 돌팔이고 약도 엉터리라고 거칠게 비난할 것입니다. 여전히 약병만 살펴보며 복용법을 읽는 데 남은 시간을 탕진하면서 의사가 사기꾼이거나 그 약이 엉터리였다고 되뇌겠지요. 그 환자는 의사의 처방을 따르지 않았고 약도 복용하지 않았습니다.

그러나 만일 환자가 의사의 지시를 실제로 잘 따르고 약도 처방대로 규칙적으로 복용한다면 회복될 것입니다. 병이 깊다면 많은 약을 필요로 할 것이며 병이 가볍다면 약간의 약만으로도 완쾌될 수 있을 것입니다. 많은 약을 복용해야 한다는 것은 병세가 심각하다는 증거입니다. 이것은 당연한 이치로 환자 스스로 주의 깊게 살펴보아도 알 수 있을 것입니다.

이처럼 의사들이 몸의 병을 치료하기 위해 약을 처방하듯이 붓다의 가르침은 마음의 병을 치유하여 본래의 건강한 상태로 회복시키기 위한 처방입니다. 따라서 붓다는 마음의 병을 치유하기 위해 처방하는 의사로 여길 수 있습니다. 그는 실제로 이 세상 최고의 의사입니다.

마음의 병은 우리 모두에게서 예외 없이 발견됩니다. 만일 그대가 이와 같은 마음의 병을 발견하게 된다면 그 병을 치유해줄 약인 법에 의지하는 것이 합당하지 않을까요? 불법의 길은 몸의 여행이 아닙니다. 그대가 불법의 결실을 얻으려면 마음으로 여행해야 합니다. 이와 같은 여행자는 다음 세 단계로 분류할 수 있습니다.

초급 단계 : 자기 스스로 수행해야 하며, 그러려면 어떻게 해야 하는지를 아는 이들이 이 단계에 속합니다. 이들은 불·법·승 삼보에 의지하여 그 가르침에 따라 열심히 수행합니다. 따라서 관습이나 전통을 맹목적으로 따르기를 거부하고 그 대신 이 세상의 진정한 본질을 자각하고자 합니다. 이 범주에 속하는 이들을 불교 신자라고 합니다.

중간 단계 : 불·법·승 삼보의 가르침에 대해 흔들리지 않는 신념을

지닌 이들이 이 단계에 속합니다. 또한 이들은 모든 조건지어진 현상들의 진정한 본질을 깨닫기 위해 통찰하며 집착과 욕망을 점차적으로 감소시켜나갑니다. 사물에 대해 집착하지 않으며 마음으로부터 법을 깊이 이해합니다. 집착에서 벗어나 지혜에 의지하여 정진함으로써 이들은 성자(聖子)의 경지인 입류과(入流果, 수다원과), 일래과(一來果, 사다함과), 불환과(不還果, 아나함과)에 차례로 도달할 수 있습니다.

최종 단계 : 이 단계에 속한 이들은 수행을 통해 언행과 마음을 붓다의 경지까지 끌어올리게 됩니다. 그리하여 모든 욕망과 집착으로부터 자유로워짐으로써 세속에서 벗어나 초세간의 자유를 누립니다. 바로 이들을 성자의 최종 단계인 아라한, 즉 더이상 배울 것이 없는 무학(無學)의 경지에 도달한 해탈자라 이릅니다.

계를 청정히 지키려면

—

계는 언행의 절제며 수양입니다. 규정상 계는 신자를 위한 계와 승려를 위한 계로 분류되어 있습니다. 그러나 (일반적인 용어로 표현하면) 계에는 독특한 기본적 특성이 있는데, 다름 아닌 의도(intention)가 그것입니다. 마음을 주시하거나 자신을 성찰할 때 우리는 올바른 의도를 지니게 됩니다. 즉 자신을 돌이켜 살펴보고 마음을 주시하는 수행은 바른 계를 일으킵니다. 우리의 몸이 더럽고 옷도 더러울 때 마음 역시 불편하고 소침해지는 것은 당연한 현상입니다. 반면 몸을 청결하게 간수하고 깨끗한 옷을 입으면 마음도 밝고 즐거워집니다. 마찬가지로 계를 지키지 않으면 우리의 언행은 오염되며 그로 인해 마음이 불행하고 괴롭고 무거워집니다. 그리하여 우리가 바른 수행으로부터 멀어지게 되면 우리 마음속에 자리한 법의 정수를 통찰하기가 어려워집니다. 건전한 언행은 바르게 길들인 마음에 의지합니다. 마음이 언행을 관할하기 때문입니다. 그러므로 우리는 마음을 훈련하는 수행을 끊임없이 이어나가야 합니다.

선정 수행

—

마음을 집중하는 수련인 선정 수행은 마음을 굳건하고 견실하게 길들입니다. 이 수행은 마음의 평화를 가져옵니다. 길들이지 않은 마음은 항상 방황하고 들떠 있어 다루기가 어렵습니다. 마음은 낮은 곳을 향해 흐르는 물과 같이 감각을 좇아 이리저리 정신없이 방황합니다. 농부들이나 기술자들은 인간에게 유용하도록 물을 다루는 법을 압니다. 인간은 영리하여 물을 막아 큰 저수지와 수로를 만드는 방법을 개발했습니다. 이 모든 일은 오로지 물을 수로로 끌어들여 더 유용하게 쓰기 위한 것입니다. 저장된 물은 전력의 에너지원이 되며 물의 흐름을 조절함으로써 범람을 막고 낮은 곳으로 물을 모아 유용하게 활용할 수 있습니다.

이와 마찬가지로 끊임없이 제어하고 조절하고 훈련한 마음은 한량없는 이로움을 가져옵니다. 붓다께서는 지속적으로 길들인 마음은 진정한 행복을 가져오므로 최상의 이로움을 성취하려면 마음을 잘 길들이라고 설하셨습니다. 유사한 예로 우리 주변에서 볼 수 있는 코끼리, 말, 소, 들소 등의 동물도 노동력으로 활용하려면 우선 잘 길들여야 합니다. 그 동물들은 제대로 길들여진 후라야 비로소 유용한 노동력으로 우리에게 도움을 줄 수 있기 때문입니다.

이처럼 잘 길들인 마음은 길들이지 않은 마음에 비해 한량없는 축복을 줍니다. 붓다와 그 성스러운 제자들은 우리와 마찬가지로 아직 길들이지 않은 마음 상태에서 수행을 시작했습니다. 그러나 이후 그들은 우리 모두의 존경의 대상이 되었고 그들의 가르침으로부터 우리는 무한한 이로움을 얻게 되었습니다. 실제로 길들인 마음을 통해 시공을 초월한 자유를 얻은 성자들이 온 세상에 미치는 이로움이 얼마나 지대한지를 헤아려보십시오. 제어하고 길들인 마음은 어떤 분야, 어떤 상황에서든 우리를 돕기 위해 잘 준비되어 있습니다. 즉 우리의 삶을 조화롭게 유지하고 능률적으로 일하게 만들며 우리의 행동을 조절하는 사고력을 향상시킵니다. 따라서 우리의 행복 또한 우리가 마음을 적절히 수련하는 정도에 비례하여 증대되기 마련입니다.

마음 수행에는 다양한 기법을 지닌 많은 수련법이 있습니다. 그중 가장 유용하고 누구에게나 적합한 수행법은 호흡 관찰입니다. 호흡 관찰은 들숨과 날숨을 주시하는 능력을 계발하는 수행법입니다. 우리 사원에서는 코끝에 주의를 집중하고 붓도를 염송하면서 들숨과 날숨의 알아차림을 계발합니다. 그러나 수행자가 원한다면 명칭(이를테면 일어남과 사라짐)을 선택하여 호흡을 관찰하거나 명칭 없이 단지 숨이 들어오고 나감을 주시만 하는 것도 좋은 방법입니다. 자신에게 알맞은 수행법을 선택하면 됩니다.

명상 수행의 핵심은 매 순간의 호흡을 있는 그대로 주시하면서 지금 이 순간에 깨어 있는 것입니다. 경행중에는 바닥에 닿는 발의 감각을 끊임없이 알아차리도록 해야 합니다. 도과를 얻기 위해서는 가능한 한 끊임없이 수행을 지속해야 합니다. 하루나 1, 2주 혹은 한 달이라는 짧은 기간 동안만 수행하려고 하지 말고 계속 꾸준히 하십시오.

짧은 기간 동안의 수행은 결실을 맺지 못하기 때문입니다. 붓다께서는 마음을 길들이는 수행을 최선을 다하여 꾸준히 이어나가라고 가르치셨습니다. 또한 명상 수행을 위해서는 번잡한 곳으로부터 떨어진 조용한 장소를 물색해야 합니다. 정원이나 뒤뜰의 그늘진 나무 밑 혹은 홀로 머물 수 있는 장소가 명상 수행에 알맞은 환경입니다. 만일 비구나 비구니라면 적당한 오두막이나 고요한 숲 또는 동굴을 물색해야 합니다. 특히 산은 수행하기에 최적의 장소들을 제공합니다.

수행자라면 어떤 상황이든 어디에 있든 들숨과 날숨을 끊임없이 주시할 수 있도록 노력해야 합니다. 만일 다른 대상으로 주의가 분산되면 다시 집중하던 대상으로 되돌아오도록 하십시오. 다른 모든 생각과 근심을 버리십시오. 오직 호흡만을 주시하십시오. 다른 생각이 일어나면 즉시 그 생각을 알아차리고 다시 수행의 주제로 바로 돌아가도록 하십시오. 그러면 마음은 점점 더 고요해질 것입니다. 마음이 집중되고 평화로워 선정에 들게 되면 집중의 대상인 호흡을 놓아버리십시오. 이제 오온, 즉 물질·감각·인식·반응·의식으로 구성된 몸과 마음을 관찰하십시오. 오온이 일어나고 사라지는 것을 자세히 관찰하십시오. 그러면 오온은 항상 변하며, 이런 변화무쌍함이 불만족스럽고 불쾌하게 만들며, 단지 일어나고 사라지는 것에 지나지 않는 실체가 없는 것임을 분명히 알게 될 것입니다. 그리하여 단지 원인과 결과에 따라 흐르는 현상의 본성만을 발견하게 될 것입니다. 이 세상의 모든 것은 변하고(무상), 불만족스러우며(고), 영구적인 실체나 자아가 없다(무아)는 공통적 특성 삼법인(三法印, 무상·고·무아)을 지니고 있습니다.

이와 같은 견지에서 모든 존재(오온)를 본다면 오온에 대한 집착과 욕망은 점차적으로 감소할 것입니다. 왜냐하면 이 세상의 진정한 특성, 즉 삼법인의 특성(법칙)을 깨닫게 되기 때문입니다. 이를 지혜의 싹틈이라고 합니다.

오온에 대해 좀더 자세히 설명하겠습니다.

무엇이 다섯 도적[五蘊]인가?

- 물질 또는 몸[色] : 이것은 질병과 괴로움의 원인이 됩니다. 원하는 대로 몸이 말을 듣지 않을 때 우리는 슬픔과 고통을 겪게 됩니다. 자연적인 노화나 육체의 쇠퇴도 우리를 괴로움으로 몰아갑니다. 또한 타인의 몸에 대해 매력이나 혐오를 느낌으로써 진정한 평화를 도둑맞기도 합니다.
- 감각[受] : 괴로움이나 즐거움을 느낄 때 우리는 감각이란 영구적이지 못하며(무상), 괴롭고(고), 실체가 없는 것(무아)임을 잊어버리곤 합니다. 따라서 감각 자체를 자신과 동일시하는 잘못된 견해 때문에 괴로움을 겪게 됩니다.
- 기억과 인식[想] : 우리는 인식하고 기억한 것을 자신과 동일시함으로써 탐욕과 성냄과 어리석음을 불러일으킵니다. 이와 같은 그릇된 견해, 즉 사견(邪見)은 습이 되어 잠재의식 속에 쌓이게 됩니다.

- 반응[行]과 그 밖의 다른 심소(心所) : 정신적 현상의 본질을 알지 못하고 반응하다보면 생각과 느낌(좋아함과 싫어함, 즐거움과 괴로움 등)이 일어나게 되며 이런 것이 무상하고 고통스럽고 실체가 없다는 사실을 잊고 집착하게 됩니다.
- 의식[識] : 우리가 물질·감각·인식·반응의 작용을 알아보는 의식 주체에 집착하게 되어 '나는 안다, 나는 ······이다, 나는 느낀다' 등으로 착각하게 되면 자아란 분리·독립된 존재라는 환상에 사로잡히게 됩니다.

이와 같은 도적, 즉 사견은 결국 잘못된 행동을 초래합니다. 붓다께서는 바로 이런 오류를 원치 않으셨습니다. 이 세상은 진정한 행복이 구현될 수 없는 곳임을 붓다께서는 잘 알고 계셨습니다. 그리하여 세속의 한계를 간파하고 탈출구를 찾는 이들에게 비구·비구니라는 명칭을 내려주셨으며, 제자들에게 오온의 참 본성을 일깨워 오온을 자신 혹은 자신의 것으로 착각하여 집착하지 말고 어떻게 놓아버릴 것인지를 가르치셨습니다.

진정한 수행자라면 '그는 나를 미워한다, 그는 나를 괴롭힌다, 그는 나의 원수다' 따위의 생각을 하지 않으며 자존심이나 차별심도 갖지 않습니다. 불 옆에 서 있지 않으면 화상을 입지 않을 것이요, 수신자가 없으면 편지는 되돌아갈 것입니다. 자질구레한 분별 시비에 휘말리지 않고 유유자적하는 수행자는 평정에 들게 되므로 이것이 곧 열반으로 가는 길, 공(空)으로 통하는 길, 자유에 이르는 길입니다.

그러니 오온을 관하십시오. 그리하여 오온이 무상·고·무아임을 통찰하십시오. 그러면 그대는 전혀 새로운 사람으로 다시 태어나게 될 것입니다.

비어 있음[空]을 알아 이 법칙에 따라 수행하는 사람은 비록 그 수는 극히 드물지만 최상의 낙을 누리게 될 것입니다. 왜 한번 시도해보려고 하지 않습니까?

부디 그대 마음속의 도적들을 소탕하고 모든 것을 바로 놓이게 하십시오.

지혜의 계발

—

지혜란 몸과 마음에서 일어나는 다양한 현상(삼법인·인과)의 실체를 아는 것입니다. 길들인 집중된 마음으로 오온을 관찰하면 우리의 몸과 마음인 오온이 일시적이고(무상), 불만족스럽고(고), 실체가 없다(무아)는 것을 확실히 알게 될 것입니다. 지혜를 통해 모든 조건지어진 것을 보게 되면 집착하거나 욕심을 부리지 않게 되며 어떤 경계에 부딪혀도 알아차림으로 대처하게 됩니다. 그리하여 더이상 과도하게 행복감에 빠져들지 않으며 소유한 것들이 해체되거나 사라져도 괴로워하지 않게 됩니다. 일체의 무상한 본질을 깨달았기 때문입니다. 우리가 그 어떤 질병이나 고통에 당면하게 될지라도 잘 길들인 마음은 평정을 잃지 않게 해줍니다. 그러므로 참으로 의지할 것은 길들인 마음뿐입니다.

사물의 진정한 본성을 아는 것이 지혜입니다. 지혜는 주시(마음챙김)와 선정으로부터 계발됩니다. 선정은 계율이나 선행을 토대로 닦습니다. 이처럼 계·정·혜는 너무나도 긴밀하게 상호 연관되어 있어 그것을 분리하기란 실제로 불가능합니다. 수행을 통해 계·정·혜를 계발하는 과정은 다음과 같습니다.

먼저 마음을 길들이기 위해서는 호흡에 주의를 기울여야 합니다. 이것이 계의 계발입니다. 마음이 고요해질 때까지 호흡 관찰이 끊임없이 유지될 때 선정이 일어납니다. 그리하여 호흡 또한 항상 변하고 불만족스럽고 실체가 없음을 알게 되고 그로부터 무집착이 실현됨을 통찰하게 되면서 지혜가 계발됩니다. 이처럼 호흡 관찰은 계·정·혜의 계발을 위한 과정이라고도 할 수 있습니다. 계·정·혜는 서로 연관되어 함께 일어납니다.

계·정·혜 모두 계발된 경지로 이끄는 수행을 팔정도 수행이라고 하며 붓다께서는 팔정도야말로 고에서 벗어날 수 있는 유일한 길이라고 가르치셨습니다. 팔정도는 열반으로, 평화로 곧바로 이끄는 최상의 수행이며 참으로 확실하게 불법에 이르는 길입니다.

팔정도를 좀더 구체적으로 살펴보겠습니다.

괴로움의 소멸로 이끄는 성스러운 여덟 가지 진리인 팔정도란 정견(正見, 올바른 견해), 정사유(正思惟, 올바른 생각), 정어(正語, 올바른 언어), 정업(正業, 올바른 행위), 정명(正命, 올바른 생활 수단), 정정진(正精進, 올바른 노력), 정념(正念, 올바른 마음챙김), 정정(正定, 올바른 선정)을 이릅니다.

- 정견이란 괴로움과 그 원인, 그리고 괴로움의 소멸에 관해 확실히 통찰하는 것을 이릅니다.
- 정사유란 욕심 없는 생각, 증오하지 않는 생각, 남을 해하지 않는

생각을 이릅니다.

- 정어란 거짓말, 헐뜯는 말, 거친 말, 쓸데없는 말을 하지 않는 것을 이릅니다.
- 정업이란 살생하지 않고, 주지 않는 것은 갖지 않으며, 잘못된 애욕 행위를 하지 않는 것을 이릅니다.
- 정명이란 청정하고 올바른 생활 수단으로써 삶을 영위하는 것을 이릅니다.
- 정정진이란 악이나 좋지 않은 행위를 근절하기 위해 결심하여 노력하며 선한 행위가 일어나 늘 머물러 있도록 전력을 기울이는 것을 이릅니다.
- 정념이란 전심전력으로 주시하여 분명한 앎으로 계속 관찰함으로써 무상·고·무아를 깨달아 탐욕과 괴로움에서 벗어남을 이릅니다.
- 정정이란 애욕이나 좋지 않은 행위를 버리고자 노력하는 마음을 일으켜 유지함으로써 무집착에서 오는 희열과 즐거움을 누리는 초선(初禪)을 얻고, 다음으로 일으켜 유지하는 그 마음을 고요히 가라앉힘으로써 평온과 삼매[定]의 희열과 행복감을 누리는 제2선(第二禪)에 머물며, 이후 그 희열에서 벗어나 무심·마음챙김·지혜에 머무는 행복감을 누리는 제3선(第三禪)을 얻으며, 마지막으로 즐거움도 괴로움도 멸한 무심과 청정한 마음챙김 상태인 제4선(第四禪)을 얻어 머묾을 이릅니다.

그러나 정작 진정한 팔정도 수행은 우리 자신의 두 눈, 두 귀, 두 콧구멍, 혀와 몸을 통해 이루어집니다. 이 여덟 개의 문이 팔정도로 이 길은 마음으로 걸어가야 합니다. 이 문들을 알아차리고 관찰하십시오. 그리하면 법의 모습이 드러날 것입니다.

팔정도의 핵심은 아주 단순합니다. 긴 설명이 필요 없습니다. '사랑이건 미움이건 집착하지 말라. 사물을 있는 그대로 놔두어라.' 나의 수행 주제 또한 이것뿐입니다. '무엇이 되려고 하지 말라. 깨달은 자가 되려고도 하지 말라. 앉을 때는 앉게 두고 걸을 때는 그대로 걷게 하라. 무엇에도 집착하거나 저항하지 말라.'

삼매를 계발하는 수행 기법은 무수히 많고 위빠사나 수행법도 가지각색입니다. 그러나 그 모두가 종국에는 하나의 결론에 귀착합니다. 즉 모든 것을 있는 그대로 놔두라는 것입니다.

싸움에서 물러나 평온한 이쪽으로 건너오십시오. 왜 한번 해보려고 하지 않습니까? 왜 용기를 내지 않습니까?

어떤 것을 좋아하게 되면 좋아하는 마음이 생기는 즉시 그 뒤를 쫓아가기 마련입니다. 그러나 기실 그 마음은 고의 구렁텅이로 우리를 끌고 갈 뿐입니다. 그렇기 때문에 붓다께서는 극단을 놓는 수행을 잠시도 쉬지 말라고 가르치셨습니다. 이것이 팔정도를 올바로 수행하는 길이며 무명 업식(無明業識)에서 비롯된 존재함[有]과 태어남[生]으로부터 벗어나는 길입니다. 이 길에는 즐거움도 괴로움도 없으며, 선도 악도 없습니다.

하지만 수없이 많은 이가 갈애에 빠져 즐거움만 추구하느라 정작 구도자가 가야 할 길, 붓다께서 밝히신 이 팔정도를 놓치고 중도를 지나쳐버리니 참으로 안타까운 일입니다. 태어남과 존재함, 행복과 고통, 선과 악에 꺼둘리는 사람, 곧 중도를 걷지 않는 사람은 현자(賢者)가 될 수 없고, 자유(해탈)를 얻을 수 없습니다.

이 팔정도야말로 확고부동한 진리의 길이며, 기쁨도 슬픔도 초월한, 평온과 순수지(純粹智)의 길입니다. 만일 그대의 마음 상태가 이와 같다면 더이상 남에게 공부의 길을 묻지 않아도 될 것입니다.

수행의 이로움

―

이제까지 설명한 대로 수행한다면 그 수행의 결실은 다음의 세 단계로 맺어질 것입니다.

첫번째, 신심을 지닌 초보 수행자의 경우에는 불·법·승 안에서 신심이 더욱 깊어질 것입니다. 이 신심은 각자에게 진정한 내적 지주가 되어 줄 것입니다. 또한 그들은 선한 행동은 선한 결과를 가져오고 악한 행동은 악한 결과를 가져온다는, 만물에 적용되는 인과 법칙을 이해하게 될 것입니다. 그리하여 행복감과 마음의 평화가 크게 증대될 것입니다.

두번째, 입류과(수다원과)나 일래과(사다함과), 불환과(아나함과)의 경지에 도달한 이들은 불·법·승에 대한 흔들리지 않는 믿음을 지니게 됩니다. 그들은 법열에 휩싸여 열반을 향해 정진하게 됩니다.

세번째, 아라한이나 아는 자의 경지에 도달한 이들은 모든 고통으로부터 벗어나 절대 행복을 누리게 됩니다. 그들은 세간에서 벗어나 성스러운 길에 도달한 붓다들입니다.

우리 모두는 인간으로 태어나 붓다의 가르침을 들을 수 있는 큰 행운을 부여받았습니다. 이는 수많은 다른 존재는 결코 얻을 수 없는 절

호의 기회입니다. 그러므로 방일하거나 부주의하지 않도록 유념해야 합니다. 서둘러 공덕을 쌓고 선행을 베풀면서 초급 단계에서 최종 단계에 이르기까지 수행에만 전념해야 합니다. 시간을 쓸데없이 무의미하게 낭비하지 마십시오. 오늘부터라도 붓다의 가르침의 진수에 다가가도록 노력하십시오.

이제 라오스 속담 한 구절로 이야기를 끝맺고자 합니다.

"수많은 환락과 쾌락의 쳇바퀴가 멈추면 곧이어 어둠이 내릴 것이다. 이제 눈물에 젖어 쓰러지며 깨닫게 될지니, 여정을 끝마치기에는 이미 너무 늦었음을……."

법의 선물

1977년 10월 10일 우본에 있는 붕 와이(Bung Wai) 숲속 사원에서 서양 스님들과 초보 수행자들 및 신도들, 특히 프랑스에서 방문한 한 스님의 부모를 배려하여 베푼 법문.

그대가 이곳 사원에 출가한 아들을 만나기 위해 왓 빠 뽕을 방문해 주어 기쁩니다. 하지만 그대에게 전할 마땅한 선물이 없어 미안한 마음이 드는군요.

그대가 살고 있는 프랑스는 이미 오래전부터 풍부한 물질적 혜택을 누려왔지만 법의 가르침은 상대적으로 매우 취약합니다. 일전에 프랑스에 머물면서 내가 직접 확인한 바에 따르면 그곳에는 평화와 평온으로 이끌어줄 어떤 법도 존재하지 않습니다. 단지 끊임없이 마음을 혼란스럽게 만들 근심거리만 들끓습니다.

프랑스는 이미 물질적으로 너무 풍요로워 도처에 (시각, 청각, 후각, 미각, 촉각 등을 총망라한) 감각을 자극하는 유혹이 널려 있습니다. 그러므로 법에 무지한 이들은 그 유혹에 빠지고 맙니다. 그래서 오늘 나는 그대에게 프랑스로 갖고 갈 왓 빠 뽕의 선물로 약간의 법을 전하려고 합니다.

몸과 마음은 지·수·화·풍의 집합체

—

법이란 무엇입니까? 법은 인간의 모든 갈등과 고통을 꿰뚫어 점차적으로 감소시킴으로써 종국에는 완전히 없애줍니다. 이처럼 법은 우리 내면에 욕망이나 망상과 같은 심상이 일어날 때 이에 대처하고 극복할 수 있도록 우리의 일상적 삶 속에서 끊임없이 탐구되어야 할 진리입니다.

사는 곳이 여기 태국이든 혹은 다른 나라든 어느 누구의 삶 속에서도 문제가 발생하기 마련입니다. 만일 우리가 그 문제들을 해결하는 방법을 모른다면 항상 고통과 고뇌에 휩싸이게 됩니다. 이와 같은 문제를 해결해주는 것이 바로 지혜며 이를 얻기 위해 우리는 마음을 길들이고 계발해야 합니다.

이처럼 수행의 주제는 결코 먼 곳이 아닌 바로 여기 우리 몸과 마음 안에 있는 것입니다. 서구인이든 태국인이든 몸과 마음을 지니고 있다는 점에서는 다를 바 없습니다. 혼란스러운 몸과 마음은 불안정한 사람으로 만들며 평화로운 몸과 마음은 안정된 사람으로 만듭니다.

사실 마음은 물과 같아서 그 자체의 본성은 청정합니다. 그러나 맑은 물에 녹색 물감을 떨어뜨리면 물은 녹색으로 변할 것이고 노란색 물감을 떨어뜨리면 노란색으로 변할 것입니다.

마음도 이와 같습니다. 편안한 심상이 떠오르면 마음은 편안해집니다. 반면에 심상이 불편할 때는 마음 역시 불편해져 마치 물감으로 물든 물처럼 흐려집니다.

깨끗한 물에 노란색 물감을 떨어뜨리면 노란색 물로 변하고 녹색 물감을 떨어뜨리면 녹색 물로 변하듯이 물감에 따라 물의 색은 매번 변합니다. 그러나 녹색 물이든 노란색 물이든 물 자체는 본래 깨끗하고 맑습니다. 이와 마찬가지로 마음 또한 본래는 청정하고 평온하지만 일단 마음에 비친 심상을 좇게 되면 그 기분에 휩쓸려 미혹에 빠지게 되는 것입니다.

좀더 명확히 설명하겠습니다. 바로 지금 우리가 평화로운 숲속에 앉아 있다고 칩시다. 숲속은 바람 한 점 없고 나뭇잎들도 가지 위에 고요히 머물고 있습니다. 그러나 바람이 불면 나뭇잎들은 이리저리 흔들리다 휘날려 떨어집니다. 마음도 나뭇잎과 유사합니다. 마음 역시 그 대상인 심상을 접하게 되면 그 심상의 성질을 좇아 흔들리다 휩쓸리게 됩니다. 우리가 법에 대해 아는 것이 적을수록 마음은 더욱 줄기차게 심상을 좇게 될 것입니다. 행복을 느끼면 행복에 미혹되고 고통을 느끼면 고통에 미혹되면서 끝없이 혼동 속을 헤매게 됩니다.

그러다 마침내 사람들은 신경과민이 됩니다. 무지하기 때문입니다. 그들은 단지 자신의 기분에 따를 뿐 자신의 마음을 스스로 돌보는 법을 알지 못합니다. 돌보지 않는 마음은 보살펴주는 부모가 없는 어린아이와 같습니다. 고아는 의지할 곳이 없으며 의지처가 없는 고아는 매우 위태롭습니다.

마찬가지로 마음도 돌보지 않고 정견으로 길들이거나 계발하지 않는다면 매우 힘든 지경에 처하게 됩니다.

따라서 오늘 나는 그대에게 마음을 길들이는 방법인 깜마타나(kammaṭṭhāna, 수행방법이나 주제)를 전하려고 합니다. 깜마(kamma)는 행(行, action)을, 타나(ṭṭhāna)는 바탕(base)을 의미하며 마음을 평화롭고 고요하게 만드는 불교 수행법을 이릅니다. 즉 깜마타나는 마음을 길들이고 그 길들인 마음으로 몸을 관찰하는 데 활용됩니다.

사람이라는 존재는 몸과 마음 두 부분으로 이루어져 있습니다. 몸은 자신의 신체기관인 눈으로 볼 수 있지만 마음은 물질적 외형을 지니고 있지 않습니다. 마음은 오직 내부의 눈, 즉 마음의 눈으로만 볼 수 있습니다. 이 몸과 마음은 끊임없는 혼돈 상태 속에 있습니다.

마음은 대체 무엇일까요? 마음은 정작 그 어떤 것도 아닙니다. 일반적으로 마음은 느낌이나 감각의 의미로 통용됩니다. 즉 모든 심상을 받아들이고, 느끼고, 경험하는 것을 마음이라고 이릅니다. 지금 바로 이 순간에 마음이 있습니다. 내가 그대에게 말할 때면 내가 말하고 있다는 것을 마음은 압니다. 소리가 귀를 통해 전달되면 그대는 무슨 말인지를 알게 됩니다. 이처럼 어떤 것을 경험하는 것, 그리고 그 경험을 알아차리는 것을 통틀어 마음이라고 합니다.

마음은 어떤 형체도 지니고 있지 않습니다. 단지 정신적 활동을 경험할 뿐이며 그것이 전부입니다. 만일 정견을 지니도록 마음을 길들인다면 어떤 말썽도 일어나지 않을 것입니다. 그리하여 마음은 평안해질 것입니다.

마음은 마음일 뿐이며, 마음대상은 마음대상일 뿐입니다. 마음대상은 마음이 아니며, 마음은 마음대상이 아닙니다. 마음과 마음대상을 명확하게 분별하기 위해 우리는 마음 안으로 뛰어든 마음대상을 받아들이는 것을 마음이라고 이릅니다.

마음과 마음대상, 이 두 가지가 서로 접촉[觸]하여 감각[受](좋고, 나쁘고, 춥고, 뜨겁고 등 모든 종류의 감각)을 일으킵니다. 그러나 지혜를 동반하지 못한 상태에서 이 감각을 받아들이면 마음은 고통에 빠져 헤매게 됩니다.

마음을 보호하는 주시와 알아차림

—

명상 수행은 지혜를 성취하는 토대가 될 수 있도록 마음을 계발하는 길입니다. 이때 호흡은 육체의 토대가 됩니다. 호흡을 통해 몸과 마음을 관찰하는 것을 아나빠나사띠(ānāpānasati), 즉 호흡 관찰이라고 합니다. 이 호흡 관찰 수행에서는 호흡이 마음대상이 됩니다. 호흡은 가장 단순하여 다루기가 수월하며 유사 이래로 명상 수행의 핵심이었기 때문입니다.

좌선 수행을 하기에 알맞은 상황이 되면 가부좌를 틀고 앉으십시오. 오른쪽 다리를 왼쪽 다리 위에 올려놓고 오른손을 왼손 위에 올려놓으십시오. 등은 곧게 쭉 펴십시오. 이제 모든 관심과 근심을 놓아버리겠다고 스스로 다짐하십시오. 그대는 어떤 근심거리도 원치 않습니다. 잠시 동안 모든 관심을 놓아버리십시오.

이제 호흡에 주의를 기울이십시오. 그러고 나서 숨을 들이마시고 내

쉽니다. 호흡의 알아차림을 수련할 때 호흡을 의도적으로 길거나 짧게 하지 마십시오. 강하거나 약하게 하지도 마십시오. 평소처럼 자연스럽게 호흡하도록 하십시오. 마음으로부터 일어나는 주시와 알아차림으로 들숨과 날숨을 알아차리게 될 것입니다.

몸과 마음을 이완하여 편안한 상태를 유지하십시오. 아무것도 생각하지 마십시오. 일체를 놓아버리십시오. 오직 들숨과 날숨에만 주의를 집중하십시오. 그것 말고는 아무것도 하지 마십시오. 숨이 들어오고 나가는 대로 단지 호흡에만 주의를 집중하십시오. 매 호흡의 처음과 중간과 끝을 알아차리십시오. 들이쉬는 들숨은 코끝에서 시작되어 복부에서 끝나며 내쉬는 날숨은 역으로 가슴을 거쳐 코끝에서 끝납니다. 코끝, 가슴, 복부 순으로, 그러고 나서 역으로 복부, 가슴, 코끝 순으로 호흡의 알아차림을 계발하십시오.

이 세 곳에 주의를 기울이면 모든 근심 걱정에서 벗어나게 될 것입니다. 그 밖에 다른 어떤 것도 생각하지 마십시오. 호흡에 주의를 집중하십시오. 다른 잡념이 마음에 침입하여 그대를 혼란스럽게 만들겠지만 개의치 마십시오. 즉각 알아차리고 다시 관찰대상인 호흡을 주시하십시오. 마음이 미혹에 빠져들어 헤매게 되더라도 수행을 늦추지 말고 끊임없이 매 호흡의 처음과 중간과 끝을 알아차리십시오.

그리하면 마침내 마음은 항상 이 세 지점에서 호흡을 알아차리게 될 것입니다. 한동안 이 수행을 지속하면 마음과 몸은 수련에 익숙해질 것입니다. 피곤함은 사라지고, 몸은 점점 가벼워지며, 호흡은 더욱더 섬세해질 것입니다. 주시(sati)와 알아차림(paññā)은 마음을 보호하고 항상 깨어 있게 합니다.

마음이 평화롭고 고요해질 때까지, 그리하여 호흡과 하나가 될 때까지 수련해야 합니다. '하나'가 된다는 것은 마음이 호흡과 분리되지 않고 호흡에 완전히 몰입되는 것을 의미합니다. 그렇게 되면 마음은 안정되고 편안해집니다. 마음은 호흡의 시작과 중간, 끝을 알게 되고 계속 흐트러짐 없이 호흡을 주시하게 될 것입니다.

그리하여 마음이 평화로워지면 코끝의 들숨과 날숨에만 주의를 기울이십시오. 복부와 등으로 호흡이 오르내리는 것을 좇아갈 필요는 없습니다. 단지 숨이 나가고 들어오는 코끝에만 주의를 집중하십시오.

이것이 (마음을 이완시키고 평화롭게 하는) 아나빠나사띠 수행법 중 하나인 마음을 고요하게 다스려 호흡을 알아차리는 수행법입니다. 고요함[定]이 일어날 때 마음은 움직임을 멈춥니다. 즉 유일한 대상인 호흡에만 머물게 되는 것입니다. 그리하여 마음은 평화로워지고 이윽고 지혜가 일어나게 됩니다.

이와 같은 수련이 바로 우리 수행의 시작이자 토대인 것입니다. 언제 어디서든 매일 이 수련을 하십시오. 집에 있든 차에 있든, 앉아 있든 누워 있든 마음을 끊임없이 주시하고 주의 깊게 알아차려야 합니다. 이것이 행하거나[行], 머물거나[住], 앉거나[座], 눕거나[臥] 언제 어디서든 수행을 지속해야 하는 마음 수행입니다. 단지 (앉거나, 서거나, 걷거나, 누워만 있는) 한 가지 자세만 고집하지 마십시오. 매 순간 마음의 상태를 아는 것이 중요하며 이를 위해 우리는 끊임없이 주시하고 알아차려야 합니다. 마음이 행복하거나 고통스럽습니까? 혼란스럽거나 평화롭습니까? 이런 식으로 마음을 고요하게 다스리면 저절로 지혜가 일어나게 될 것입니다.

몸을 명상 주제로 정해 머리끝에서부터 발끝까지, 거꾸로 발끝에서 머리끝까지 고요한 마음으로 관찰해보십시오. 이를 계속 반복하십시오. 머리카락, 몸털, 손톱, 치아, 피부를 관찰하십시오. 이런 수행을 통해 우리는 온몸이 사대 요소, 즉 지(地)·수(水)·화(火)·풍(風)으로 구성되어 있음을 알게 될 것입니다.

몸의 단단한 고체 성질은 지의 요소에, 흐르는 액체 성질은 수의 요소에, 위아래로 휘젓고 다니는 기체 성질은 풍의 요소에, 따스함이나 뜨거움 등의 열기는 화의 요소에 해당됩니다.

이 요소들이 함께 어우러져 이른바 인간이라고 불리는 존재를 형성하는 것입니다. 그러나 몸을 각 부분으로 해체하면 단지 이 사대 요소만 남게 됩니다. 붓다께서는 본래 어떤 실체도 실제로 존재하지 않으며 실재하는 것이라곤 오직 이 사대 요소뿐이라고 설하셨습니다. 이것이 전부인 것입니다. 사람이나 그 밖의 존재들이 실제로는 그 어떤 실체도 아니라는 사실을 알게 될 것입니다.

지·수·화·풍 사대 요소를 별개로 보든 함께 통틀어 인간으로 보든 그것은 무상하고 고통스럽고 실체가 없는 것으로 불안정하고 불확실하며 끊임없이 변합니다. 머리카락, 손톱, 치아, 피부 등 모든 것은 변하기 마련입니다.

우리 마음 역시 항상 변하며 자아나 실체란 존재하지 않습니다. 마음 즉 영혼은 우리(주체)도, 그들(대상)도 아닙니다. 아무리 그렇게 믿는다고 해도 사실이 아닙니다. 마음은 불안정합니다. 지혜가 없으면 우리는 이런 마음을 자신의 것이라 믿게 되고 마음은 끊임없이 우리를 기만할 것입니다. 그리하여 우리는 행복과 불행의 교차 속에서 살아갈 것입니다.

마음은 불확실한 것입니다. 우리의 몸 역시 불확실합니다. 몸과 마음(영혼) 모두 무상합니다. 두 가지 모두 고통의 근원이며 실체가 없는 것일 뿐입니다. 붓다께서는 이 몸과 마음은 실체도, 사람도, 자아도, 영혼도 아닌 단지 지·수·화·풍의 집합체에 불과하다고 설하셨습니다.

마음이 이것을 알게 될 때 나는 아름답다, 나는 착하다, 나는 악하다, 나는 고통스럽다, 나는 가졌다, 나는 이것이고 저것이다 등의 집착에서 벗어나게 될 것입니다. 그리하여 모든 인간은 기본적으로 동일하다는 것을 알게 됨으로써 '일체'의 상태를 경험하게 될 것입니다. 그때 '나'란 존재하지 않으며 단지 사대 요소만 존재할 뿐입니다. 무상·고·무아를 관찰하여 알게 되면 더이상 자아, 존재, 나, 그, 그녀 등에 집착하지 않게 됩니다.

그리하여 마음은 세속의 삶에 싫증과 염증을 느껴 열반으로 향하게 되고 일체가 무상하며 고통스럽고 실체가 없다는 사실을 알게 될 것입니다.

그때 마음은 멈추게 됩니다. 그 마음이 바로 '법'입니다. 그렇게 되면 욕망, 성냄, 미혹은 점점 줄어들어 마침내 오직 정화된 마음, 청정심(淸淨心)만 존재하게 됩니다. 이를 명상[禪] 수행이라고 합니다.

그러므로 내가 그대에게 전하는 이 법의 선물을 받아들여 일상의 삶 속에서 관찰하고 공부하기를 바랍니다. 이곳 왓 빠 뽕과 왓 빠 나나찻 사원에서 전승하고 있는 이 법의 가르침을 선물로 받아주십시오. 그대가 프랑스로 돌아갈 때 지니고 가도록 그대의 아들을 포함한 이곳의 모든 스님이 마음을 모아 이 법을 건네는 것입니다.

이 선물은 그대를 마음의 평화로 인도할 것이며 그대의 마음이 고요하고 평온해지도록 이끌 것입니다. 그리하여 그대의 몸이 혼돈 속에 있을지라도 마음은 그렇지 않을 것이며 이 세상 사람들이 미혹에 빠질지라도 그대는 예외일 것입니다. 또한 그대의 나라가 혼란스러울지라도 그대는 혼란에 휩쓸리지 않을 것입니다. 왜냐하면 이미 마음이 법이라는 것을 알기 때문입니다.

이것이 바로 올바른 길[正道]이며 진리의 길입니다.

부디 이 가르침을 소중히 간직하여 늘 건강하고 행복하기를…….

법의 본성

1977년 우안거 중 숲속 사원에서 서양 제자들에게 설한 법문.

과일나무의 꽃이 만개하면 때때로 미풍이 불어와 그 꽃들을 흔들어 대지 위로 흩뿌립니다. 그러나 그 꽃들 중 일부는 살아남아 싹을 틔워 작은 녹색 열매를 맺습니다. 그런데 또 바람이 불어와 그 열매 중 일부가 떨어집니다. 간신히 남은 열매들은 떨어지기 전에 거의 익거나 완숙될 것입니다.

인간의 경우도 이와 같습니다. 바람 속에 내던져진 꽃이나 열매처럼 인간들 역시 삶의 다양한 여정 속에 던져집니다. 어떤 이는 자궁 속에서 자라는 동안 죽어버리며, 어떤 이는 태어난 지 바로 며칠 만에 죽기도 합니다. 또 성인이 채 되어보지도 못하고 단지 몇 년 살다가 죽는 이도 있습니다. 그러나 살아남은 이들은 늙도록 천수를 누리기도 합니다.

인간의 삶을 바람 속 열매의 운명에 비추어 숙고해보면 둘 다 매우 불확실하다는 것을 알 수 있습니다.

이처럼 사물의 불확실한 본성은 승가생활에서도 드러납니다. 어떤 이들은 계를 받으러 출가했다가 마음이 바뀌어 떠나기도 하는데, 그들 중에는 이미 삭발한 이들도 포함되어 있습니다. 어떤 이는 이미 계를 받고 스님생활을 시작했다가 세속으로 떠나기도 하며, 어떤 스님은 첫 번째 우안거를 마친 후 바로 환속하기도 합니다. 이처럼 모든 것은 바람에 휘둘리는 열매처럼 너무나도 불확실할 따름입니다.

우리의 마음도 이와 유사합니다. 하나의 심상이 일어나 마음을 끌어당기면 마음은 바람에 휩쓸려 떨어지는 열매처럼 방황하게 됩니다.

붓다의 전생 스승 – 망고나무

—

붓다께서는 이와 같은 사물의 불확실(무상)한 본성을 일찍이 간파하셨습니다. 붓다께서는 열매가 바람에 휘둘리는 현상을 관찰하면서 제자 스님들을 떠올리시고 그들의 본성 또한 본질적으로 불확실하다는 점에서는 다를 바 없음을 알아차리셨습니다. 달리 어찌할 수 있다는 말입니까? 이것이 바로 세상사의 이치인 것을…….

붓다의 경우처럼 알아차림을 수행하는 이에게는 (충분히 보고 이해할 수 있도록) 모든 것을 가르치고 충고해주는 이가 반드시 필요한 것이 아닙니다. 그 예로 전생에 차노코문(Chanokomun) 왕이었던 붓다의 경우를 들 수 있습니다. 그는 구태여 많은 공부를 할 필요가 없었습니다. 왜냐하면 그를 깨달음에 이르게 한 가르침이라곤 단지 망고나무를 관찰하며 얻은 교훈이 전부였기 때문입니다.

어느 날 코끼리를 타고 수행 대신들과 함께 한 공원을 방문한 왕은 무르익은 망고들이 주렁주렁 열린 망고나무들을 발견하게 되었습니다. 하지만 멈추어 설 여건이 되지 않자 나중에 다시 돌아와 망고를 따기로 마음먹었습니다. 그러나 그와 같은 왕의 기대는 그를 뒤따르던 대신들 때문에 물거품이 되고 말았습니다. 그들은 게걸스럽게 장대로 나뭇가지들을 마구 후려쳐 부러뜨리고 잎들을 찢어 흩뿌리면서 망고들을 죄다 떨어뜨려 남김없이 가져갔습니다.

그날 저녁 달콤한 망고를 그리며 망고 숲으로 되돌아온 왕은 그 많던 망고들이 감쪽같이 사라진 앙상한 망고나무들 앞에서 넋을 잃고 말았습니다. 열매뿐 아니라 가지와 잎도 부러지고 찢겨 땅바닥에 마구 흐트러져 있었습니다.

완전히 낙심하여 당황해하던 왕은 문득 주변의 다른 망고나무들은 잎과 가지가 전혀 훼손되지 않았음을 발견하게 되었습니다. 의아하게 여기던 그는 그 망고나무들은 열매가 열리지 않아 살아남았음을, 다시 말해 나무에 열매가 없으면 아무도 나무를 훼손하지 않으며 가지와 잎도 상하지 않게 된다는 사실을 뒤늦게 알아차릴 수 있었습니다. 이와 같은 깨달음은 궁으로 돌아가는 동안 왕의 뇌리에서 줄곧 떠나지 않았습니다. "왕이란 자리도 결코 행복한 것이 아니라 오히려 고통스럽고 힘들 뿐이겠구나. 만사를 돌보느라 걱정이 끊이지 않을 테니. 만일 왕국이 침략당해 약탈되고 점령되기라도 하면 어쩔 것인가?" 이후로 왕은 평화롭게 쉴 수 없었으며 꿈자리까지 뒤숭숭하여 편히 잘 수도 없었습니다.

불현듯 그는 열매가 달리지 않아 훼손되지 않은 일전의 망고나무를 떠올렸고 깊은 상념에 잠기게 되었습니다. '만일 우리가 그 망고나무처럼 된다면, 우리의 잎과 가지 또한 다치지 않을 것 아닌가?' 망고나무의 교훈에서 각성한 왕은 마침내 스님이 되기로 결심하기에 이르렀습니다. 자신을 망고나무에 비추어보던 붓다께서는 만일 세상살이에 관여하지 않는다면 모든 근심 걱정에서 벗어나 참으로 자유로워질 수 있으리라고 결론짓게 된 것입니다. 출가하면 마음이 고통에서 벗어나게 되리라는 확신에 이르자 왕은 궁을 떠나 스님이 되었습니다.

그후부터 그는 어디를 가든 스승이 누구냐고 물으면 '망고나무'라고 대답하곤 했습니다. 실제로 그는 많은 가르침을 받을 필요가 없었습니다. 망고나무가 '진리로 인도하는 법(opanayiko-Dhamma)'에 이르는 깨달음의 계기를 마련해주었기 때문입니다. 이 깨달음으로 그는 스님이 되어 별다른 근심 없이 적은 것에 만족하며 독거생활의 기쁨을 누리게 되었습니다. 왕의 지위를 버리자 비로소 그의 마음은 평화로워졌습니다.

이 이야기는 붓다의 전생담 중 하나로 수행을 통해 자신을 끊임없이 계발한 보살 시절의 일화입니다. 차노코문 왕처럼 우리 역시 주변을 돌아보며 주의를 기울여야 합니다. 세상사 모든 것에서 가르침을 얻을 수 있기 때문입니다. 약간의 직관적 지혜만으로도 우리는 세상살이의 가르침을 명확하게 터득할 수 있으며 세상의 모든 것이 우리의 스승임을 이해하게 될 것입니다. 일례로 나무나 덩굴조차도 실체의 참된 본성을 드러내 보여줄 수 있습니다. 지혜를 얻게 되면 누구에게 묻거나 공부할 필요가 없습니다. 차노코문 왕의 일화처럼 우리도 자연으로부터 깨달음에 이르는 가르침을 얼마든지 얻을 수 있습니다. 만물은 진리의 길을 따르기 때문에 그에 어긋나는 법이 없습니다. 지혜와 더불어 자신을 성찰하고 자제력을 갖추게 됨으로써 본성에 이르는 보다 깊은 성찰로 나아갈 수 있습니다. 그리하여 우리는 모든 존재의 궁극적 본성인 무상·고·무아를 알게 될 것입니다. 나무를 예로 들면 무상·고·무아의 법칙에 비추어볼 때 지구상의 모든 나무는 동일한 운명을 지니고 있습니다. 나무는 싹이 터서 자라다가 큰 나무가 되고 모든 나무가 그러하듯 결국 죽게 되기까지 끊임없이 변합니다. 이와 마찬가지로 사람과 짐승들도 태어나 성장하고 종국에는 죽음에 이르기까지 끊임없는 변화를 겪게 됩니다. 이처럼 요람에서 무덤에 이르기까지 삶의 여정에서 일어나는 수많은 변화는 '법의 길'을 보여줍니다. 즉 모든 존재는 항상 변하며[諸行無常] 주어진 본성에 따라 쇠하여 소멸하기 마련입니다.

만일 우리가 이해하고 깨달아 지혜와 마음챙김으로 공부한다면 법의 실재를 여실히 보게 될 것입니다. 그리하여 인간이란 끊임없이 태어나고 변모하다가 종국에는 사라지는(이 과정을 끊임없이 되풀이하는) 존재임을 알게 될 것입니다. 어느 누구도 생사윤회의 굴레에서 벗어나지 못합니다. 따라서 이 세상 모든 이는 본질적으로 동일한 존재라고 할 수 있습니다. 그러므로 한 사람을 명확히 안다는 것은 이 세상 모든 사람을 안다는 것과 같은 의미입니다.

법의 구현은 법을 직접 보아야

—

모든 것은 곧 법입니다. 우리가 육체의 눈으로 보는 것뿐 아니라 마음의 눈으로 보는 것 또한 모두 법입니다. 한 생각이 일어나 변하고 사라집니다. 이를 '마음의 법(nāma-Dhamma)'이라 하며 단지 심상이 일어나고 사라짐을 뜻합니다. 이것이 마음의 진정한 본성이며, 곧 법의 성스러운 진리[聖諦]인 것입니다. 이와 같이 보고 관찰하지 않는다면 참으로 보는 것이 아닙니다. 만일 이와 같이 보게 된다면 붓다께서 설한 법을 들을 수 있는 지혜가 생겨날 것입니다.

> 붓다는 어디에 있는가?
> 붓다는 법 안에 있다.
> 법은 어디에 있는가?
> 법은 붓다 안에 있다.
> 바로 지금 여기에!
> 승가는 어디에 있는가?
> 승가는 법 안에 있다.

불·법·승은 우리 마음속에 존재하지만 우리는 그것을 명확하게 보아야만 합니다. 어떤 이들은 "불·법·승은 내 마음에 존재한다"라고 습관적으로 말합니다. 그러나 정작 그들 자신의 수행은 아직 제대로 이루지 못한 상태입니다. 불·법·승이 자신의 마음속에서 발견되어야만 한다는 생각은 적절하지 못합니다. 왜냐하면 그 마음은 먼저 법을 아는 마음이 되어야 하기 때문입니다.

모든 것이 법의 핵심으로 귀착될 때 비로소 우리는 이 세상에 진리가 실재하며 수행을 통해 그 진리를 깨달을 수 있음을 알게 될 것입니다. 일례로 '마음의 법'인 느낌, 생각, 형상 등은 모두 불확실합니다. 화가 일어나면 늘어나고 변화하다가 마침내 사라집니다. 행복도 마찬가지로 일어나 확산되고 변화하다가 마침내 사라집니다. 그것은 비어 있으며 정작 그 무엇도 아닙니다. 바로 이것이(정신적인 것이든 물질적인 것이든) 모든 존재의 실상[諸行無常]입니다. 존재의 내면은 몸과 마음이며 외면은 불확실(무상)한 우주법칙을 보여주는 만물의 형상입니다.

나무든 산이든 동물이든 그 모두가 법이며 모든 존재가 법입니다. 법은 어디에 있습니까? 한마디로 말해 법이 아닌 것은 존재하지 않습니다. 법은 본성(nature)이기 때문입니다. 이를 '성스러운 법(sacca-Dhamma)', 참다운 법이라고 이릅니다. 본성을 보게 되면 법을 보는 것이고, 법을 보게 되면 본성을 보는 것입니다. 본성을 보는 이는 법을 깨달은 이입니다.

이처럼 삶의 매 순간 모든 행위의 궁극적 실체가 생사의 끝없는 순환일진대 세간 공부를 많이 하는 것이 무슨 소용이 있겠습니까? 우리가 (앉아 있거나 걷고 있거나 서 있거나 누워 있거나) 어떤 상황에서든 명확하게 마음을 챙겨 주시하고 알아차린다면 깨달음은 언제든지 일어날 수 있습니다. 즉 법의 진리를 깨닫는 자리는 현존하는 '지금 바로 여기'인 것입니다.

오늘날에도 진정한 의미에서의 붓다는 여전히 살아 있습니다. 붓다는 성스러운 법, 그 자체이기 때문입니다. 범부(凡夫)도 붓다가 될 수 있게 하는 성스러운 법은 지금 여기에 살아 숨 쉬고 있습니다. 그 법은 어디로도 사라지지 않고 몸과 마음 바로 두 곳에서 붓다가 나투시게 합니다.

붓다께서는 아난다에게 "진정한 법은 오직 수행을 통해서만 깨달을 수 있다"라고 설하셨습니다. 법을 보는 이는 누구든 붓다를 볼 수 있으며 붓다를 보는 이는 누구든 법을 볼 수 있습니다. 어떻게 이것이 가능할까요? 싯다르타 가우타마(Siddhārtha Gautama)가 붓다가 된 것은 법을 깨달았기 때문입니다. 법을 깨닫기 전에는 붓다가 아니었습니다. 이런 관점에서 본다면 싯다르타도 우리와 다를 바 없습니다. 우리 역시 법을 깨닫게만 된다면 붓다가 될 수 있습니다. 이것을 마음 안에 있는 붓다, 즉 마음의 법이라고 이릅니다.

우리는 자신의 선행이나 악행의 업보를 받게 되어 있으므로 자신의 모든 행위를 항상 마음챙김으로 주시해야 합니다. 선행은 선업을 거두어들이고 악행은 악업을 거두어들입니다. 이와 같은 업의 법칙을 깨칠 수 있도록 일상의 삶을 항상 주시하고 알아차리는 것이 바로 그대가 해야 할 일입니다. 싯다르타는 모든 것을 버리고 수행에 정진함으로써 이 진리를 깨달아 이 세상에 붓다로 현현하신 것입니다. 마찬가지로 우리 또한 이 진리의 구현을 위해 오직 수행에만 전념한다면 붓다가 될 수 있습니다.

그러므로 붓다께서는 지금도, 앞으로도 여전히 존재합니다. 어떤 이들은 행복에 넘쳐 이렇게 말합니다. "붓다가 여전히 존재한다면 나는 법을 수행할 수 있다." 이것이 그대가 법을 아는 길입니다.

붓다께서 깨달으신 법은 이 세상에 영원히 존재합니다. 법은 땅속에 항상 존재하는 지하수에 비유할 수 있습니다. 우물을 파려는 사람은 지하수에 도달할 만큼 충분히 깊게 파야만 합니다. 지하수는 원래부터 그 자리에 있었습니다. 따라서 그는 물을 창조하는 것이 아니라 단지 발견할 뿐입니다. 마찬가지로 법은 붓다께서 창조하신 것이 아닙니다.

단지 붓다께서는 이미 그 자리에 있었던 법을 드러내 보이신 것뿐입니다. 붓다께서는 관찰을 통해 법을 발견하셨으며 '깨달은 자'라고 일컬어 졌습니다. 깨달음이란 법을 아는 것이기 때문입니다. 법은 이 세상의 진리입니다. 이 진리를 깨닫게 되어 싯다르타는 붓다라고 불리게 된 것입니다. 따라서 그 밖의 모든 이도 법을 알게 되면 붓다, 즉 법을 아는 자가 될 수 있습니다.

불법을 성실히 따르고 바르게 처신하는 이들은 덕과 선함에 결코 모자람이 없을 것입니다. 올바로 이해하게 되면 우리가 붓다로부터 멀리 떨어져 있는 것이 아니라 바로 붓다 곁에 있음을 실감하게 될 것입니다. 법을 이해하게 되면 바로 그 순간 붓다를 보게 됩니다.

제대로 수행하는 이는 나무 밑동에 앉아 있든 누워 있든 어떤 상황에서든 불법을 듣게 될 것입니다. 법은 단지 생각만으로 알 수 있는 어떤 것이 아닙니다. 법은 청정한 마음에서 비롯됩니다. 그러나 단지 이런 경구들을 되새기는 것만으로는 충분하지 않습니다. 왜냐하면 법을 구현하기 위해서는 법 그 자체를 직접 보는 것 외에는 달리 방법이 없기 때문입니다. 따라서 우리는 법을 볼 수 있도록 수행에 전념해야 하며 그렇게 될 때 우리의 수행은 진정 완결될 것입니다. 그리하여 우리는 앉아 있든 서 있든, 걷고 있든 누워 있든 언제 어디서나 붓다의 법을 듣게 될 것입니다.

마음의 조건이 생유를 결정

—

붓다께서는 가르침을 수행하려면 육근, 즉 여섯 감각기관인 눈, 귀, 코, 혀, 몸, 마음의 감각을 집중하고 제어할 수 있는 조용한 장소에 머물라고 설하셨습니다. 이처럼 육근 길들이기는 수행의 토대가 됩니다. 모든 것은 육근의 영역 안에 있기 때문입니다. 그러므로 우리는 육근에서 일어나는 상황(인과, 연기적 현상)을 알기 위해 육근을 주시하고 제어해야 합니다. 모든 선과 악은 이 육근을 통해 일어납니다. 육근은 몸과 마음의 모든 기능을 담당합니다. 눈으로는 보고, 귀로는 듣고, 코로는 냄새를 맡고, 혀로는 맛을 보고, 몸으로는 뜨겁고 차갑고 딱딱하고 부드러운 것을 느끼고, 마음으로는 심상이 일어나는 것을 압니다. 우리가 해야 할 일은 이 육근 위에 자신의 수행을 확립하는 것입니다.

이 수행은 수월합니다. 그에 필요한 모든 것은 붓다께서 이미 규정해 놓으셨기 때문입니다. 이는 붓다께서 과수원을 경작하여 수확한 과일들을 나누어주시기 위해 우리를 초대한 것에 비유할 수 있습니다. 우리 스스로 경작할 필요가 없습니다.

계·정·혜도 그것을 만들어내거나 규정하거나 따져볼 필요가 없습니다. 왜냐하면 붓다의 가르침 안에 이미 전승되는 것을 따르기만 하면 되기 때문입니다.

이처럼 우리는 붓다의 가르침을 배우는 데 많은 편익과 행운을 누리고 있습니다. 이미 과수원이 마련되어 있고 과일도 충분히 익어 있습니다. 모든 것이 이미 완벽하게 준비되어 있는 것입니다. 정작 부족한 것은 과일을 직접 따먹으려고 하지 않거나 수행에 대한 확실한 믿음이 없다는 점입니다.

우리가 누리고 있는 이와 같은 편익과 행운이 얼마나 소중한 것인지를 유념해야만 합니다. 인간 외의 그 밖의 유정들(개, 돼지, 뱀 등)이 얼마나 불행한지를 한번 살펴볼 필요가 있습니다. 그들에게는 법을 공부하고, 알고, 수행할 기회조차 주어지지 않습니다. 그들은 업의 응보를 받고 있는 불행한 중생들입니다. 법을 공부하거나 알게 되거나 수행할 기회를 얻지 못하는 이는 고에서 벗어날 기회를 얻지 못합니다.

따라서 우리는 인간다운 처신과 양식에서 벗어나 불행의 제물이 되지 않도록 주의해야 합니다. 불행의 제물이 되면 선행을 쌓을 기회도, 열반에 이르는 자유의 길을 발견할 가능성도 사라집니다. 우리에게는 이미 희망이 없다고 낙담하지 마십시오! 그런 생각은 우리를 다른 중생들처럼 불행하게 만들 뿐입니다.

우리는 붓다의 영향권 내에 이미 들어온 존재입니다. 따라서 우리 인간들은 이미 충분한 장점과 가능성을 지니고 있습니다. 우리가 갖고 있는 견해나 지식, 이해를 올바르게 계발한다면 인간으로서의 현생에서 법을 보고 알 수 있는 행위와 수행으로 인도될 것입니다.

그러므로 우리는 다른 유정들과는 달리 법을 깨쳐야만 합니다. 붓다께서는 법은 이 순간 바로 우리 앞에 존재한다고 설하셨습니다. 붓다께서는 바로 지금 여기에 우리와 마주하고 계십니다! 지금 이 자리가 아닌 다른 어디에서 깨달음을 구하려고 합니까? 올바르게 생각하지 않고, 올바르게 수행하지 않는다면 우리는 짐승이나 지옥 중생 혹은 굶주린 아귀나 악마로 전락할 것입니다.[2] 그렇다면 어떻게 대처해야 할까요? 오직 자기 자신의 마음만을 바라보십시오. 화가 일어나면 그것이 무엇인지 바로 그 자리에서 바라보십시오! 미혹이 일어나면 그것이 무엇인지 바로 그 자리에서 알아차리십시오! 탐욕이 일어나면 그것이 무엇인지 바로 그 자리에서 관찰하십시오!

이런 마음의 상태를 명확하게 알아차리고 깨닫지 못하면 우리의 마음은 인간의 마음이 아닌 다른 상태의 마음으로 변질되고 맙니다. 모든 조건은 형성되는 상태 속에 있습니다. 이와 같은 형성의 흐름은 현재의 조건에 따라 결정되는 생유(生有)를 일으킵니다. 따라서 마음이 조건지어지는 대로 형성되고 존재하게 되는 것입니다.

---

2 불법에 따르면 존재하는 것들은 업에 따라 8단계의 세계 중 한 곳에서 태어나게 된다. 이 8단계 상태의 세계란 4단계의 천상세계(욕계천, 색계천/정거정천. 무색천)와 인간, 짐승, 지옥 중생, 아귀의 세계를 이른다. 아잔 차 스님은 현재 우리 자신의 마음 안에서 이 8단계 상태를 보아야 한다고 항상 강조했다. 마음의 상태에 따라 우리는 각기 다른 세계에서 끊임없이 태어나게 되기 때문이다. 예를 들어 마음이 분노로 들끓게 되면 바로 그 순간 인간세계로부터 추락하여 지옥세계에 태어나게 되는 것이다.

실재(實在)의 두 얼굴

1976년 우안거 중 왓 빠 뽕 법회에서 빠띠목카(pātimokkha, 포살계) 독경을
마친 후에 스님들에게 설한 법문.

우리 삶의 유형에는 세속적인 삶과 세속을 초월한 삶 두 가지가 있
습니다. 붓다는 후자의 삶을 선택하여 세간을 떠나 정신적 자유를 구
현한 성자입니다.

마찬가지로 지식도 세간(世間)적 지식과 출세간(出世間)적 지식(또는
진정한 지혜) 두 가지로 분류됩니다. 만일 아직 자신을 길들이지도, 수
행하지도 않았다면 아무리 많은 지식을 갖고 있더라도 세속적 지식에
불과하여 진정한 자유를 누릴 수 없습니다.

정말 제대로 한번 숙고해보십시오! 붓다께서는 세속적인 것은 언제
나 세상 주변을 맴돌고 있다고 하셨습니다. 세속을 좇게 되면 마음은
이에 뒤얽혀 더럽혀지고 아무것도 얻을 수 없습니다. 세속적인 사람들
은 항상 무언가를 추구하지만 만족할 수 있는 그 무엇도 발견하지 못

합니다. 세속적인 지식은 정말 무지몽매합니다. 명확한 이해를 바탕으로 한 앎이 아니기에 결실을 맺을 수가 없습니다. 세속적 지식은 단지 부를 축적하고, 지위를 얻고, 명성과 쾌락을 추구하는 것 등을 목적으로 삼습니다. 그것은 우리를 급속히 현혹하는 미혹덩어리입니다.

일단 우리가 무언가를 소유하게 되면 우리 마음에는 질투와 근심, 이기심이 자리잡게 됩니다. 그리하여 위협을 느끼게 되고 육체적으로 그 상태에서 벗어나지 못하면 우리의 마음은 온갖 무기, 심지어 핵폭탄에 이르기까지 갖은 방책을 다 동원하여 헐뜯고 싸우게 됩니다. 대체 왜 이런 문제들이 발생하는 것일까요?

바로 우리 스스로가 세속의 삶을 좇고 있기 때문입니다. 붓다께서는 세속적 삶을 좇는 사람은 결코 목적지에 다다를 수 없다고 설하셨습니다.

영원한 자유를 얻을 수 있도록 수행하십시오! 진리의 지혜를 따르며 살기는 쉽지 않지만 간절하게 도(道, magga)와 과(果, phala)를 구하고 열반을 구현하고자 하는 사람이라면 끈질기게 노력하며 견뎌야 합니다. 적은 것에 만족하십시오. 적게 먹고, 적게 자고, 말을 절제하고, 중도를 지키면서 지족(知足)하며 참고 견디십시오. 그렇게 함으로써 우리는 속됨에서 벗어날 수 있습니다.

속됨의 근원을 뿌리 뽑지 못하면 끝없이 되풀이되는 굴레 속에서 끊임없이 근심과 미혹에 빠져 헤매게 됩니다. 그대가 비구계를 받으려고 할 때조차도 세속에 대한 미련은 악착같이 그대를 떼어내려고 합니다. 세속적 집착은 그대의 사고와 견해를 형성하며 그대의 모든 생각을 왜곡하고 미화합니다. 이것이 바로 세속적 삶입니다.

사람들은 깨닫지 못하고 있습니다. 그들은 세속에서 완벽한 것을 얻을 것이라고 말합니다. 그들은 마치 새로운 행정을 추진하기를 열망하는 새 정부의 장관처럼 항상 모든 것을 완성하기를 바랍니다. 그는 자신이 모든 해결책을 지니고 있다고 생각하며 구 행정의 모든 것을 혁신하려고 합니다—"두고 봐라! 나 혼자 모든 것을 해낼 테니." 사람들은 일을 벌여놓고 내던져버리는데, 그런 식으로는 아무것도 이루지 못합니다. 그들이 하는 일이라곤 이것이 전부입니다. 물론 노력은 해보지만 실제로는 아무것도 이루지 못합니다.

모든 사람을 만족시킬 수 있는 것은 존재하지 않습니다. 적은 것을 좋아하는 이가 있는가 하면, 어떤 이는 많은 것을 좋아합니다. 이처럼 사람들이 좋아하는 것(짧은 것, 긴 것, 짠 것, 매운 것 등)은 각양각색이기 때문에 모든 사람의 의견을 일치시키는 것은 불가능합니다.

우리 모두는 자신의 삶 속에서 무언가를 성취하기를 원하지만 복잡다단한 이 세상에서 실제로 무언가를 이루어낸다는 것은 거의 불가능합니다. 모든 것을 누릴 수 있는 고귀한 왕자로 태어나신 붓다조차도 세속적 삶 속에는 완전함이란 없음을 발견하셨을 뿐입니다.

감각의 올가미

—

붓다께서는 욕망과 욕망을 만족시키는 여섯 가지 감각대, 즉 육경인 모양, 소리, 냄새, 맛, 감촉, 마음대상에 대해 설하셨습니다. 행복과 고통, 선과 악 등에 대한 갈망은 도처에 널려 있습니다.

모양에는 여인의 외모에 견줄 만한 색(色)은 없을 것입니다. 정말 매력적인 여인은 여러분의 눈길을 끌지 않습니까? 매력적인 외모의 여인이 그대를 향해 사뿐사뿐 다가오는데, 쳐다보지 않을 수 있나요! 소리는 또 어떠한가요? 여인의 목소리보다 더 그대를 사로잡는 소리는 없습니다. 여인의 목소리는 그대의 가슴을 파고듭니다. 냄새도 마찬가지입니다. 여인의 향기는 무엇보다도 가장 유혹적입니다. 어떤 냄새도 여인의 향기만큼 매혹적이지 않습니다. 가장 맛 좋은 음식조차도 여인과는 비교할 수 없습니다. 감촉도 유사합니다. 여인을 포옹하면 정신이 몽롱해지고 흥분되며, 그리하여 그대는 여자 꽁무니를 따라다니느라 인생을 허비하게 됩니다.

고대 도시 탁실라 지방에 도술을 자유자재로 부리는 유명한 도인이 있었습니다. 그는 제자들에게 자신의 도술을 가르쳤습니다. 제자들이 도술에 숙달하고 자립할 수 있게 되자 도인은 다음과 같은 마지막 가르침을 주고 떠났습니다. "나는 너희에게 나의 모든 도술을 물려주었다. 그러니 날카로운 이빨이나 뿔, 아무리 큰 주둥이를 가진 맹수와 맞닥뜨리더라도 두려워할 필요가 없다. 너희는 그 모든 위험으로부터 스스로를 보호할 수 있을 테니. 그러나 단 한 가지 난제는 나도 장담할 수 없다. 그것은 다름 아닌 매혹적인 여인이다. 그 문제만큼은 나도 어쩔 도리가 없다. 여인에 대항할 만한 도술은 없기 때문이다. 너희 스스로 자신을 돌보는 수밖에 없다."

마음대상은 마음 안에서 일어납니다. 그것은 욕망에서 비롯됩니다. 즉 가치 있는 소유물에 대한 욕망, 부자가 되기를 바라는 욕망 등 쉬지 않고 세속의 무언가를 찾아 헤맴으로써 마음대상이 일어나는 것입니다. 이런 유형의 탐욕은 그다지 깊고 강하지 않아 그대를 나약하게 만들거나 자제력을 잃게 하기에는 아직 역부족입니다. 그러나 만일 성적 욕망이 일어나게 되면 그대는 자제력을 잃고 자신을 제어할 수 없게 됩니다. 심지어는 낳고 길러주신 부모님조차도 괘념치 않게 될지도 모릅니다.

붓다께서는 우리의 감각대상을 '마라(māra, 불교에서의 악마)의 올가미'라고 가르치셨습니다. 마라는 우리를 위험에 빠뜨리는 독과 같은 것임을 명심해야 합니다. 그의 올가미는 우리를 묶는 덫과도 같습니다. 마라의 올가미는 사냥꾼이 만들어놓은 덫이며 마라는 바로 사냥꾼입니다.

짐승들이 사냥꾼의 덫에 걸리는 것은 비통한 일입니다. 그들은 순식간에 걸려들어 덫의 주인을 기다리게 됩니다. 덫으로 새들을 잡는 것을 본 적이 있나요? 새들이 덫에 걸려들자마자 덫이 튕겨 오르면서 목을 확 낚아챕니다. 튼튼한 줄은 순식간에 목을 옭아맵니다. 새들은 어디로든 날아가려고 애쓰지만 벗어날 길이 없습니다. 도망치려고 이쪽저쪽으로 발버둥질하지만 그럴수록 줄은 더 단단히 조여 결국 덫의 주인의 처분만 기다리게 될 뿐입니다. 사냥꾼이 돌아오면 새들은 두려움에 떨지만 피할 길이 없습니다!

모양, 소리, 냄새, 맛, 감촉, 마음대상의 올가미도 이와 같습니다. 그것은 우리를 순식간에 잡아 묶습니다. 감각에 얽매이면 낚싯바늘에 걸린 물고기와 같은 신세가 됩니다. 어부가 다가오면 갖은 수단을 다해 발버둥질해보지만 빠져나갈 수 없습니다. 사실 우리는 낚싯바늘이 입에 걸려 잡히는 물고기보다는 낚싯바늘을 통째로 삼켜 꼼짝 못하는 개구리에 더 가깝습니다.

감각에 얽매이면 누구나 똑같은 신세가 됩니다. 간이 아직 병들지 않은 술꾼이 자신에게 적절한 주량의 한계를 알지 못하듯이 그는 계속해서 술을 마시며 몸을 돌보지 않다가 결국에는 고통과 질병에 시달리게 됩니다.

한 나그네가 길을 따라 걸어옵니다. 긴 여행으로 인한 심한 갈증으로 마실 물을 갈망하던 그는 길가의 한 외딴집 앞에 멈추어 물을 청합니다. 그러나 그 집 주인은 이렇게 경고합니다. "원하신다면 이 물을 마셔도 좋습니다. 하지만 이 물은 맛은 아주 좋아도 일단 마시게 되면 병에 걸리게 될 겁니다. 미리 알려드리지만 이 물을 마시면 죽을 것처럼 아프거나 거의 죽게 될 것입니다." 하지만 목마른 남자는 그저 흘려들을 뿐입니다. 그는 7일 동안 물 마시는 것이 금지되었던 수술 환자처럼 미친 듯이 물을 갈망하고 있었기 때문입니다. 감각에 갈증 난 사람도 이와 같습니다.

붓다께서는 모양, 소리, 냄새, 맛, 감촉, 마음대상은 모두 독과 같으며 위험한 덫이라고 설하셨습니다. 그러나 그 나그네는 너무나 목이 말라 어떤 충고도 안중에 없었습니다. 그는 눈물을 흘리며 간청했습니다. "제발 물 좀 주십시오. 어떤 고통을 겪게 되어도 좋으니 제발 물만 마시게 해주세요." 그는 물을 조금 떠서 단숨에 들이켰습니다. 물맛은 감로수처럼 환상적이었습니다. 그러나 물을 실컷 마신 그는 경고받은 대로 병이 나 거의 죽을 지경에 이르게 되었습니다. 참을 수 없는 갈망으로 인해 그는 충고를 듣지 않았던 것입니다.

이 이야기는 감각적 즐거움에 사로잡히면 어떻게 되는지를 일깨워줌니다. 그 나그네는 모양, 소리, 냄새, 맛, 감촉, 마음대상(이 모두는 얼마나 감미롭습니까!)에 매료되었던 것입니다. 그리하여 그는 앞뒤 가리지 않고 물을 마셨고, 결국 죽음에 봉착하게 된 것입니다.

세속의 길과 자유의 길
—

어떤 이들은 죽고 또 어떤 이들은 사경을 헤매고 있습니다. 이런 현상은 세속적 삶에 빠지면 어떻게 되는지를 보여줍니다. 세속적 지혜는 감각과 그 대상을 추구합니다. 이와 같은 지혜가 아무리 현명할지라도 그 현명함은 단지 세속적 감각 안에서 활용될 수 있을 뿐입니다. 그 지혜가 아무리 마음을 끈다고 해도 단지 세속적 감각 안에서의 이끌림일 뿐입니다. 아무리 행복하다고 해도 그것은 단지 세속적 감각 안에서의 행복일 뿐입니다. 그것은 진정한 자유에서 비롯되는 행복이 아닙니다. 그와 같은 행복은 그대를 속세에서 벗어나게 해주지 못합니다.

우리는 집착에서 벗어나 참된 지혜를 증득하기 위해 출가 수행자가 된 것입니다. 집착으로부터 자유로워질 수 있도록 수행하십시오! 지치고 진저리날 때까지 몸을 관찰하고 그대 주변의 모든 것을 주시하십시오. 그러면 마침내 평정심이 자리잡을 것입니다. 그대는 아직 명확하게 보지 못하기 때문에 평정심은 쉽게 일어나지 않을 것입니다.

우리는 출가하여 경전을 읽고, 공부하고, 명상 수행을 합니다. 그러나 마음을 굳게 다잡고 수행하기로 결심해도 정작 행동으로 옮겨 지속하기는 어렵습니다. 어떤 특정 수행을 하기로 단호히 결심하고 그 결심을 공표하기도 하지만, 단지 하루 이틀 혹은 단 몇 시간 만에 결심했던 모든 것이 흐지부지되어버립니다. 다시금 그 결심을 환기하여 마음을 다잡은 뒤 "이번에는 똑바로 해낼 거야" 하며 거듭 노력해봅니다. 하지만 얼마 지나지 않아 우리의 감각 중 하나에 미혹당함으로써 원점에서 다시 시작하게 됩니다. 작심삼일이 어떤 것인지를 실감하게 되는 경우입니다.

부실하게 건설된 댐처럼 우리의 수행은 너무나 미약합니다. 우리는 아직 참다운 수행이 어떤 것인지를 모르며 여법(如法)하게 따를 수도 없습니다. 우리가 진정한 지혜에 이를 때까지 수행은 이런 양상으로 계속됩니다. 그러나 일단 한번 지혜를 통찰하게 되면 우리는 모든 것으로부터 자유로워집니다. 오직 평화만이 머물게 됩니다.

우리의 마음은 해묵은 습관 때문에 평화롭지 않습니다. 우리는 과거의 행동으로부터 이 낡은 습관을 답습하게 되며 그 습관은 우리를 둘러싼 채 끊임없이 괴롭힙니다. 출구를 찾으려고 발버둥질하지만 황소 같은 습관의 업력에 묶여 다시 제자리로 밀려나곤 합니다. 이런 습관은 해묵은 근성을 버리지 못해 오래되고 친숙한 것을 활용하고, 선호하고, 소모하는 데 얽매여 있습니다.

남녀의 성(性) 문제도 마찬가지입니다. 남자에게는 여자가 난제이며 여자에게는 남자가 난제입니다. 양극과 음극처럼 마주하고 있는 것이 그들의 모습입니다. 만일 남자와 남자가 함께 살아간다면 아무런 문제도 일어나지 않을 것이며 여자끼리 살아가도 역시 아무런 문제가 없을 것입니다. 마음에 드는 여자를 보게 되면 남자의 가슴은 쌀을 빻는 절굿공이처럼 쿵쿵 뜁니다. 여자도 매력적인 남자를 보게 되면 가슴이 두근거립니다. 도대체 무엇 때문일까요? 이런 에너지의 정체는 무엇일까요? 이 에너지는 그대를 빨아들입니다. 그러나 거기에는 지불해야 할 대가가 있다는 사실을 아무도 깨닫지 못합니다!

매사가 다 이와 같습니다. 그대가 아무리 자유로워지기 위해 노력한다고 해도 자유의 가치와 속박의 고통을 알게 되기 전에는 결코 해방될 수 없습니다. 일반적으로 사람들은 자유나 해방을 얻기 위해 수행하는 것이 아니라 맹목적으로 의식을 따르고 고행하고 계율을 지킵니다. 그러나 진정한 수행에 앞서 자신의 욕망에서 벗어나는 것이 얼마나 중요한지를 알아야만 합니다. 그런 다음에야 비로소 진정한 수행이 가능해집니다.

명료함과 알아차림으로써 모든 일을 해나가야 합니다. 명확하게 보게 되면 더이상 인내하거나 스스로를 강요할 필요가 없습니다. 그대는 이 점을 간과하기 때문에 어려워하거나 괴로워하게 되는 것입니다. 평화는 그대가 전심전력으로 노력할 때 찾아옵니다. 무엇이든 미진하게 남아 있는 한 불만스러운 느낌은 떠나지 않습니다. 그리하여 그대가 어디를 가든지 근심에 쌓이게 할 것입니다. 그대는 모든 것이 완벽하기를 바라지만 그것은 불가능합니다.

나를 만나러 정기적으로 이곳을 찾아오는 상인들이 있는데, 그들은 이렇게 말하곤 합니다. "스님, 제 빚을 전부 갚고 자리가 잡히면 비구계를 받고 스님의 제자가 될 것입니다." 그러나 그들의 바람처럼 과연 모든 것을 마무리하고 자리잡을 수 있을까요? 그것은 결코 끝나지 않을 일입니다. 그들은 또다른 대출로 빚을 갚고 꼬리를 무는 빚을 갚느라 수중의 돈을 다 쓸 것입니다. 그 상인들은 빚에서 벗어나기만 하면 행복해질 것이라고 생각합니다. 그러나 돈을 쓰는 일에는 끝이 없습니다. 바로 이런 것이 속된 마음에게 희롱당하는 우리의 모습입니다. 우리는 자신이 처한 곤경을 깨닫지 못한 채 그저 끊임없이 배회하고 있을 따름입니다.

끊임없는 수행

수행을 통해 우리는 마음을 제대로 보게 됩니다. 수행이 나태해지기 시작할 때마다 그 마음을 보고 확고히 바로잡지만 잠시 후면 그 나태함이 다시 일어나 원점으로 돌아갑니다. 이것이 방일함 때문에 늘 제자리만 맴돌고 있는 우리 수행의 실상입니다. 그러나 마음챙김이 예리한 수행자는 마음을 확고히 하여 지속적으로 수행을 재점검하며 심기일전하여 한층 더 연마하고 자신을 더욱 다잡아 독려함으로써 끊임없이 스스로를 계발해나갑니다.

마음챙김이 느슨한 수행자는 주의가 흐트러져 올바른 수행 궤도에서 벗어남으로써 계속해서 주변만 겉돌게 됩니다. 이런 사람은 수행하는 데 강하고 확고하게 마음을 정착하지 못합니다. 그리하여 끊임없이 세속적 욕망에 끌려다니게 됨으로써 변덕과 욕망을 좇아 살게 되며 그 세속적 굴레에서 결코 벗어나지 못합니다.

스님이 되는 것은 쉬운 일이 아닙니다. 그대는 마음을 확고히 다지려는 굳은 결심을 해야 합니다. 좋고 싫음에 무심해지고 진리의 눈으로 보게 될 때까지 수행에 확신을 갖고 자신을 다잡고 용맹정진해야 합니다. 일반적으로 우리는 자신이 싫어하는 것에는 불만을 품고 좋아하는 것은 포기하려고 하지 않습니다. 따라서 그대는 분별심에서 벗어나 좋고 싫음, 고통과 행복 등 그 모두에 진저리를 치게끔 해야만 합니다.

이것이 바로 법의 핵심임을 그대는 아직 알지 못합니다. 붓다의 법은 심오하고도 정밀합니다. 그것을 이해하기란 쉽지 않습니다. 진정한 지혜가 아직 일어나지 않았다면 법을 볼 수 없습니다. 그대는 앞을 헤아려 보지도 않고 뒤돌아보지도 않습니다. 행복을 경험할 때면 단지 행복만 있다고 생각하고, 고통스러울 때면 단지 고통만 있다고 생각합니다. 큰 것이 있으면 작은 것도 있다는 것을 알지 못합니다. 그런 식으로는 법을 볼 수 없습니다. 단지 한쪽 면만을 보며 그런 습성을 버리지 못하기 때문입니다.

모든 것에는 양면이 존재합니다. 그대는 그 양면을 다 보아야 합니다. 그리하면 행복할 때도 행복에 빠지지 않고, 고통스러울 때도 고통에 빠지지 않게 됩니다. 그대는 행복할 때도 고통을 잊지 않게 됩니다. 왜냐하면 행복과 불행은 상호 의존적임을 알기 때문입니다.

유사한 예로 음식을 들 수 있습니다. 음식은 몸을 유지하려는 모든 중생에게 이로움을 줍니다. 그러나 사실 음식은 해롭기도 합니다. 일례로 위장병의 여러 원인이 되기도 하니까요. 이처럼 어떤 것의 장점을 볼 때 단점도 파악해야 하며 단점을 볼 때도 장점까지 보아야 합니다. 따라서 증오나 혐오를 느낄 때도 사랑하고 이해해보려고 시도해야 합니다. 이렇게 함으로써 그대는 보다 균형을 이룰 수 있고 마음 또한 더욱 평온해질 수 있습니다.

바람인가, 깃발인가

—

일전에 선(禪)에 관한 책을 읽은 적이 있습니다. 알다시피 선을 가르치는 데는 여러 말이 필요 없습니다. 예를 들어 참선중에 한 스님이 졸면 스승이 다가가 죽비로 그의 등을 한 대 '탁' 칩니다. 죽비로 맞은 제자는 합장으로 감사를 표합니다. 선 수행에서는 자신을 각성할 기회를 주는 모든 감각에 감사하라고 가르칩니다.

어느 날 스님들의 집회가 있었습니다. 법당 밖에는 깃발이 바람에 휘날리고 있었습니다. 이를 보던 두 스님이 깃발이 휘날리는 원인에 대해 논쟁을 벌이게 되었습니다. 그중 한 스님은 바람이 깃발을 휘날리게 한다고 주장했고, 다른 스님은 깃발이 바람을 일으킨다고 반박했습니다. 그들의 좁은 견해는 서로 충돌하기만할 뿐 어떤 합치도 이룰 수 없었습니다. 아마도 죽을 때까지 그렇게 다툴 듯싶었습니다. 그러자 스승이 중재하며 말했습니다. "너희 둘 다 틀렸다. 깃발도 없고, 바람도 없음이 올바른 답이다."

아무것도 지니지 않는 것, 깃발도 바람도 지니지 않는 것이 올바른 수행입니다. 깃발이 있다면 그곳에 바람이 있고, 바람이 있다면 깃발이 있는 것입니다. 그대는 진리의 눈으로 여법하게 볼 수 있을 때까지 이를 철저히 관찰하고 돌이켜 살펴보아야 합니다. 깊이 반조해보면 거기에는 아무것도 없다는 것을 알 수 있습니다. 그것은 비어 있음, 즉 공(空)으로 깃발의 비어 있음이며 바람의 비어 있음입니다. 절대 공 속에는 깃발도, 바람도 존재하지 않습니다. 태어남도, 늙음도, 병듦도, 죽음도 없습니다. 깃발과 바람에 관한 상투적인 해석은 단지 개념일 뿐입니다. 실제로는 아무것도 없습니다. 그것이 전부입니다! 굳이 말하면 비어 있다는 명칭 말고는 더이상 아무것도 존재하지 않습니다.

우리가 이런 방식으로 수행한다면 '완전함'에 이르게 될 것이며 모든 문제를 해결하게 될 것입니다. 절대 공 안에서는 죽음의 왕도 결코 그대를 발견할 수 없습니다. 그 안에는 노쇠함도, 병도, 장차 맞게 될 죽음도 존재하지 않습니다. 우리가 진리의 눈으로 보고 이해하게 되면, 즉 올바르게 이해하게 되면 오직 절대 공만이 있을 뿐입니다. 더이상 우리도, 그들도, 나도 일체 존재하지 않습니다.

감각의 숲
―

세상은 끝없는 길들로 이어져 있습니다. 우리가 세상 모두를 알려고 한다면 단지 혼돈과 미혹에 빠지게 될 뿐이지만, 세상을 명확하게 관찰한다면 참된 지혜를 발견할 수 있습니다. 붓다 또한 세속의 삶에 정통한 분이셨습니다. 붓다께서는 풍부한 세속적 지혜로써 중생을 감화하고 올바로 이끄는 무한한 능력을 지니고 계셨습니다. 그와 같은 세속적 지혜를 승화시켜 만물을 꿰뚫어보는 초세간적 지혜에 도달하심으로써 진정한 초인이 되신 것입니다.

따라서 우리가 그 가르침을 받아들여 내관(內觀)한다면 전혀 새로운 차원의 깨달음에 이르게 될 것입니다. 즉 우리가 대상을 볼 때 그 대상은 더이상 존재하지 않습니다. 소리를 들을 때도 그 소리는 존재하지 않습니다. 냄새를 맡을 때도 냄새가 존재하지 않는다고 말할 수 있습니다. 모든 감각을 분명히 느낄 수 있지만 그것(육근, 육경, 육식) 모두는 지속되지 않는 비어 있는 것입니다. 단지 일어났다가 사라지는 감각일 뿐입니다.

우리가 이런 진리를 이해한다면 감각이 실재한다는 관념은 사라집니다. 그것은 단지 왔다가 가버리는 감각일 뿐입니다. 진리 안에서는 어떤 것도 존재하지 않습니다. 아무것도 존재하지 않는다면 우리도, 그들도 존재하지 않습니다. 우리가 존재하지 않는다면 우리에게 소속되는 것도 존재하지 않게 됩니다. '고통의 소멸'도 바로 이런 이치인 것입니다. 고통을 받는 이가 존재하지 않는데, 누가 고통스럽다는 것인가요?

고통이 일어날 때 고통에 집착하게 되면 정말 고통스러워집니다. 마찬가지로 행복이 일어나면 행복에 집착하게 되어 즐거움을 경험하게 됩니다. 이런 느낌에 집착함으로써 '나' 혹은 '자아'란 개념이 생겨나며 '우리'와 '그들'이라는 개념이 지속적으로 자리잡게 됩니다. 이 모두는 착각입니다! 바로 이와 같은 오류로부터 모든 것이 발생하고 끝없는 윤회의 굴레에 빠져들게 되는 것입니다.

그러므로 우리는 법에 따라 수행하기 위해 이곳에 온 것입니다. 집을 떠나 숲에 살며 숲속생활이 주는 마음의 평화를 향유합니다. 우리는 현실 도피나 두려움 때문이 아니라 우리 자신과 싸우기 위해 이곳에 왔습니다. 그러나 도시인들이 도시의 삶에 집착하게 되는 것처럼 숲에서 살려고 온 이들도 숲속의 삶에 집착하게 됩니다. 그리하여 숲에 사는 이들은 숲에서, 도시인들은 도시에서 자신이 가야 할 길을 잃어버리게 됩니다.

붓다께서는 육체적·정신적 고독이 자유를 얻기 위한 수행에 도움이 되므로 숲속 수행을 권장하셨습니다. 그러나 수행자가 숲속생활에만 의지하거나 그 속의 평화와 고요함에만 빠지는 것은 원하지 않으셨습니다. 우리는 지혜를 깨닫기 위해 수행하러 왔으며 이곳 숲에서 지혜의 씨를 뿌려 경작할 수 있습니다. 세속의 혼돈과 혼란 속에서는 이 지혜의 씨들을 키우기가 어렵지만 일단 숲속생활을 익히면 도시로 돌아와서도 사방에서 부딪혀오는 감각의 자극에 대처할 수 있습니다. 숲에서 살아간다는 것은 지혜를 키우고 계발하는 것을 의미합니다. 이 지혜는 어디서든 활용할 수 있습니다.

감각이 자극하면 우리의 마음은 흔들리며, 따라서 우리는 감각을 적대시하게 됩니다. 우리는 아직 어리석고 감각을 다룰 만한 지혜가 없기 때문에 감각을 경계해야 할 대상으로 받아들이는 것입니다. 사실 감각은 우리의 스승으로 우리 자신의 무지 때문에 그 스승을 알아보지 못하는 것뿐입니다. 도시에 살 때는 자신의 감각이 무언가를 가르쳐주고 있음을 결코 간파하지 못합니다. 진정한 지혜가 아직 분명하게 발현되지 못한 상태에서는 감각과 감각대상을 적으로만 바라보게 됩니다. 그러나 일단 진정한 지혜가 일어나면 그것은 더이상 적이 아니라 통찰과 분명한 앎에 이르는 출구가 됩니다.

이곳 숲속에 살고 있는 야생닭이 좋은 예입니다. 우리 모두는 그 닭들이 얼마나 인간을 두려워하는지 압니다. 그러나 나는 이 숲에 살면서 그들을 가르쳐왔고 또한 그들로부터 배우게 되었습니다. 어느 날부터인가 우리는 닭의 모이로 쌀을 뿌려주기 시작했습니다. 처음에 닭들은 매우 놀라 쌀모이 근처에는 가지도 않았습니다. 그러나 시간이 흐를수록 점차 익숙해졌고 쌀모이를 기다리기까지 했습니다. 바로 이와 같은 사소한 사건을 통해서도 소중한 깨침을 얻을 수 있습니다. 야생닭들은 처음에는 쌀모이를 두려워하여 적으로 여겼습니다. 실제로 쌀모이는 전혀 해롭지 않지만 쌀이 모이인 줄 몰랐기에 그토록 두려워한 것입니다. 그러나 시간이 흘러 두려워할 것이 없음을 스스로 깨닫게 되자 아무 거리낌 없이 다가가 먹을 수 있었습니다.

이처럼 닭들이 자연스럽게 배우듯이 숲속에서 살아가는 우리도 이와 유사한 방식으로 배우게 됩니다. 이제까지 우리는 감각이 문제를 일으킨다고 여겨왔습니다. 우리 자신이 감각을 적절히 다루는 데 무지하여 많은 말썽이 야기되었기 때문입니다. 그러나 수행을 통해 진리의 눈으로 감각을 보는 법을 배우면 (닭들이 쌀모이를 다룰 수 있게 된 것처럼) 감각을 다루는 법을 깨치게 됩니다. 그리하여 감각은 더이상 우리의 적이 아니며 모든 문제는 사라지게 됩니다.

우리가 잘못 생각하고, 주시하고, 이해하는 한 감각은 우리에게 장해가 될 것입니다. 그러나 올바르게 주시하면 닭이 깨닫게 된 것처럼 우리도 지혜와 명확한 이해를 얻을 수 있습니다. 이것이 바로 '위빠사나 수행'인 것입니다. 그때 우리는 진리와 일치하여 알게 됩니다. 이것이 다름 아닌 통찰력입니다.

수행을 통해 감각을 올바르게 다루면 그 감각은 법을 깨닫기 위한 훌륭한 도구로 활용할 수 있습니다. 이 점은 모든 수행자가 잘 관찰해야 할 과제입니다. 우리가 이를 명확히 보지 못하면 끊임없는 갈등 속에 남게 될 것입니다.

따라서 우리는 숲속의 고요함 속에서 살아가면서 계속해서 감각을 면밀히 통찰하여 지혜를 계발할 수 있는 토대를 마련해야 합니다. 고요

한 숲에 살면서 약간의 마음의 평화를 얻는 것으로 충분하다고 자족
하지 마십시오. 그것에 안주하지 마십시오!

세속적 법과 출세간적 법

—

우리는 지혜의 씨앗을 가꾸고 키우기 위해 이곳에 왔음을 잊지 마십
시오. 지혜가 원숙해져 진리에 따라 이해하기 시작하면 더이상 이리저
리 끌려다니지 않을 것입니다. 일반적으로 우리는 기분이 좋으면 이렇
게 행동하고 불쾌하면 또 저렇게 행동합니다. 또한 무언가를 좋아하게
되면 들뜨고, 무언가를 싫어하게 되면 처집니다. 이런 식으로 우리는
아직 감각과의 갈등 속에서 살아갑니다. 그러다 더이상 적들(감각)과 대
립하지 않게 되면 적들은 안정되고 평온을 되찾습니다. 더이상 들뜨거
나 처지거나 고조되거나 가라앉는 일이 없게 됩니다. 우리는 이런 세속
적 현상을 제대로 이해하게 되고 이것이 세상사임을 알게 됩니다. 바로
이것이 '세속적 법(worldly Dhamma)'[3]인 것입니다.

세속적 법은 출세간적 법, 즉 진리의 길(path, 道)로 승화됩니다. 세
속적 법에는 여덟 가지 길, 팔풍(八風)이 있고 진리의 길에도 여덟 가지
길, 팔정도가 있습니다. 세속적 법이 존재하는 곳에서는 진리의 길 또
한 발견됩니다. 우리가 명료한 알아차림으로 살아갈 때 우리의 모든 세
속적 경험은 (진리의 길에 이르는) 팔정도가 됩니다. 알아차림[慧]이 없으

---

3 사람의 마음을 동요하게 하는 여덟 가지 세속적 상태(팔풍 : 득과 실, 명예와 불명예, 행복과
   고통, 찬미와 비난)를 이른다.

면 세속적 법이 우세해져 우리는 진리의 길에서 낙오되고 맙니다. 정견이 일어나면 고통으로부터의 해방이 바로 우리 앞에 다가서게 됩니다. 다른 어느 곳을 찾아 헤매도 그런 자유를 발견할 수 없을 것입니다.

수행하는 데 너무 서두르거나 조급하게 밀어붙이지 마십시오. 서서히 한 단계씩 밟아 나아가십시오. 평온함도 평온할 때는 그 평온함을 있는 그대로 받아들이고, 평온하지 않을 때도 그 상태를 있는 그대로 받아들이십시오. 그것이 마음의 본래 성질입니다. 자신만의 수행을 계발하여 빈틈없이 밀밀면면(密密綿綿)하게 지속해나가야 합니다.

아마도 지혜가 일어나지 않을지도 모릅니다. 나의 경우를 돌이켜보면 지혜가 일어나지 않자 억지로 일어나게 만들려고 애썼습니다. 그러나 지혜는 여전히 일어나지 않았고 모든 것은 이전 상태 그대로였습니다. 곰곰이 생각한 후에야 자신이 갖고 있지 않은 것을 관찰하는 것이 가능하지 않음을 알게 되었습니다. 그렇다면 최선을 다해야 할 일은 무엇일까요? 그저 무심하게 수행을 지속해나가는 것밖에는 별다른 방법이 없습니다. 염려할 것이 없으면 개선할 것도 없습니다. 문제가 발생하지 않으면 해결하려고 애쓸 필요도 없습니다. 만일 문제가 발생했을 때는 바로 그 자리에서 문제를 해결해야 합니다. 어떤 특별한 것을 찾아나설 필요가 없으며 그저 정상적으로 생활하십시오. 그러나 그대의 마음이 어디 있는지는 알도록 하십시오! 주의 깊고 명확한 알아차림 속에서 살아가십시오. 기분에 빠져 살지 말고 지혜를 그대의 길잡이로 삼으십시오. 항상 주시하고 방심하지 마십시오! 어떤 것이 일어나면 그것을 주시하고 관찰하십시오. 아무것도 없다면 그것으로 족합니다.

중심으로 돌아오기

—

거미를 지켜보십시오. 적당한 자리를 찾아 그물을 친 거미는 그중에 매달려 미동도 없이 조용히 머무릅니다. 잠시 후 파리 한 마리가 날아와 거미줄에 내려앉습니다. 거미는 파리가 닿아 거미줄이 흔들리자마자 확 달려들어 거미줄로 파리를 휘감습니다. 파리를 묶어 한쪽에 저장하고 난 후 거미는 다시 거미줄 한가운데로 돌아와 심신을 가다듬고 조용히 기다립니다.

이와 같은 거미의 행동을 관찰함으로써 지혜를 얻을 수 있습니다. 우리의 여섯 가지 감각 중 마음은 눈, 귀, 코, 혀, 몸으로 둘러싸인 그 한가운데에 있습니다. 감각 중 하나가 자극받으면, 일례로 형상[色]이 눈[目]과 접촉하면 형상은 마음을 흔들며 와닿습니다. 마음은 아는 것, 즉 형상을 아는 것입니다. 단지 이것만으로도 지혜가 각성되기에는 충분합니다. 그것은 이처럼 단순 명료합니다.

거미줄의 거미처럼 우리도 스스로를 보호하며 살아가야 합니다. 거미는 거미줄에 먹이가 닿은 것을 감지하자마자 재빠르게 잡아채서 꽁꽁 묶어놓은 다음 거미줄 한가운데[中心]로 다시 돌아옵니다. 이는 우리의 마음에서 일어나는 상황과 전혀 다를 바 없습니다. '중심으로 돌아오기'는 분명한 알아차림[明智]과 마음챙김[念]으로 살아가면서, 항상 기민하게 깨어 있는 상태에서 정확하고 정밀하게 매사를 처리하는 것을 의미합니다. 이것이 우리의 '중심'입니다. 우리가 해야 할 일은 그다지 많지 않습니다. 이처럼 단지 주의 깊게 살아가면 되는 것입니다. 그렇다고 해서 '좌선도, 경행도 할 필요가 없다!'는 경솔한 생각으로 수행에 관한 모든 것을 잊고 살라는 의미는 아닙니다. 결코 경거망동해서는 안 됩니다! 거미가 먹이를 기다리는 것처럼 우리도 항상 경각심으로 무장하고 있어야 합니다.

거미를 찬찬히 관찰하며 얻는 깨침 속에 우리가 알아야 할 모든 것이 담겨 있습니다. 단지 그렇게 지켜보는 것만으로도 지혜가 자연스럽게 일어날 수 있습니다. 우리의 마음은 거미에, 우리의 감각[受]과 마음대상[心像]은 다양한 먹이에 비유될 수 있습니다. 단지 이것이 전부입니다! 감각은 마음을 포위한 채 끊임없이 자극합니다. 감각 중 어느 하나가 어떤 대상과 접촉하게 되면 이는 즉시 마음에 전달됩니다. 그러면 마음은 철저히 그 대상을 주시하고 관찰한 후에 자신의 중심으로 돌아옵니다. 바로 이것이 우리 수행자가 살아가는 방식입니다. 즉 경각심을 갖고 정확하게 행동하며 항상 지혜를 갖추고 주시하여 분명히 알아차리는 것입니다. 실제로 이와 같이만 한다면 우리의 수행은 완수됩니다.

수행할 때 각별히 유의해야 할 사항이 있습니다. 좌선 수행이나 경행을 하루종일 해야 하는 것이 아니라는 점입니다. 만일 그런 생각을 고수한다면 자기 스스로 수행을 정말 어렵게 만드는 셈입니다. 자신의 육체적 능력을 적절히 사용하여 체력과 에너지가 허용되는 한도 내에서 수행을 이어나가야 합니다.

마음과 다양한 감각을 제대로 아는 것은 매우 중요합니다. 감각이 어떻게 오가는지, 어떻게 일어나고 사라지는지 알아야 합니다. 이를 철저히 알아차리십시오! '법의 화법'으로 표현하면 거미가 다양한 먹이를 거미줄로 잡듯이 마음은 무상·고·무아로 감각을 결박해야 합니다. 그 감각을 어떻게 처리해야 할까요? 우리는 무상·고·무아로 옭아맨 감각을 양식으로 보관하여 (지혜를 계발하는 관찰을 위한) 자양분으로 비축해야 합니다. 이것으로 충분합니다. 더이상 할일은 없으므로 바로 이렇게만 하십시오. 그 마음의 자양분은 알아차리고 이해하기 위한 것입니다.

그러나 감각이 무상하고, 고통이 따르고, 결코 자기 자신이 아니라는 것을 알면서도 우리는 여전히 그것을 좇는 데만 열중하게 됩니다. 그대가 이에 대해 명확히 깨닫지 못한다면 고통에 빠질 수밖에 없습니다. 제대로 관찰하여 감각이 참으로 무상한 것임을 알게 되면 비록 그것이 좇을 만한 가치가 있어 보일지라도 실제로는 그렇지 못하다는 것을 터득하게 됩니다. 이처럼 감각의 실체가 근심이고 고통인 줄 알면서도 어째서 그대는 그것을 원합니까? 감각은 자신의 것이 아니며 실체도 없는 자신과는 무관한 것입니다. 그런데 왜 그대는 그것을 찾아 헤맵니까? 모든 문제는 바로 이 지점에서 종결됩니다. 다른 어디에서 끝낼 것입니까?

거미를 잘 살펴보고 그로부터의 깨침을 마음속으로 받아들여 그대 자신에게 비추어보십시오. 양쪽의 이치가 같음을 알게 될 것입니다. 무상·고·무아를 알게 되면 마음은 모든 것을 놓아버리고 평온해집니다. 더이상 고통이나 행복에 집착하지 않게 됩니다. 바로 이것이 진정 자신을 길들이고 수행하는 이를 위한 마음의 자양분입니다. 이것이 전부입니다. 이렇게 간단한 것입니다! 다른 어떤 것을 찾아 헤맬 필요가 없습니다! 그대가 무엇을 하든 이 같은 알아차림만 놓치지 않는다면 더이상 고민하고 애태우지 않게 됩니다. 이와 같이 해나가면 그대의 수행은 끊임없이 충전되어 갈수록 원숙해질 것입니다.

벗어남

—

끊임없는 수행을 통해 우리는 생사의 굴레에서 벗어나 자유에 이를 수 있습니다. 하지만 우리는 여전히 욕망과 갈망에 집착하기 때문에 그 굴레에서 벗어나지 못하고 있습니다. 비록 악하거나 부도덕한 행동을 수용하지는 않지만 그와 같은 처신도 단지 수동적으로 계를 준수하는 수준에 머물러 있을 뿐입니다.

비근한 예로 좋아하고 사랑하는 것을 잃지 않도록 비는(기복적) 기도를 들 수 있을 것입니다. 이런 일에 관심을 기울이는 것은 매우 유치한 짓입니다. 바로 이런 것이 여전히 놓아버릴 줄 모르는 사람들의 사는 모습입니다.

그런 모습을 통해 사람들이 지닌 욕망의 본성이 드러납니다. 즉 오래 살고 병 들거나 죽지 않기를 바라는 따위의, 자신들에게 주어진 길에 어긋나는 다른 것을 원하는 속성 말입니다. 이것이 사람들이 바라고 갈망하는 것의 실체입니다. 그렇기 때문에 그런 갈망은 결코 충족될 수 없으며, 단지 고통의 원인이 될 뿐이라고 알려주면 그들은 곧바로 큰 충격을 받습니다. 과연 그들은 뭐라고 대꾸할까요? 할말이 없을 것입니다. 왜냐하면 그것은 진리니까요. 그들이 지닌 욕망의 정곡을 찔렀기 때문입니다.

욕망에 관해 이야기를 나누어보면 모든 이가 욕망을 품고 있지만 그것을 이루기를 바랄 뿐 욕망을 멈추거나 그로부터 벗어나기를 원하는 이는 아무도 없음을 알 수 있습니다. 그러므로 우리 수행자들은 참을성 있게 꾸준히 자신을 갈고닦아야 합니다.

치우침이나 느슨함 없이 온화하고 제어된 자세로 한결같이 끈기 있게 수행하는 이들만이 깨달음에 도달할 수 있습니다. 그리하여 어떤 경계에 부딪혀도 반석처럼 확고하고 태산처럼 흔들림이 없을 것입니다.

마음수련

1977년 3월 방콕의 왓 보원니웨스(Wat Bovornives)에서 온 서양 스님들에게 설한 법문.

아잔 문 스님과 아잔 사오(Ajahn Sao)[4] 스님께서 살던 시대는 오늘날에 비해 생활이 훨씬 단순하고 덜 복잡했습니다. 그 시절에는 스님들이 해야 할 일이나 주관해야 할 의식이 별로 많지 않았습니다. 스님들은 영구적으로 지낼 거처도 없이 떠돌아다니며 숲속에서 살았습니다. 그곳에서 스님들은 수행에만 전심전력할 수 있었습니다. 그 시절에는 (오늘날과 같은) 사치 풍조는 찾아보려야 찾아볼 수 없었습니다. 스님들은 대나무로 물컵이나 타구들을 만들어 썼고 신도들의 내왕도 별로 없었습니다. 스님들은 많은 것을 원하거나 기대하지 않아 가진 것에 자족했습니다. 스님들은 오로지 살아 숨 쉬며 수행에만 전념했습니다.

---

4   아잔 문 스님의 은사 스님.

그렇게 살아가자니 자연히 스님들은 갖은 어려움을 겪어야 했습니다. 만일 누군가가 학질에 걸려 약을 구하려고 하면 스승은 "그대에게 필요한 건 약이 아니야! 수행에만 전념하게"라고 나무랐습니다. 게다가 오늘날처럼 약을 쉽게 구할 수 있는 형편도 못 되었습니다. 기껏해야 숲에서 자라는 약초나 풀뿌리가 전부였습니다. 상황이 그러했기에 스님들은 극도의 인내심과 지구력이 있어야 했으며 웬만한 병 같은 것은 신경쓰지도 않았습니다. 그런데 요즘 사람들은 조금만 아파도 병원으로 달려가곤 합니다!

때로 스님들은 탁발하기 위해 10킬로미터에서 12킬로미터에 달하는 먼 길을 걸어가야 하기도 했습니다. 날이 밝자마자 탁발하러 나가서 오전 10시나 11시가 되어서야 돌아오곤 했습니다. 게다가 탁발한 것이라고 해보아야 보잘것없어 쌀과 소금 내지는 고추 몇 개가 고작이었습니다. 밥과 함께 먹을 반찬은 얻을 엄두도 내지 못했습니다. 그때 형편은 정말 이처럼 어려웠습니다. 배가 고프다느니, 지쳤다느니 따위의 불평은 감히 할 수조차 없었고 불평하느니 차라리 스스로 몸을 돌보는 법을 배우고자 했습니다. 스님들은 주변에 잠복해 있는 갖가지 위험을 불굴의 의지로 견디면서 숲속에서 용맹정진을 이어갔습니다. 정글에는 사나운 맹수가 우글거렸고 두타행이나 숲속 은둔 수행에 따르는 스님들의 육체적·정신적 고초 또한 이루 헤아릴 수 없었습니다. 이처럼 그 시절 스님들의 인내심과 지구력은 정말 대단했습니다. 주변 상황이 그렇게 만들었기 때문입니다.

그러나 오늘날에는 주위 환경이 우리를 그 당시와는 정반대 방향으로 몰아가고 있습니다. 옛날에는 누구나 걸어 다녀야 했지만 그후 우마

차가 생겨났고 이어 자동차가 출현했습니다. 그와 더불어 눈도 높아져 요즘은 자동차도 냉방이 안 되어 있으면 타려고 하지도 않습니다! 이렇듯 인내심이나 지구력 같은 미덕은 날이 갈수록 쇠약해지고 수행의 규범도 느슨해질 대로 느슨해지고 있습니다. 급기야 요즘 수행자들은 수행조차도 자기 자신의 견해나 욕구에 따라 하기에 이르렀습니다. 노스님들이 옛 시절 이야기를 들려주면 마치 신화나 전설인 양 그저 무덤덤하게 건성으로 들을 뿐 이해하려고 하지도 않습니다. 도대체 받아들이지를 않습니다!

불교의 핵심은 '마음수련'
—

승가의 전통대로 따른다면 수행승은 적어도 5년 동안은 은사 스님과 함께 지내야 합니다. 그리고 어떤 때는 누구와도 이야기하면 안 됩니다. 말이 많으면 안 됩니다. 책도 읽으면 안 됩니다. 그 대신 자신의 마음을 읽어야 합니다.

이곳 왓 빠 뽕을 일례로 들어봅시다. 요즘 많은 대학 졸업자가 수계를 위해 이곳을 찾고 있습니다. 나는 그들이 경전 읽는 데 시간을 다 보내는 것을 금합니다. 왜냐하면 그들은 수행은 하지 않고 항상 책만 읽고 있기 때문입니다. 그들은 책 읽을 기회는 많이 있으나 그들 자신의 마음을 읽을 기회는 거의 갖지 못합니다. 따라서 우리는 그들이 태국 관습에 따라 수계를 위해 3개월간 수행하러 오면 경전이든 수행 지침서든 일절 펴지 못하게 합니다. 그리하여 그들은 이 단기 출가 기간 동안 자신의 마음을 읽을 수 있는 소중한 기회를 갖게 되는 것입니다.

자신의 마음에 귀 기울이는 일은 참으로 대단히 흥미롭습니다. 길들이지 않은 마음은 자신의 옛 습관에 따라 이리 뛰고 저리 뜁니다. 흥분해서 마구 날뛰는데, 그것은 마음을 결코 수련해본 적이 없기 때문입니다. 그러므로 그대의 마음을 길들여야 합니다. 불교의 수행은 마음에 관한 것입니다. 즉 마음 혹은 정신을 계발하고자 하는 것입니다. 그것도 자신이 자신의 마음을 계발하는 것입니다. 바로 이 점이 대단히 중요합니다. 마음 길들이기는 불교에서 가장 강조하는 핵심 항목입니다. 불교는 마음의 종교입니다. 그것이 전부입니다. 따라서 마음을 향상하기 위해 수행하는 사람은 곧 불교를 수행하는 사람입니다.

우리의 마음은 짐승 우리 속에 갇혀 삽니다. 게다가 그 우리 속에 갇힌 마음은 성난 호랑이와도 같습니다. 제멋대로 설쳐대는 마음이 원하는 것을 얻지 못하면 말썽을 일으키고 맙니다. 그대는 그 마음을 명상 수행이나 삼매 수행으로 길들여야 합니다. 이것을 '마음수련'이라고 합니다. 수행을 처음 시작할 때는 수행의 기반으로서 도덕적 계율(sila)부터 확립해야 합니다. 계율은 몸과 말을 길들이는 것입니다. 여기서 갈등과 혼란이 발생합니다. 그대가 하고 싶은 것을 억지로 하지 않으려고 애쓰면 갈등이 일어나게 됩니다.

"적게 먹어라! 적게 자라! 말을 많이 하지 말라! 세속적 습관은 무조건 줄이고 그 업력을 거역하라. 원하는 대로 하지 말고 망상을 따르지 말라. 이런 노예 같은 추종을 그만두어라. 끊임없이 무지(無智)의 흐름을 거슬러 나아가라." 이런 것을 '계율'이라고 합니다. 그대가 마음을 길들이려고 하면 마음은 대단히 불만스러워져서 투쟁을 시작합니다. 제약되고 억압당하게 되었기 때문이지요. 마음은 자기 하고 싶은 대로 하지 못하면 방황하고 투쟁하기 시작합니다. 이로 인해 고가 일어나게 됩니다.

사람은 누구나 고통에서 해방되기를 원하며 어떤 종류의 고통도 결코 원하지 않습니다. 그런데 사실은 바로 이 고통이 우리에게 지혜를 가져다줍니다. 고통이 일어나면 그 고통을 관찰하게 되기 때문입니다. 반면에 행복(sukha, 樂)은 우리의 눈과 귀를 멀게 합니다. 행복은 결코 사람들이 인내력을 키우도록 놓아두지 않습니다. 그리하여 편안함과 행복 때문에 우리는 부주의하게 됩니다. 우리의 마음을 오염시키는 고통과 행복, 이 두 가지 번뇌 중에서 보다 쉽게 관찰할 수 있는 것은 고통입니다. 따라서 우리는 고통을 종식하기 위해 바로 고통을 들추어내야 합니다. 무엇이 고통인지를 우선 알아야 뒤이어 수행을 어떻게 해야 하는지도 알 수 있습니다.

수행자의 본분은 주시, 알아차림, 지족
—

수행 초기에는 다음과 같이 수련해야 합니다. 처음에는 무엇이 일어나고 있는지, 무엇이 핵심인지 이해되지 않지만 스승이 무언가를 하라고 할 때는 그대로 따라야 합니다. 그렇게 하면 인내와 끈기의 미덕을 키우게 되어 어떤 일이 생기더라도 감내할 수 있게 됩니다. 왜냐하면 그 일은 생길 만해서 생긴 일이기 때문입니다. 삼매 수행에 들어갈 때 그대는 평화와 평온을 기대합니다. 그러나 막상 해보면 아무것도 얻지 못합니다. 지금까지 그런 방법으로 수행하지 않았기 때문에 아무것도 얻지 못하는 것입니다. 그대의 마음은 말합니다. '평온을 얻을 때까지 앉아 있으리라.' 하지만 평온에 이르지 못하면 그대는 괴로워합니다. 그리하여 종국에는 벌떡 일어나 달아나버립니다. 이런 식으로 수행하는 것은 마음계발이라고 할 수 없습니다. 도리어 그것은 '포기'라고 해야 할 것입니다.

자기 기분에 휘둘리지 말고 불법으로 자신을 길들여야 합니다. 느슨하게 하든 부지런하게 하든 그저 수행을 계속 이어가기만 하십시오. 그것이 더 나은 길이라고 생각되지 않습니까? 자기 기분을 좇는 길은 결코 법에 다다르지 못합니다. 만약 그대가 법을 수행하고자 한다면 기분이야 어찌 되든 끊임없이 수행을 지속해야 합니다. 자기 탐닉의 길은 붓다께서 가르치신 길이 아닙니다. 수행이나 법에 대해 나름대로 자기 소견만 따른다면 무엇이 올바르고 그른지 명확히 분별하지 못하게 될 것입니다. 우리는 자신의 마음을 알지 못합니다. 자기 자신을 모르고 있는 것입니다.

따라서 자기 자신의 소견에 따라 수행하는 것은 가장 더딘 방법입니다. 법에 따라 수행하는 것이 가장 빠른 길입니다. 게으를 때도, 부지런할 때도 항시 수행이 이어져야 합니다. 그리하면 때와 장소에 구애받지 않고 늘 깨어 있게 됩니다. 이를 '마음계발'이라고 합니다. 자기 자신의 견해에 빠져 자기 방식대로 수행하게 되면 많은 생각과 의심을 하게 됩니다. '나는 공덕을 별로 쌓지 못했나봐. 행운도 따르지 않고. 벌써 몇 년이나 수행했는데도 아직 깨닫지 못하고, 법도 보지 못했으니……' 이런 자세로 수행하는 것은 마음계발이라고 할 수 없습니다. 그것은 차라리 '재앙계발'이라고 해야 할 것입니다.

지금 이 시간 그대의 상황이 이와 같다면, 즉 아직도 뭐가 뭔지를 알지도, 보지도 못하는 수행자라면, 또한 이제까지도 스스로를 혁신하지 못했다면 그것은 그대가 잘못 수행했기 때문입니다. 그대는 붓다의 가르침을 제대로 따르지 않았던 것입니다. 붓다께서는 이렇게 가르치셨습니다. "아난다(Ānanda)야, 부지런히 정진하라! 그대의 수행을 끊임없이 향상하라! 그리하면 그대의 모든 의심과 불안이 사라지리니." 의심은 생각이나 이론으로, 사변이나 토론으로 없어지는 것이 결코 아닙니다. 그렇다고 아무것도 하지 않고 우두커니 있는다고 해서 사라지는 것도 아닙니다. 모든 번뇌는 오로지 올바른 수행을 통한 마음계발에 의해서만 소멸됩니다.

붓다께서 가르치신 마음 계발법은 세속의 방법과는 정반대입니다. 왜냐하면 그분의 가르침은 청정한 마음에서 비롯된 것이기 때문입니다. 세속의 번뇌를 씻어 내 마음을 정화하는 것이 바로 붓다와 그 제자들이 갈 길입니다.

법을 수행하려면 그대는 마음을 숙여 법 앞에 절해야 합니다. 법이 그대에게 절하도록 해서는 안 됩니다. 만일 그런 식으로 수행한다면 반드시 고가 일어납니다. 이와 같은 고통을 피할 수 있는 사람은 아무도 없습니다. 수행을 시작하려고 하면 바로 그 순간 고가 나타나 버티고 있기 때문입니다.

수행자의 본분은 마음챙김과 알아차림, 지족입니다. 이것이 우리를 제어해줍니다. 길들인 적 없는 이들의 마음의 습성을 제어해주는 것입니다. 어째서 성가시게 이런 일을 해야 하는 것일까요? 만일 마음을 길들이려고 애쓰지 않으면 그 마음은 타고난 본래 성질에 따라 여전히 제멋대로 굴게 되기 때문입니다. 마음의 본래 성품은 유용하게 쓰일 수 있도록 계발할 수 있습니다. 이것은 나무에 비유할 수 있습니다. 다듬지 않아 자연 상태 그대로인 나무로는 집을 지을 수 없습니다. 따라서 목수는 원자재를 알맞게 다듬어서 용도에 맞게 활용하여 집을 완성하는 것입니다.

명상 수행과 마음계발도 이와 유사합니다. 숲속에서 자연 상태의 나무를 취하듯이 길들이지 않은 이 마음을 붙잡아야 합니다. 그리하여 이 자연 상태의 마음을 보다 섬세하게 마음 그 자체를 좀더 잘 알아차리고 느낌에도 좀더 민감해지도록 수련해야 합니다. 모든 것은 본연의 상태 그대로 존재합니다. 우리가 그 본연의 성질을 이해하면 모든 것을 변화시킬 수 있고, 그것으로부터 벗어날 수 있으며, 놓아버릴 수 있습니다. 그러면 우리는 더이상 고통받지 않게 될 것입니다.

마음의 본래 성질이 이와 같기 때문에 이 마음이 어떤 대상에 집착하게 되면 동요와 혼란이 생기게 마련입니다. 마음은 이곳저곳을 줄곧 방황합니다. 이와 같은 동요를 관찰하다보면 마음을 길들인다는 것이 불가능한 것처럼 여겨지고 그로 인해 고통받게 됩니다. 마음의 본래 성향이 그러함을 이해하지 못하기 때문입니다. 심지어는 수행하며 마음의 평화를 얻기 위해 애쓰고 있는 동안에도 생각과 느낌은 여전히 이처럼 배회합니다. 이것이 마음의 본래 성질인 것입니다. 마음의 성질을 거듭 잘 관찰하면 마음은 원래 그런 것이며, 또 그럴 수밖에 없음을 이해하게 될 것입니다. 그런 것이 바로 마음의 방식임을 알게 될 것입니다. 이를 분명하게 보게 되면 생각이나 느낌에서 벗어날 수 있습니다.

우리가 어떤 대상을 놓고 스스로에게 "그건 원래 그런 거야"라고 꾸준히 되뇔 수만 있다면 그 대상에 대해 더이상 부언할 필요가 없게 됩니다. 이렇게 마음으로 모든 것을 진정으로 이해하게 되면 그 모든 것을 놓아버리게 됩니다(사유와 느낌이 아직 남아 있겠지만 이미 힘을 잃은 상태입니다).

이 마음은 신경에 거슬릴 만큼 까불며 놀기를 좋아하는 아이와 유사합니다. 아이의 장난이 지나치면 우리는 아이를 야단치거나 혼냅니다. 하지만 그 같은 꾸지람에 앞서 아이들이란 본디 그렇게 까불기 마련임을 이해해야 합니다. 일단 그 점을 이해하면 아이가 제멋대로 놀도록 내버려두게 됩니다. 그러면 문제는 풀립니다. 어째서일까요? 그것은 우리가 어린아이의 방식을 받아들였기 때문입니다. 우리의 관념이 변하여 사물의 참성질을 받아들이게 된 것입니다. 우리가 사물을 있는 그대로 내버려두면 우리의 마음도 평안해집니다. '정견'을 지니게 되었기 때문입니다.

사견을 지니게 되면 깊고 어두운 동굴 속에서 살든 저 높은 하늘 위에서 살든 혼돈 속에서 빠져나올 수 없습니다. 정견이 있을 때만이 마음은 비로소 평화로워질 수 있습니다. 그때는 더이상 풀어야 할 의혹도, 더이상 야기될 문제도 없게 됩니다.

이것이 '있는 그대로'의 모습입니다. 그리하여 우리는 벗어날 수 있으며 놓아버릴 수도 있게 됩니다. 집착하는 감정이 일어날 때마다 그 느낌은 원래 그렇게 존재할 따름이라는 것을 알고 거기서부터 헤어나게 됩니다. 그 집착감은 의도적으로 우리를 성가시게 하려고 나타난 것이 아닙니다. 그렇게 생각할 수도 있겠지만 사실은 원래 그런 식으로 존재하는 것일 뿐입니다. 우리가 새삼 정색하고 그것에 대해 더 깊이 사유하고 숙고해도 여전히 그렇게 존재할 따름입니다. 따라서 우리가 그 집착감을 놓아버리면 그때 모양은 단지 모양이고, 소리는 단지 소리며, 냄새는 단지 냄새고, 맛은 단지 맛이며, 감촉은 단지 감촉이고, 마음대상[法]은 단지 마음일 뿐임을 알게 됩니다. 그것은 물과 기름처럼 각기 별개의 것입니다. 설혹 그대가 물과 기름을 같은 병 속에 넣더라도 그것은 섞이지 않습니다. 각기 본연의 성질이 다르기 때문입니다.

물과 기름이 다른 것처럼 지혜로운 사람과 어리석은 사람도 다릅니다. 붓다께서도 모양, 소리, 냄새, 맛, 감촉, 마음대상인 육경과 더불어 사셨지만 아라한(Arahant, 깨달은 이)이셨기에 육경을 추구하며 사신 것이 아니라 오히려 그것으로부터 벗어난 상태에서 사셨습니다. 붓다께서는 마음은 단지 마음이며 생각은 단지 생각일 뿐임을 이해하셨기에 그것을 놓아버리고 점차적으로 벗어나실 수 있었던 것입니다. 결코 그것을 혼동하지 않으셨고 뒤섞어놓지도 않으셨습니다. 마음은 단지 마음이며 생각과 느낌은 단지 생각과 느낌일 뿐입니다. 모든 것을 있는 그대로 내버려두십시오! 모양은 단지 모양으로, 소리는 단지 소리로, 마음대상은 단지 마음대상으로 내버려두십시오. 왜 우리가 그것에 집착하여 신경써야 합니까? 우리가 이런 방식으로 사유하고 느끼게 되면 그것과 떨어져서 따로 있을 수 있게 됩니다. 즉 우리의 생각과 느낌이 한쪽에, 우리의 마음은 다른 쪽에 있게 되는 것입니다. 마치 물과 기름이 같은 병 속에서도 따로 분리되어 있는 것처럼 말입니다.

붓다와 깨달은 제자들은 깨닫지 못한 속인들과 함께 사셨습니다. 함께 사셨을 뿐 아니라 평범하고 무지한 사람들에게 어떻게 하면 성스럽고 지혜로운 깨달은 사람이 될 수 있는지를 가르치셨습니다. 그분들은 수행을 어떻게 해야 하는지를 잘 알고 계셨기 때문입니다. (앞에서 설명했듯이) 이것이 오로지 마음의 문제임을 알고 계셨던 것입니다.

따라서 수행에 정진하고 있는 동안에는 절대로 이 점을 의심해서는 안 됩니다. 우리가 수계를 위해 출가한 것은 미혹에 빠져 헤매기 위해서가 아닙니다. 또한 비겁하거나 두려움 때문도 아닙니다. 우리의 출가는 자신을 길들이고 자신의 주인이 되기 위한 것입니다. 이와 같은 이해를 확고히 했을 때 비로소 우리는 붓다의 가르침인 법을 따를 수 있습니다. 그리하여 법은 더욱더 명명백백해질 것입니다. 법을 이해하는 사람은 자기 자신을 이해하며 자신을 이해하는 사람은 법을 이해합니다. 비록 오늘날에는 결실을 맺을 수 없는 법의 잔재만이 규범으로 받아들여지고 있지만 실제로 법은 어느 곳에나 존재합니다. 따라서 법을 찾아 헤맬 필요는 없습니다. 그 대신 지금 이 자리에서 지혜를 통해 벗어나십시오. 지성을 통해 벗어나십시오. 좋은 방편을 통해 벗어나십시오. 무지의 어리석음을 통해 벗어나려고 하지 마십시오. 평화를 원하거든 '지혜의 평화'가 되도록 하십시오. 그것으로 충분합니다!

최상의 수행법은 '놓아버림'

—

언제라도 법을 보게만 되면 거기에는 바른길[正道] 나타납니다. 번뇌는 단지 번뇌일 따름이며 마음은 단지 마음일 따름입니다. 사물이 있는 그대로 존재할 수 있도록 그것으로부터 떨어져나오면 사물들은 단지 대상으로서만 존재하게 됩니다. 우리가 바른길을 걷는 한 결코 잘못은 범하지 않을 것입니다. 잘못을 범하지 않으면 언제나 열린 마음과 자유가 함께합니다. 붓다께서는 이렇게 설하셨습니다. "비구들이여, 내 말을 주의 깊게 들어라. 그대들은 어떤 법에도 집착해서는 안 된다." 여기서 설하신 법이란 무엇일까요? 그것은 일체의 모든 것을 의미합니다. 법이 아닌 것은 이 세상에 하나도 없습니다. 사랑과 증오도, 즐거움과 괴로움도, 좋아함과 싫어함도 법입니다. 더없이 하찮은 것까지도 아울러 이 모든 것이 법인 것입니다. 붓다께서 가르치신 이 법을 실천하여 확실히 이해하게 되었을 때 우리는 부여잡고 있던 것을 놓아버릴 수 있게 됩니다. 그리하여 어떤 법에도 집착하지 말라는 붓다의 가르침을 따를 수 있게 됩니다.

우리 마음 가운데 생겨나는 모든 조건, 우리 정신의 모든 조건, 우리 몸의 모든 조건은 항상 변화하는 상태에 있습니다. 붓다께서는 그중 어떤 것에도 집착하지 말라고 설하셨습니다. 모든 조건지어진 것으로부터 벗어나기 위해 수행할 것이며 더이상 무엇을 얻기 위해 수행하는 일이 없도록 하라고 제자들에게 가르치셨습니다.

붓다의 가르침을 따르면 올바르게 살아갈 수 있습니다. 하지만 그 길목에도 문제가 도사리고 있습니다. 가르침이 문제가 되는 것이 아니라 우리가 지니고 있는 번뇌가 문제인 것입니다. 즉 잘못 이해한 번뇌란 놈이 우리를 방해하고 온갖 문제를 야기하는 것입니다. 그러나 이 같은 번뇌 또한 붓다의 가르침만 충실히 따른다면 얼마든지 물리칠 수 있습니다. 실제로 붓다의 가르침만 따른다면 어떤 고통도 발생하지 않는다고 장담할 수 있습니다. 왜냐하면 이 붓다의 가르침은 모든 법, 모든 현상을 단지 '놓아버리는' 것이기 때문입니다.

붓다께서는 불법 수행에서 최상의 수행법으로 '놓아버리는' 공부를 가르치셨습니다. 어떤 것도 지니지 마십시오! 떨쳐버리십시오! 좋은 것을 보아도 놓아버리십시오. 옳은 것을 보아도 놓아버리십시오. '놓아버린다'는 것은 수행할 필요가 없다는 뜻이 아니라 놓아버리는 방법 그 자체를 따라 수행해야 한다는 뜻입니다. 붓다께서는 모든 법을 주의 깊게 관찰하여 우리의 몸과 마음의 관찰을 통해 올바른 길을 계발하라고 가르치셨습니다. 법은 어떤 다른 곳에 있지 않습니다. 바로 여기에 있습니다! 멀리 떨어진 어떤 곳에 있는 것이 아닙니다. 그것은 바로 여기, 우리의 몸과 마음속에 있습니다.

따라서 수행자는 힘차게 정진해야 합니다. 마음이 더욱 커지고 밝아지도록 하십시오. 마음이 자유롭고 독립되도록 하십시오. 선행하고 나면 그것을 마음속에 지니지 말고 놓아버리십시오. 나쁜 행위를 삼가고서도 그것을 놓아버리십시오. 붓다께서는 우리에게 현재의 이 순간에, 바로 지금 여기에서 살라고 가르치셨습니다. 과거나 미래 속에서 그대 자신을 잃어버리지 마십시오.

사람들이 가장 이해하기 힘들어하고, 또한 그들의 기존의 견해와도 가장 상충되는 가르침이 바로 이 '놓아버리라'든가 '마음을 비우라'는 가르침입니다. 이런 말은 '법의 언어(Dhamma language)'라고 합니다. 이를 세속적인 의미로 받아들이면 혼란스러워지며 마치 우리가 원하는 것은 무엇이든지 해도 좋다는 말로 여기게 됩니다. 물론 그런 식으로 받아들여질 소지도 있지만 진정한 의미는 다음과 같은 사례를 통해 제대로 이해할 수 있을 것입니다.

가령 우리가 지금 무거운 바위를 끌고 간다고 합시다. 조금 지나자마자 무거움을 느끼기 시작하지만 바위를 어떻게 놓아버려야 할지는 모릅니다. 그래서 우리는 그 무거운 짐을 계속 짊어지고 갑니다. 누군가 바위를 던져버리라고 일깨워주어도 우리는 이렇게 대답합니다. "이걸 던져버리면 나에게 남는 것이라곤 아무것도 없잖아!" 그 짐을 던져버림으로써 얻을 수 있는 이점에 대해 이야기해주어도 우리는 여전히 그 말을 믿지 않은 채 '이걸 던져버리면 난 빈털터리가 되고 말아' 하는 생각에만 사로잡혀 있습니다. 그리하여 탈진해서 더이상 버틸 수 없을 때까지 그 무거운 바위를 갖고 가다가 마침내 바위를 떨어뜨리고 맙니다.

그 바위를 떨어뜨리자마자 우리는 '놓아버리는' 것이 얼마나 이로운가를 즉각 실감하게 됩니다. 곧바로 가볍고 상쾌한 기분을 느끼게 되어 바위를 지고 다니는 것이 얼마나 힘겨운 일인지를 깨닫게 됩니다. 바위를 놓기 전까지는 '놓아버림'에서 오는 이익을 좀처럼 알지 못합니다. 그래서 바위를 놓아버리라고 충고해도 깨닫지 못한 사람은 그 말뜻을 알아차리지 못합니다. 그는 맹목적으로 바위를 붙들고 놓지 않다가 마침내 견딜 수 없을 정도로 탈진해서야 마지못해 놓고 맙니다. 그때 비로소 그는 홀가분함과 안도감을 실감하며 놓아버림으로써 얻게 되는 이익을 스스로 깨닫게 됩니다. 그후로도 계속해서 거듭 짐을 지겠지만 그 결과가 어떤지를 이미 알고 있기 때문에 보다 쉽게 놓아버릴 수 있습니다. 이처럼 짐을 지고 다니는 일이 어리석은 짓이라는 것, 따라서 놓아버리면 편하고 홀가분해진다는 것을 이해하게 되었다는 사실이야말로 자신을 알게 되었다는 한 구체적 증거인 것입니다.

우리가 의지하고 있는 아만, 즉 '나'라는 '자의식'은 바로 그 무거운 바위와 같다고 할 수 있습니다. 바위의 사례와 마찬가지로 아만을 버릴 것인지를 고민할 경우에도 우리는 그것을 버리면 아무것도 남지 않는다는 생각으로 결코 놓으려고 하지 않습니다. 하지만 마침내 아만을 놓아버릴 수 있다면 집착에서 벗어난 편안함과 안락함을 스스로 깨닫게 될 것입니다.

마음수련에서는 칭찬이든 비난이든 아무것에도 집착해서는 안 됩니다. 칭찬을 원하고 비난을 원하지 않는 것은 세속의 길입니다. 붓다의 길은 칭찬받을 만할 때는 칭찬을 받아들이고, 비난받을 만할 때는 비난을 받아들이는 것입니다. 예를 들어 어린아이를 키울 때 항상 야단만 치는 것은 바람직하지 못한 처신입니다. 어떤 사람들은 지나치게 야단을 칩니다. 현명한 사람은 야단칠 때와 칭찬할 때를 잘 가릴 줄 압니다. 우리 마음도 마찬가지입니다. 마음을 알기 위해 지혜를 발휘하십시오. 마음을 보살피는 데 좋은 방편을 활용하십시오. 그러면 마음을 닦는 데 보다 현명한 사람으로 거듭날 수 있을 것입니다. 이렇게 마음을 잘 길들이면 그 마음 덕분에 우리는 괴로움을 면할 수 있게 됩니다. 괴로움은 바로 여기, 우리 마음속에 있습니다. 괴로움은 언제나 모든 것을 복잡하게 만들며 마음을 무겁게 만듭니다. 괴로움은 바로 여기, 마음에서 생겨나며, 또한 바로 이 마음에 의해 제거됩니다.

마음의 길이란 이와 같습니다. 어떤 때는 좋은 생각이 나고, 또 어떤 때는 나쁜 생각이 떠오릅니다. 마음은 속임수투성이입니다. 마음을 믿지 마십시오! 그 대신 마음 자체의 조건을 직시하십시오. 그 조건을 있는 그대로 받아들이십시오. 그 조건은 단지 있는 그대로 존재할 따름입니다. 선하건 악하건 또는 다른 어떤 것이건 그저 그런 방식으로 있을 뿐입니다. 우리가 그 조건을 붙잡고 있지만 않는다면 그것은 원래 있던 그대로일뿐 그 이상도, 그 이하도 될 수 없습니다. 만일 그것을 붙잡고 있게 되면 그것에 속박되어 고통을 받게 됩니다.

정견을 지니면 오로지 평화만 있을 뿐입니다. 삼매에 들게 되며 지혜가 그뒤를 잇게 됩니다. 그리하여 앉아 있든 누워 있든 항상 평화와 함께하게 됩니다.

오늘 여러분은 제자들에게 법을 들려주려고 이곳에 데리고 왔습니다. 아마도 법문 중 일부는 제대로 이해가 안 될 것입니다. 나는 여러분이 잘 이해할 수 있도록 가능한 한 쉽게 수행에 관해 이야기했습니다. 내 말이 옳게 여겨지든 그르게 여겨지든 일단 이 이야기들을 받아들이고 그 내용을 깊이 숙고해보십시오.

나 자신도 스승이라는 입장 때문에 여러분과 비슷한 처지를 겪어왔습니다. 어디를 가든 사람들에게 이야기해줄 입장이었지 들을 기회는 없었기 때문에 늘 법문 듣기를 갈망해왔습니다. 비슷한 연유 때문인지 오늘 여러분도 한 선사로부터 법문을 듣게 된 것을 진심으로 기꺼워하는 것 같아 보입니다. 여러분이 조용히 앉아 듣고 있는 동안 시간은 너무나도 빨리 흘러갑니다. 진심으로 법을 갈망하고 있으므로 이렇듯 진지하게 귀 기울이게 되는 것입니다. 처음에는 남들에게 말하는 것이 즐겁지만 시간이 흐르면서 그 즐거움이 사라지게 되면 따분하고 피곤해집니다. 그리하여 그때부터는 듣고 싶어지는 것입니다. 그래서 스승의 이야기를 들으면 많은 영감을 얻게 되고 쉽게 이해하게 됩니다. 여러분이 나이를 더 먹게 되고 여전히 법을 갈망할 때 법의 향기는 각별히 감미로울 것입니다.

앞으로 여러분이 다른 사람들의 스승이 되면 그 밖의 스님들을 대표하는 사표(師表)가 됩니다. 이처럼 여러분은 모든 이의 귀감이 되어야 하므로 늘 자기 자신을 망각해서는 안 됩니다. 그렇다고 해서 자기 자신에 관해 이런저런 생각을 떠올리지도 마십시오. 그런 생각이 떠오르면 그 즉시 생각을 멈추도록 하십시오. 그렇게 할 때 비로소 자기 자신을 아는 사람이 될 것입니다.

법을 닦는 길은 무수히 많습니다. 수행과 관련하여 거론할 수 있는 것도 끝이 없습니다. 또한 의심을 일으키는 것도 너무 많습니다. 이 모든 것을 끊임없이 쓸어버리십시오. 그러면 더이상 의심하지 않게 됩니다. 우리가 이같이 정견을 갖게 되면 어디에 앉아 있든 어느 곳을 걸어가든 평화와 평안이 함께하게 됩니다. 어디서 수행하든 그곳은 분명한 알아차림을 실천하는 자리가 됩니다. 좌선하거나 경행할 때만 수행이 유지되어서는 안 됩니다. 모든 것, 모든 장소가 우리에게는 공붓거리가 됩니다. 거기에는 항시 깨어 있는 분명한 앎과 마음챙김(주시)이 있습니다. 그렇게 될 때 우리는 항상 몸과 마음의 생멸(生滅)을 볼 수 있으며 그것 때문에 마음이 혼란스러워지는 일도 없게 됩니다. 끊임없이 놓아버리십시오. 사랑이 오면 그것의 집으로 다시 돌려보내십시오. 탐욕이나 분노가 다가와도 그 집으로 돌려보내십시오. 그것을 한번 따라가보십시오. 그것은 어디에 살고 있습니까? 살던 곳까지 그것을 바래다주십시오. 절대로 그 어떤 것도 지니지 마십시오!

이와 같이 수행한다면 여러분은 '비어 있는 집'을 닦게 될 것입니다. 달리 말하면 이는 빈 마음, 즉 모든 해악으로부터 자유로운 비어 있는 마음입니다. 그러나 이 '비어 있음'은 아무것도 없다는 의미가 아닙니다. 해악이 없어 비어 있게 된 자리를 지혜로 가득 채우고 있기 때문입니다. 따라서 무엇을 하든지 지혜로써 하게 됩니다. 지혜로써 생각하고, 지혜로써 음식을 먹습니다. 오로지 지혜만이 있을 뿐입니다.

이와 같은 내용을 오늘의 가르침으로 여러분에게 전합니다. 이 가르침을 여러분이라는 테이프에 녹음한 셈입니다. 법을 듣고 여러분의 마음이 평화로워진다면 그것으로 족합니다. 어떤 것도 굳이 기억하려고 할 필요는 없습니다. 이 말이 이해되지 않는 이도 있을 것입니다. 만약 우리가 평화로운 마음으로 오로지 듣기만 한다면, 지금처럼 이야기가 흘러가는 대로 그저 따라가며 끊임없이 관찰한다면 그때 우리는 바로 녹음기처럼 되는 것입니다. 얼마 후에 다시 재생해보면 모든 것이 거기에 담겨 있음을 알게 됩니다. 그러니 아무것도 남지 않고 사라질까봐 걱정하지 마십시오. 여러분이 녹음기를 틀자마자 모든 것이 그대로 흘러나올 테니까요.

나는 이 가르침을 모든 이에게 전하고 싶습니다. 아마도 여러분 중에는 태국어에 익숙하지 않은 이도 있겠지만 그것은 별문제가 되지 않습니다. 모쪼록 여러분이 '법의 언어'를 깨치게 되기를 바랍니다. 그것으로 충분합니다!

코브라와 살아가기

1978년 말부터 1979년 초까지 두 달 동안 아잔 차 스님 문하에서 지도받았던 한 영국 노부인에게 마지막으로 전한 가르침.

이 짧은 이야기는 곧 런던으로 돌아갈 예정인 새 제자를 위한 법담(法談)입니다. 이 이야기는 그대가 이곳 왓 빠 뽕에서 배웠던 가르침을 이해하는 데 도움이 될 것입니다. 아주 간결하지만 생사의 굴레에서 벗어나게 해주는 수행에 관한 이야기입니다.

모든 것을 코브라처럼 내버려두어라
—

이 수행을 하기 위해서는 코브라를 주시할 때처럼 그대가 좋아하거나 싫어하는 따위의 마음의 모든 다양한 움직임을 주시해야 한다는 사실을 유념하십시오.

코브라는 맹독을 지닌 뱀이어서 일단 물리면 사망할 확률이 높습니다. 그래서 코브라의 독은 우리의 기분에 비유할 수도 있습니다. 우리가 좋아하거나 싫어하는 기분은 독과 같습니다. 그것은 우리의 마음이 자유로워지는 것을 방해하고 붓다께서 가르치신 진리(법)를 터득하는 데 장애가 됩니다.

그러므로 자나깨나 마음챙김을 유지하기 위한 노력이 필요합니다. 일을 하든 서 있든 앉아 있든 누워 있든 말을 하든 항상 그대는 마음챙김을 유지해야 합니다. 그대가 이 마음챙김을 확립할 수 있을 때 마음챙김과 더불어 분명한 이해가 일어날 것이며 이 두 조건은 통찰 지혜(paññā, 智慧)를 일으킬 것입니다. 그리하여 마음챙김과 분명한 이해와 지혜가 함께 작용함으로써 그대는 항상 깨어 있는 사람처럼 될 것입니다.

붓다께서 우리에게 남기신 가르침(Dhamma, 法)은 단지 듣기만 하거나 단순히 지적 몰입으로 끝나버리는 그런 가르침이 아닙니다. 이런 가르침은 수행을 통해 우리의 마음 안에서 발현되어 체득(體得)되는 것입니다. 우리가 어디를 가든 무엇을 하든 우리는 이런 가르침과 함께해야 합니다. 가르침과 함께한다거나 진리와 함께한다는 것은 우리가 무엇을 하든 무엇을 말하든 항상 지혜로써 행하고 말해야 한다는 의미입니다. 우리는 생각하거나 관찰할 때 지혜로써 생각하고 관찰해야 합니다. 이처럼 지혜와 결합된 마음챙김과 분명한 이해를 지닌 이를 붓다에 근접한 사람이라고 합니다.

그대는 이곳을 떠난 후에도 모든 것을 자신의 마음에 귀착시키는 수행을 해야 합니다. 마음챙김과 분명한 이해로 그대의 마음을 주시하여 지혜를 계발하십시오. 이 세 가지 조건에 따라 '놓아버림'이 일어날 것입니다. 그대는 모든 현상이 끊임없이 일어나고 사라짐을 알게 될 것입니다.

일어나고 사라짐은 단지 마음의 작용에 불과하다는 것을 알아야 합니다. 어떤 것이 일어나서 사라지고 그와 같은 일어남과 사라짐은 연이어 계속됩니다. 법의 길에서 일어남과 사라짐은 생멸이라고 일컫습니다. 이것이 모든 것의 실체입니다. 고통이 일어나서 사라지고 그 고통이 사라지면 다시 고통이 일어납니다. 단지 고통의 일어남과 사라짐만 있을 뿐입니다. 그대가 이것을 충분히 보게 되면 이와 같은 현상은 끊임없이 일어나고 사라진다는 사실을 알게 될 것입니다. 그리하여 그대의 앎이 빈틈없이 지속될 때 존재하는 것이라고는 오직 일어남과 사라짐의 흐름뿐임을 깨닫게 됩니다. 모든 것은 단지 생멸의 흐름일 따름입니다. 지속되는 어떤 실체가 있는 것이 아닙니다. 단지 이와 같은 일어남과 사라짐이 있을 뿐입니다.

이와 같이 보면 세상사를 평온한 무심(無心)으로 대할 수 있습니다. 이런 평정심은 실제로 추구할 만한 가치를 지닌 것이 아무것도 없음을 알게 될 때 일어납니다. 단지 일어남과 사라짐, 생멸의 연속이 있을 뿐입니다. 마음은 이와 같은 '놓아버림'에 도달하면 모든 것을 그 본래 성질대로 있도록 내버려두게 됩니다. 모든 것은 우리 마음 안에서 일어나고 사라진다는 것을 알게 됨으로써 행복감이 일어날 때 그것을 알며 불만스러움이 일 때도 그것을 압니다. 이때 행복을 '안다'는 것은 행복을 '나의 것'으로 동일시하지 않는 것을 의미합니다. 마찬가지로 불만족과 불행 역시 나의 것으로 동일시하지 않는 것입니다. 이처럼 더이상 행복과 불행을 자신과 동일시하지 않게 되어 그에 집착하지 않게 되면 사물을 단지 있는 그대로의 모습으로 받아들이게 됩니다.

그래서 우리는 마음의 작용이 치명적인 독을 지닌 코브라와 같다고 하는 것입니다. 우리가 코브라를 건드리지 않는다면 코브라는 순순히 자기 갈 길로 갑니다. 따라서 맹독을 지닌 코브라일지라도 우리에게 아무런 해가 되지 않습니다. 가까이 가거나 잡거나 해치지 않는다면 물지 않기 때문입니다. 코브라는 자신의 본래 성질대로 행동합니다. 그것이 있는 그대로의 코브라의 본래 모습입니다. 그렇기에 그대가 현명하다면 코브라를 가만히 내버려둘 것입니다.

좋은 것은 좋은 것대로, 좋지 않은 것은 좋지 않은 것대로 그 본래 성질 그대로 내버려두십시오. 코브라를 건드리려고 하지 않는 것처럼 그대가 좋아하거나 싫어하는 것도 있는 그대로 내버려두십시오.

깨달음과 윤회는 같은 곳에 존재
—

지혜로운 이라면 이와 같은 자세로 마음 안에서 일어나는 다양한 현상에 대처할 것입니다. 그리하여 좋은 것이 일어나면 좋은 상태 그대로 내버려둡니다. 이미 그것의 본래 성질을 이해하고 있기 때문입니다.

마찬가지로 좋지 않은 것도 그 본래 성질 그대로 놓아둡니다. 더이상 어떤 것도 원하지 않기 때문에 아무것도 붙잡지 않습니다. 악한 것도, 선한 것도 원하지 않습니다. 무겁든 가볍든 행복하든 고통스럽든 아무 것도 원하지 않습니다. 이처럼 더이상 아무것도 원하지 않게 될 때 평화가 확고히 자리잡게 됩니다.

　이런 평화가 우리 마음 안에 굳건히 확립되면 그것에 의존할 수 있습니다. 이와 같은 평화는 혼란으로부터 벗어날 때 도래합니다. 이제 혼란은 종식되었습니다. 붓다께서는 궁극적 깨달음의 구현을 적멸(열반)이라고 하셨습니다. 우리는 불이 난 곳에서 불을 끕니다. 뜨거운 곳은 어디든 바로 차갑게 될 수 있는 곳입니다. 깨달음 역시 이와 마찬가지입니다. 열반은 다름 아닌 끝없는 윤회의 바다에서 발견됩니다. 깨달음과 윤회(미혹)는 같은 곳에 존재합니다. 뜨거움과 차가움이 같은 곳에 존재하듯이 차가웠던 곳은 뜨거워지고 뜨거웠던 곳은 차가워집니다. 뜨거움이 일어나면 차가움은 사라지고 차가움이 일어나면 더이상 뜨거움은 없습니다. 이런 맥락에서 열반과 윤회는 같다고 할 수 있습니다.

　윤회를 끝내라는 말은 끝없이 되풀이되는 혼돈의 순환을 멈추라는 뜻입니다. 이런 혼돈을 끝낸다는 것은 곧 불을 끄는 것입니다. 외부의 불이 꺼지면 시원해집니다. 내부의 불(감각적 갈망, 혐오, 미혹)이 꺼져도 시원해집니다.

　이것이 바로 깨달음의 본성입니다. 즉 불이 꺼지는 것, 뜨거운 것이 시원해지는 것입니다. 이것이 진정한 평화며 생멸의 순환인 윤회의 끝입니다. 그대가 깨달음에 도달하면 그 이유를 알 수 있습니다. 이것은 끊임없는 순환과 변화의 종결, 우리 마음 안의 탐욕·혐오·미혹의 종결을 뜻합니다. 일반적으로 사람들은 깨달음에 대해 거론할 때면 행복과 연관지어 이야기하곤 합니다. 우리 속인들이 이상적인 것을 이해하는 방식이 본디 이러하기 때문입니다. 그러나 실제로 깨달음은 그 너머의 초월적인 것입니다. 깨달음이란 행복이나 고통의 범주를 넘어서 있습니다. 그것은 완벽한 평화입니다.

따라서 그대는 영국에 돌아가서도 내가 전해준 이 가르침을 주의 깊게 관찰해야 합니다. 이곳에 머무는 동안 여러모로 불편했을 것입니다. 게다가 나에게서 직접 지도받을 기회도 드물었지요. 그러나 오늘 이 자리에서 그대는 우리 수행의 진정한 의미를 공부할 수 있었습니다.

부디 이 수행이 그대를 행복으로 이끌고 그대가 진리 속에서 성장하는 데 도움이 되기를 기원합니다. 하루빨리 생멸의 고통에서 벗어나기를……

호흡 수행법

여러분은 마음의 양식을 얻고자 오늘 이 자리에 모였습니다. 평온함 속에서 내 이야기에 귀 기울여주십시오.

평온함 속에서 법에 귀 기울인다는 것은 한 곳에 마음을 모은다는 사실을 의미합니다. 즉 듣는 일에만 주의를 기울이고 다른 모든 것은 놓아버림을 뜻합니다. 법에 귀 기울이는 동안 몸과 마음은 삼매 속에 굳건히 자리잡는 훈련을 하게 됩니다. 왜냐하면 이것도 일종의 법의 수행이기 때문입니다. 붓다 당대의 사람들은 진정으로 법을 알고자 하는 열망으로 열심히 설법을 경청했으며 그중 일부는 실제로 설법을 듣는 도중에 법을 깨닫기도 했습니다.

이곳은 수행하기에 정말 좋은 장소인 것 같습니다. 이틀 동안 머물면서 보니 외적 조건인 시설은 손색이 없군요. 정작 문제가 되는 것은 내적 조건, 즉 여러분의 몸과 마음입니다. 그래서 여러분 모두에게 주의를 집중해달라고 당부하는 것입니다.

무엇 때문에 수행하러 이곳까지 왔습니까? 아마도 여러분의 마음이 진정 알아야 할 것을 알지 못하기 때문일 것입니다. 달리 말하면 무엇이 여러분을 고통 속에 몰아넣으며 의심을 일으키는지를 모르기 때문입니다. 그러므로 우선 자신을 고요하게 가라앉히십시오. 지금 여러분의 마음은 고요하지도, 절제되어 있지도 않습니다. 오히려 의심과 동요에 휩싸여 있습니다. 바로 이것이 오늘 여러분이 이곳에 모인 이유일 것입니다.

나의 이야기에 주의를 기울여주기를 다시 한번 당부하며 혹시라도 이곳 태국과 서구의 관습상 차이 때문에 본의 아니게 여러분을 당혹스럽게 만들 말을 하게 된다면 양해해주기를 바랍니다. 사실은 조금 심한 듯한 말이 수행에는 도리어 도움이 됩니다. 그렇지 않으면 법문을 들으면서 자신을 일깨우기보다는 졸거나 지루해하기 십상이기 때문입니다. 그리하여 결국 아무것도 이해하지 못한 채 떠나게 되지요.

수행에는 다양한 방법이 있다고 하지만 실제로는 단 하나의 방법이 있을 뿐입니다. 과일나무를 예로 들면 과일을 빨리 수확하려고 속성으로 재배하면 과일은 빨리 얻을 수 있으나 나무는 실하지 못합니다. 반면에 정상적으로 재배하면 과일은 더디게 얻더라도 나무는 실해서 오래 삽니다. 수행도 이와 같습니다.

내가 처음 수행을 시작했을 때는 이 점을 미처 이해하지 못했습니다. 그래서 때때로 좌선 수행이 정말 눈물 날 정도로 지루하기만 했습니다. 어떤 때는 목표를 너무 높게 잡고, 어떤 때는 너무 낮게 잡아 마음의 균형을 잃어버리곤 했습니다.

오늘 보니 여러분은 국적이 다양한 것 같군요. 따라서 여러 스승으로부터 다양한 수행법을 익혔으리라 짐작됩니다. 그럼에도 불구하고 이곳까지 찾아온 것을 보니 마음이 이런저런 의심에 시달리고 있음이 틀림없을 듯싶군요. 사실 어떤 스승은 이 방법이 좋다고 하고, 또다른 스승은 저 방법이 좋다고 합니다. 이처럼 세상에는 수많은 스승과 가르침이 있지만 그 가르침과 수행법을 어떻게 조화해야 할지 알 수 있는 사람은 아무도 없을 것입니다. 그 결과 혼란만 증대되고 의심과 불확실성이 팽배해졌을 따름입니다.

그러므로 너무 많이 생각하려고 하지 마십시오. 생각하려면 각성된 상태에서 (알아차림과 함께) 하십시오. 필요한 것은 '아는 마음'이지 생각이 아닙니다. 알아차림은 지혜로 인도합니다. 그러나 일반적인 생각은 지혜가 아니라 각성하지 못한 마음의 무의미한 헤매임일 뿐입니다. 이것은 필연적으로 마음을 동요하게 만듭니다.

이제 생각은 더이상 할 필요가 없습니다. 이미 지나치게 많은 생각을 해왔고 그것은 단지 마음만 뒤흔들어놓았기 때문입니다. 미약한 지혜라도 일어날 수 있도록 노력해야 합니다. 강박적인 생각들 때문에 여러분은 심지어 눈물짓기까지 했을 것입니다. 그것을 쫓아내도록 하십시오. 생각의 바다에서 헤매기만 한다면 결코 진리에 이르지 못할 것입니다. 그것은 지혜가 아닙니다.

붓다는 진정 지혜로우신 분으로 우리에게 생각을 끊는 방법을 가르쳐주셨습니다. 오늘 여러분도 이 자리에서 (붓다의 가르침대로) 생각을 끊고 평화에 이르기 위한 수행을 할 것입니다. 지혜는 '바로 여기에서' 일어납니다.

마음챙김과 알아차림으로 지혜를 계발

—

지금은 마음을 수련하는 시간이지 생각을 하는 시간이 아닙니다. 마음을 왼쪽, 오른쪽, 또는 앞, 뒤, 위, 아래 어느 곳으로도 보내지 마십시오. 지금 우리가 할일은 단지 마음을 호흡에만 집중하는 것입니다. 맨먼저 마음을 머리 꼭대기에 고정하십시오. 그런 다음 밑으로 쭉 훑어내려가 끝까지 이르도록 하십시오. 다시 발끝부터 머리 꼭대기까지 거슬러올라가십시오. 이것은 먼저 몸 자체를 이해하기 위한 기초 행법입니다.

이제 명상 수행을 시작합니다. 이때부터는 오직 호흡의 들이쉼과 내쉼만 관찰하십시오. 호흡을 길게, 또는 짧게 쉬려고 일부러 애쓰지 말고 각각의 들숨과 날숨을 그저 자연스럽게 내버려두십시오. 이를 통해 '놓아버림'을 수련하게 되는 것입니다. 그러나 알아차림만은 항상 유지하도록 해야 합니다. 호흡을 위해 어떤 인위적 노력도 할 필요가 없으며, 어떤 제재도 가하지 말고 그저 자연스럽고 수월하게 흘러가도록 하십시오. 의무나 책임 같은 것은 다 놓아버리십시오. 때때로 이런저런 생각이 수행중에 일어나면 그것에 관심을 보여 힘을 실어주지 말고 저절로 사라지도록 지켜만 보십시오.

수행중에 일어나는 심상에는 주의를 기울일 필요가 없습니다. 마음에 어떤 감정이나 느낌이 일어나면 그저 놓아버리십시오. 그런 느낌이 좋든 싫든 관심을 두지 말고 그냥 보내버린 후 다시 호흡으로 마음을 돌리십시오. 호흡이 들어옴과 나감을 계속 알아차리십시오. 그러나 어떤 방식으로든 호흡을 조절하려고 해서는 안 됩니다. 집착해서는 안 됩니다. 그저 자연스럽게 호흡을 이어나가십시오.

그러다보면 이윽고 마음이 고요해질 것입니다. 이렇게 계속하다보면 마음은 점차 모든 것을 내려놓고 쉬게 되고 호흡도 점점 가벼워져 나중에는 마치 전혀 숨 쉬지 않는 것처럼 희미해집니다. 그리하여 심신이 가뿐해지고 힘이 충만해짐을 느끼며 종국에는 오직 한곳에 집중된 '아는 마음'만 남게 됩니다. 이때 비로소 마음은 변화되어 고요한 상태에 도달하게 됩니다.

만약 마음에 어떤 동요가 일어나면 호흡을 깊게 들이쉬고 내쉬십시오. 더이상 공기가 들어올 자리가 없을 때까지 깊게 들이마신 다음 완전히 토해내십시오. 이를 두어 번 더 반복한 다음 다시 호흡에 집중하십시오. 마음이 훨씬 고요해질 것입니다. 마음이 심상으로 인해 동요될 때마다 이 과정을 되풀이하십시오.

경행할 때도 마찬가지입니다. 걷는 도중에 마음이 흔들리면 고요히 멈추어 서서 마음을 진정한 후 다시 수행대상에 대한 알아차림으로 돌아옵니다. 그런 다음 경행을 계속합니다. 좌선이든 경행이든 수행상의 핵심은 같습니다. 단지 수행 자세가 다를 뿐이지요.

때때로 회의가 밀려올 수도 있습니다. 그러므로 마음 상태가 어떻게 변하든 끊임없이 따라다니며 관찰하는, 그리하여 '아는 자'가 되게 하는 마음챙김을 지속해야 합니다. 이것이 바로 마음챙김을 지니는 것입니다. 마음챙김은 마음을 지켜보는 동시에 돌봅니다. 따라서 마음이 어떤 상태에 도달하든 이 '아는 마음'을 유지해야만 하며 마음이 부주의해지거나 방황하도록 방치해서는 안 됩니다.

마음을 조절하고 관리하는 비결은 마음챙김을 '지니는' 것입니다. 마음이 마음챙김으로 보호되면 새로운 상태의 정화된 마음이 출현합니다. 고요함을 계발해온 마음은 그 고요함에 의해 발목을 붙잡히게 되는 셈입니다. 마치 닭장 안에서만 돌아다닐 뿐 더이상 바깥으로 나다닐 수 없는, 닭장 속에 갇힌 닭처럼 말입니다. 그 닭은 이리저리 돌아다녀도 닭장에 갇혀 있기 때문에 문제를 일으키지 않습니다. 마찬가지로 항상 마음챙김을 유지함으로써 고요해진 마음은 결코 문제를 일으키지 않습니다. 고요한 마음에서 일어나는 생각이나 감각은 결코 장애를 만들지 않습니다.

어떤 이들은 아무런 생각도, 아무런 감정도 갖고 싶지 않다고들 합니다만 그것은 무리입니다. 고요함 속에서도 감정은 일기 때문입니다. 그러나 그때의 마음은 아무런 장애도 없이 고요함과 감정 양쪽 모두를 동시에 경험하게 됩니다. 고요함이 있는 곳에는 결코 해로운 일이 일어나지 않습니다.

문제는 닭이 닭장을 벗어났을 때 발생하는 것이지요. 예를 들어 호흡의 들숨과 날숨을 지켜보던 수행자가 어느새 본분을 잊고 호흡 수련에서 벗어나 집과 가게로 30분쯤 쏘다닌다고 합시다. 불현듯 그는 명상 중임을 떠올리고 마음챙김이 부족했음에 스스로를 호되게 질책하게 됩니다. 바로 이런 경우가 가장 경계해야 할 부분입니다. 닭이 닭장을 벗어난 격이기 때문입니다. 즉 마음이 근원적인 고요함에서 벗어나게 되는 것입니다.

따라서 마음은 항상 주시와 함께하도록 해야 하며 제자리에 위치하도록 노력해야 합니다. 마음을 제자리에 놓으라고 했지만 그렇다고 해서 마음이 어디로 떠나버리려고 한다는 의미는 아닙니다. 단지 마음대상이 바뀌었음을 뜻할 뿐입니다. 마음을 '지금 여기'에 머무르도록 해야 합니다. 마음챙김(주시)이 지속되는 한 마음은 원래의 자리를 지킬 수 있습니다. 마음이 이곳저곳을 돌아다니는 것처럼 느껴지지만 실제로 변화가 일어나는 곳은 바로 한 지점(육근이 육경과 만나는 지점)입니다. 그러므로 마음챙김만 회복한다면 그대는 전광석화처럼 즉시 원래 마음으로 되돌아올 수 있습니다.

매 순간 분명한 알아차림이 지속될 때, 즉 완전한 앎이 있을 때 이것을 청정한 마음이라고 이르는 것입니다. 항상 마음챙김과 분명한 알아차림이 함께하도록 해야 합니다. 지금 여러분은 호흡을 분명하게 알아차리고 있습니다. 호흡을 지켜보는 수련은 마음챙김과 분명한 알아차림 두 가지 모두 함께 계발시킵니다. 그것은 무거운 짐을 함께 나르는 두 명의 일꾼에 비유할 수 있습니다. 그런데 이 두 일꾼이 무거운 짐을 들어올리려고 끙끙거리고 있을 때 어떤 선한 이가 도우러 달려와 셋이 힘을 합해 그 짐을 거뜬히 들어올리게 됩니다. 이와 마찬가지로 마음챙김과 분명한 알아차림이 있는 곳에는 지혜가 일어나게 되며, 그리하여 이 셋이 힘을 합쳐 서로를 돕게 되는 것입니다.

지혜가 있으면 감각대상에 대한 올바른 이해가 뒤따르게 됩니다. 일례로 명상 수행중에 어떤 감정이 일면 지혜가 즉시 제동을 걸며 일깨워줍니다. '그만둬!', '잊어버려', '신경쓸 것 없어!' 또한 어떤 사람이나 내일 해야 할 일이 떠오를 때도 '아니야! 신경쓰고 싶지 않아!', '그냥 놓아버리자!', '모든 것은 불확실해. 절대로 확실한 건 없어!' 하는 식으로 벗어나게 해줍니다.

이처럼 마음 안의 생각, 대화, 의심 등을 모두 없애야만 합니다. 수행중에는 이런 것에 사로잡혀서는 안 됩니다. 그리하여 종국에는 마음챙김과 분명한 알아차림, 지혜만이 지고지순한 형태로 마음속에 자리잡게 됩니다. 만일 이 세 가지 요소가 약화되면 의심이 일어납니다. 그때는 즉시 의심을 버리고 이 세 가지 요소만 남도록 해야 합니다. 언제나 마음챙김이 유지될 수 있도록 노력하십시오. 그러면 이 세 가지 요소를 완전히 이해할 수 있게 되며 동시에 보게 될 것입니다. 따라서 바깥의 감각대상에 이끌릴 때도 '이것 역시 불확실한 거야' 하고 스스로를 일깨울 수 있게 됩니다. 그런 감각은 마음이 깨끗해질 때까지 끊임없이 쓸어내야 하는 방해꾼일 따름입니다. 남겨놓아야 할 것은 오로지 마음챙김, 분명한 알아차림, 삼매(흔들리지 않는 확고한 마음), 지혜뿐입니다. 이에 관해서는 다음 기회에 좀더 자세히 설명하겠습니다.

수행자 덕목 – 자비와 계율 지키기

—

이제부터는 명상 수행에 도움이 되는 두 가지 덕목에 대해 이야기하려고 합니다. 우선 첫번째 덕목으로는 자비를 꼽을 수 있습니다. 자비란 관대함, 친절함, 남을 돕고자 하는 마음을 이릅니다. 이것은 정신적 순도(純度)를 유지하기 위해 기본적으로 요구되는 요소입니다. 이런 요소를 배양하는 방법 중 하나로 베푸는 행위를 통해 이기심을 버리는 훈련을 들 수 있습니다. 마음이 이기적일 때는 행복해질 수 없습니다. 이기심은 불만스러운 감정을 일으킵니다. 그러나 대다수 사람은 그런 악영향을 깨닫지 못하고 지극히 이기적인 경향을 고수하고 있습니다.

일례로 배가 고플 때 친구와 먹을 것을 나누게 된다면 친구에게 양이 많은 쪽을 내주기가 쉽지 않을 것입니다. 아마도 여러분은 친구에게 적은 쪽을 건넬 것입니다. 바로 이런 경향이 (일반적으로 사람들이 간과하기 쉬운) 이기심의 한 형태입니다. 우리는 적은 쪽을 주고 싶어하는 마음을 넘어서야 합니다. 그런 유형의 마음과 싸워 이기는 훈련을 스스로 쌓아야 합니다. 베푸는 법과 비우는 법을 배워 이기심을 갖지 않도록 해야 합니다. 마음이 썩 내키지 않더라도 굳게 마음먹고 '큰 쪽을 내주는' 훈련을 하십시오. 극기하지 못하면 계속해서 이기심의 희생물이 됩니다. 이제까지 우리 모두는 이기적으로 살아왔습니다. 이것은 잘라내야 하는 번뇌 중 하나입니다. 빨리어로는 주는 것을 '다나(dāna)'라고 하는데, 남에게 행복을 베푸는 것을 뜻한다고 합니다. '베풂'은 마음을 번뇌로부터 벗어나게 하는 조건 중 하나입니다.

베푸는 것을 자칫 스스로를 푸대접하는 것으로 오인하기 쉬우나 실제로는 그렇지 않습니다. 정작 박대를 받는 것은 탐욕과 번뇌입니다. 마음속에 번뇌가 일면 치유하기 위해 어떤 방법이든 강구해야 합니다. 번뇌는 주인 없는 고양이와 같습니다. 계속 먹이를 주면 그 고양이는 주인 곁을 떠나지 않을 것입니다. 그러나 더이상 먹이를 주지 않으면 2, 3일 후면 떠나버립니다. 번뇌도 이와 같습니다. 그러므로 번뇌를 두려워할 것이 아니라 번뇌가 그대를 두려워하게 만드십시오. 그러려면 지금 여기 그대의 마음속에서 법을 보아야만 합니다.

법은 어디에서 일어납니까? 법은 아는 것과 이해하는 것에서 일어납니다. 사람이면 누구나 이 법을 알고 이해할 수 있습니다. 법은 책 속에서 발견되는 것이 아니므로 이것을 알기 위해 그다지 많이 공부할 필요는 없습니다. 단지 지금 여기에서 마음챙김을 하십시오. 그러면 그대는 내 말뜻을 이해하게 될 것입니다. 어느 누구든 법을 볼 수 있습니다. 그것은 바로 우리 마음속에 존재하고 있기 때문입니다. 우리 모두는 예외 없이 번뇌를 품고 있습니다. 그렇지 않습니까? 지난날 우리는 번뇌가 자신을 괴롭히도록 방치하거나 심지어 돌보기까지 했습니다. 그러나 이제부터는 그것이 자신을 휘두르도록 내버려두지 마십시오.

두번째 덕목은 도덕적 절제, 즉 계율을 지키는 것입니다. 계율은 부모가 자식을 돌보듯이 수행을 지켜주고 자양분을 공급해줍니다. 도덕적 절제란 단순히 남에게 해를 끼치지 않는 것만이 아니라 남들을 도와주고 격려해주는 것을 뜻하기도 합니다. 이를 위해서는 적어도 다음의 다섯 가지 계율만은 지켜야 합니다.

① 생명이 있는 것을 죽이거나 해치지 말 것이며, 나아가 모든 존재에 대해 선의를 지니십시오.

② 남의 것을 훔치지 마십시오.

③ 성관계를 절제할 줄 알아야 합니다. 절제는 진실로 순결한 것입니다. 한 사람의 배우자로 족합니다. 먹는 것도 절제하지 않고 식욕이 끌리는 대로 지나치게 먹으면 문제가 생깁니다.

④ 정직하고 진실해야 합니다. 정직 또한 번뇌를 없애는 좋은 도구입니다.

⑤ 술처럼 중독성이 있는 것을 취하지 마십시오. 우리는 이미 가족, 친척, 친지, 물질적 소유물, 부 등에 충분히 중독되어 있습니다. 술에 중독되면 마음이 어두워집니다. 지나치게 많이 마시는 사람

은 서서히 줄여 끊도록 하십시오.

계율을 지키면 타인에게 친절해지고 정직해집니다. 또한 근심과 회한으로부터 벗어나 충만함과 자유에 이르게 됩니다. 따라서 남에게 공격적이고 상처를 주는 언행을 저질러 후회하는 짓을 하지 않게 됩니다. 이처럼 해악한 언행을 삼감으로써 선함이 일어나도록 하고, 아울러 도덕적 절제를 유지하게 되면 우리의 수행은 계속 향상될 것입니다.

수행의 진보를 통해 사물의 있는 그대로의 모습을 알게 되면 사랑과 미움의 실체를 파악하게 되고 모든 것이 불확실하다는 사실도 터득하게 될 것입니다. 그리하여 마음을 비운다는 의미를 제대로 이해하게 됨으로써 탐욕이 사라지게 됩니다. 탐욕이 사라지면 마음은 더이상 그 어떤 것에도 매달리거나 집착하지 않습니다. 마침내 그대는 집착에서 벗어나 평정을 이룬 마음을 지켜보면서 평온 속에 머물게 될 것입니다.

이것이 수행의 열매인 진정한 평화입니다.

있는 그대로의 마음을 보라

1978년 왓 빠 뽕에서 우안거 중 저녁 예불 후에 갓 계를 받은 신참 스님들에게 설한 즉석 법문.

우리의 수행법은 사물을 세밀히 관찰하여 그 실체를 분명히 아는 것입니다. 따라서 끈기 있게 꾸준히 수행해야 하지만 아직 조급하게 몰아치거나 서둘러서는 안 됩니다. 그렇다고 너무 늑장을 부려도 안 됩니다. 그저 수행의 각 단계를 점진적으로 터득해가면서 그 체험을 축적해야합니다. '축적한다'는 것은 어떤 것을 향해 나아가는 작업을 의미합니다. 바로 이 점이 수행에서 주목해야 할 대목입니다.

우리 대부분은 처음 수행을 시작할 때 오직 성취하려는 욕망에만 휩싸여 있습니다. 즉 '원하는 마음' 때문에 수행을 시작합니다. 하지만 이 단계에서의 '원함(wanting)'은 잘못된 '원함'입니다. 왜냐하면 이것은 단지 미혹에 불과하며 사견과 섞인 '원함'이기 때문입니다.

만약 '원함'이 이처럼 사견과 섞이지 않았다면 우리는 이를 '지혜에서 비롯된 원함'이라고 이릅니다. 이것은 미혹이 아니라 정견에서 비롯된 원함입니다. 이 같은 단계에 이르려면 공덕을 쌓아야 한다고들 말합니다. 그러나 모든 이에게 해당하는 이야기는 아닙니다.

어떤 사람들은 아예 욕망을 갖기를 원하지 않습니다. 즉 그들은 무욕(無慾)의 상태를 원합니다. 왜냐하면 우리의 수행은 '원하지 않음'을 지향한다고 믿기 때문입니다. 그러나 욕망이 없다면 수행의 길도 존재하지 않습니다.

우리는 이 점을 스스로 깨칠 수 있습니다. 붓다와 그 제자들은 마음의 번뇌를 없애기 위해 수행하셨습니다. 우리 또한 수행하기를 원하면서 마음의 번뇌를 없애기를 원해야 합니다. 마음의 평화에 도달하기를 원하면서 미혹을 없애기를 원해야 합니다. 하지만 이 같은 '원함'이 사견과 섞이면 도리어 우리를 더욱 힘들게 만들 뿐입니다. 이 문제에 관한 한 (솔직히 고백한다면) 우리는 정말 아무것도 모릅니다. 또는 우리가 이런 '원함'을 적절히 다룰 줄 모르기 때문에 이에 관해 안다는 것 자체가 아무 의미를 갖지 못한다고 말할 수도 있습니다.

(붓다를 포함한) 모든 이는 수행하려는 갈망(마음의 평화에 도달하기를 원하고, 미혹과 고통에 빠지지 않기를 원하는 바람)에 휩싸여 수행자의 길로 들어섭니다. 그러나 이 두 가지 갈망('원함'과 '원하지 않음')의 속성은 정작 동일합니다. 바로 이 점을 이해하지 못하면 미혹으로부터 자유로워지기를 '원함'과 고통에 빠지는 것을 '원하지 않음' 두 가지 모두는 또 다른 번뇌가 될 따름입니다. 이것은 어리석은 '원함', 즉 지혜가 결여된 욕망입니다.

우리의 수행에서는 이 '원함'과 '원하지 않음'이라는 두 가지 갈망(두

가지 모두 '극단적'이라는 동일한 속성을 지녔다)을 각각 감각적 탐닉과 자발적 고행(self-mortification)으로 간주합니다. 우리의 스승인 붓다를 번민에 빠뜨렸던 딜레마도 바로 이런 극단적 양면성에서 기인한 것입니다. 붓다께서도 한때는 (이 같은 양극단에 빠지게 하는) 숱한 수행법을 섭렵하셨습니다. 오늘날 우리의 경우도 이와 같습니다. 우리는 이런 극단적 양면성 때문에 여전히 고통받고 있는 것입니다. 또한 그로 인해 올바른 길[中道]로부터도 멀어지고 있습니다.

하지만 우리는 이렇게 출발해야만 합니다. 우리는 번뇌를 지닌 세속적 존재로서 지혜가 결여된 갈망과 정견이 결여된 갈망을 지닌 채 수행을 시작합니다.

정견이 결여되면 앞서 언급한 두 가지 갈망은 우리와 대립하게 됩니다. 다시 말해 '원함'이건 '원하지 않음'이건 이 두 가지 갈망은 단지 갈애일 따름입니다. 이 두 가지 갈망의 실체를 제대로 이해하지 못하면 이것이 일었을 때 어떻게 다루어야 할지를 알 수 없게 됩니다.

'앞으로 나아감(원함)'도 '뒤로 물러섬(원하지 않음)'도 잘못된 것임을 감지하면서도 우리는 아직 그것을 멈출 수 없습니다. 따라서 무엇을 하든 더욱더 갈망만 증대될 따름입니다. 지혜가 결핍되어 있기 때문입니다.

그러나 바로 여기, 이처럼 '원함'과 '원하지 않음'이 상존하는 곳이야말로 우리가 법을 깨칠 수 있는 자리입니다! 우리가 찾던 법은 바로 여기에 존재합니다.

하지만 우리는 법을 알아보지 못합니다. 오히려 '원함'을 멈추려고 계속 집요하게 노력합니다. 이처럼 우리는 사물이 (있는 그대로가 아닌) 다른 어떤 식으로 되기를 원하며 바라는 것과 다르게 되는 것을 원하지 않습니다. 또는 어떤 식으로 되지 않고 그와는 다르게 되기를 원합니다. 그러나 이 두 가지 '원함'은 실제로는 동일한 것입니다. 이것은 단지 이중적 양상의 양면일 따름입니다.

아마도 여러분은 붓다와 그 제자들도 이런 유형의 '원함'을 지니고 계셨음을 납득하기 어려울 것입니다. 그러나 붓다께서는 '원함'과 '원하지 않음'에 대해 이해하셨습니다. 즉 이것은 단지 마음의 작용에 불과하며 순식간에 일어났다가 사라지는 무상한 것임을 간파하셨던 것입니다.

이런 유형의 갈망은 언제든 일어납니다. 하지만 지혜가 있으면 이런 욕망을 자신과 동일시하지 않고 그에 대한 집착으로부터 자유로워집니다. 그리하여 '원함'이건 '원하지 않음'이건 양자 모두를 단지 '그런 것'으로 바라보게 됩니다. 실제로 이 두 가지 갈망은 단지 있는 그대로의 마음의 작용일 뿐입니다. 좀더 세밀히 살펴보면 그 이유를 명확히 알 수 있습니다.

일상의 지혜

—

바로 이 대목이 관찰 수행이 우리를 통찰로 이끄는 지점입니다. 일례로 큰 물고기가 걸린 그물을 잡아당기고 있는 한 어부의 경우를 살펴봅시다. 어부는 그물을 당기면서 어떤 느낌을 갖게 될까요? 만일 물고기가 도망갈까 조바심이 난다면 그는 성급해져서 그물을 거칠게 잡아당기며 고투할 것입니다. 그러나 그가 너무 거칠게 그물을 다루었음을 알아차렸을 때는 이미 물고기가 도망간 뒤입니다.

옛사람들은 이렇게 일러주었을 것입니다. 물고기를 잡을 때는 도망가지 못하도록 서서히 조심스럽게 그물을 당겨야 한다고 말입니다. 우리의 수행도 이와 같이 행해져야 합니다. 즉 수행의 길을 점진적으로 체험하면서 그 길을 이탈하지 않고 주의 깊게 체험을 쌓아야 합니다. 가끔씩 수행하고 싶지 않을 때도 있을 것입니다. 관찰하기 싫어지거나 아는 것을 원하지 않게 될 수도 있습니다. 그럼에도 불구하고 우리는 꾸준히 수행을 지속하며 끊임없이 체험을 쌓아야 합니다. 수행하고 싶든 수행하고 싶지 않든 그저 한결같이 수행하는 것, 그것이 바로 수행입니다. 우리는 오직 이렇게 해나갈 따름입니다.

우리가 열성을 다해 수행에 임한다면 믿음의 힘은 우리가 그렇게 해나갈 수 있도록 에너지를 불어넣어줄 것입니다. 그러나 이 단계에서는 아직 지혜가 일어나지 않습니다. 따라서 우리가 아무리 열심히 노력한다고 해도 그다지 많은 깨침을 얻지는 못할 것입니다. 이런 상태가 오랫동안 지속되면 진리(도)를 추구하던 마음이 서서히 스러지게 됩니다. 그리하여 고요함과 평화를 발견할 수 없다고 단정하거나 수행하기 위한 준비가 충분히 갖추어져 있지 않다고 자책합니다. 혹은 진리에 이르는 길은 불가능한 일이라고 절망하게 될지도 모릅니다. 그래서 우리는 포기해버립니다!

바로 이 같은 어리석음을 우리는 정말 경계해야만 합니다. 그러려면 초인적인 인내심과 지구력을 발휘해야 합니다. 큰 물고기를 그물로 잡을 때처럼 서두르지 말고 점차적으로 수행 체험을 쌓아가야 합니다. 조심스럽게 그물을 잡아당기면 물고기와의 싸움은 그다지 힘들지 않게 되고, 그래서 쉬지 않고 그물을 끌어당길 수 있게 됩니다. 결국 얼마 후 물고기가 지쳐 싸움을 포기하면 쉽게 잡을 수 있습니다. 이 같은 비유는 우리가 점진적으로 체험을 쌓아가며 수행하려면 어떻게 해야 하는지를 알기 쉽게 일러줍니다.

우리가 '관찰'하는 방법도 바로 이와 같습니다. 만일 우리에게 가르침에 관한 어떤 이론적 지식도 없다면 우리는 그저 일상의 경험에 의거하여 관찰하게 됩니다. 우리가 이미 지니고 있는, 매일매일의 경험에서 습득한 지식을 활용하는 것입니다. 이런 유형의 지식은 마음에서 자연스럽게 발현되는 것입니다. 마음에 관해 공부했든 안 했든 우리는 있는 그대로의 마음을 바로 이 순간에도 이미 지니고 있습니다. 마음에 관한 학습 여부와 상관없이 마음은 그저 마음일 뿐입니다. 이것이 바로 "붓다께서 이 세상에 나투심 여부와 상관없이 만물은 단지 있는 그대로 존재할 뿐이다"라고 이르는 까닭입니다. 만물은 늘 자기 본래 모습대로 존재해왔습니다. 이런 본연의 상태는 변하지도, 어디론가 사라지지도 않습니다. 바로 이것이 '있는 그대로'의 모습입니다. 우리는 이를 '성스러운 법'이라고 이릅니다. 하지만 우리가 이 '성스러운 법'을 이해하지 못한다면 이를 알아볼 수도 없습니다.

따라서 우리는 이런 방법으로 관찰 수행을 해나가야 합니다. 만일 우리가 경전에 그다지 밝지 못하다면 마음 그 자체를 읽고 공부하면 됩니다. 이렇게 지속적으로 자신과 대화하면서 관찰해나가면 마음의 본래 성질에 대해 점차적으로 이해하게 될 것입니다. 무슨 일이든 억지로 하려고 하지 마십시오.

끊임없는 노력

—

마음을 멈출 수 있을 때까지, 그리하여 고요함에 이를 때까지 마음 수련을 계속 이어가야 합니다. 그렇기 때문에 스승은 "오직 그렇게 마음을 유지해나가라. 지속적으로 정진하라!"라고 다그칩니다. 아마도 우리는 "아직 아무것도 이해하지 못했는데, 어떻게 정진하라는 거지?"라고 푸념할지도 모릅니다.

우리가 제대로 수행할 수 있을 때까지 지혜는 일어나지 않습니다. 그렇기에 우리는 끊임없이 수행해야 합니다. 그렇게 쉬지 않고 수행하다 보면 자신이 하고 있는 것이 대체 무엇인지 곰곰이 생각하게 될 것입니다. 자신의 수행에 대해 숙고하기 시작하는 것입니다.

수행에서 무언가가 즉각 일어나는 경우는 없으므로 수행 초기에는 어떤 결과도 얻을 수 없습니다. 이것은 (내가 자주 드는 예로) 두 개의 나무막대를 비벼 불을 지피려 애쓰는 한 남자의 경우에 비유할 수 있습니다.

그는 "여기에 불이 있다고들 했어"라고 되뇌며 힘차게 나무막대를 비벼대기 시작합니다. 그렇게 맹렬하게 나무막대를 비벼대면서도 그의 성급함은 끝이 없습니다. 그는 빨리 불이 일어나기만을 고대합니다. 그러나 그처럼 간절한 바람으로 계속 비벼도 불은 일어나지 않습니다. 그는 낙담하여 잠시 쉬기 위해 하던 일을 멈춥니다. 이내 다시 시작해보지만 지쳐서 속도가 느려지자 다시 휴식을 취합니다. 그러는 동안 나무막대는 식어버립니다. 열기가 유지되도록 충분히 오래 비비지 못했기 때문입니다. 막대를 비비고 또 비비다가 결국 그는 작업을 중단하고 맙니다.

지치기만 한 것이 아니라 작업을 완전히 포기하게 될 정도로 낙심했기 때문입니다. "여기엔 불이 없어!"

사실 그는 작업하기는 했지만 불이 일어날 만큼 충분한 열을 내지는 못했습니다. 불은 언제나 그곳에 있었지만 그는 그곳에 도달할 때까지 견디지 못했던 것입니다.

이런 유형의 경험은 수행자가 자신의 수행에 낙담하여 이 수행 저 수행으로 끊임없이 옮겨다니는 원인이 되며 우리 모두에게 해당되는 경우이기도 합니다. 왜냐하면 우리는 여전히 번뇌에 뿌리를 두고 있기 때문입니다. 붓다 역시 번뇌를 지니고 계셨지만 번뇌를 통찰할 수 있는 충분한 지혜 또한 지니고 계셨습니다. 하지만 붓다와 아라한들도 한때는 우리와 같은 속인이셨습니다. 아직 우리가 속인의 단계에 머무는 동안에는 올바르게 생각할 수 없습니다.

따라서 '원함'이 일어날 때 그것을 제대로 알지 못하며 '원하지 않음'이 일어날 때 역시 그것을 알지 못합니다. 때때로 우리는 흥분하기도 하고 만족을 느끼기도 합니다. 원하지 않을 때 우리는 일종의 자긍심을 느끼지만 한편으로는 미혹 같은 것을 느끼기도 합니다. 마찬가지로 우리가 원하게 될 때도 만족을 느끼기도 하지만 또다른 유형의 미혹에 빠질 수도 있습니다. 이처럼 모든 것은 한데 뒤섞여 있습니다.

자신을 알면 남도 알게 된다

—

붓다께서는 우리에게 자신의 몸을 관하라고 가르치셨습니다. 모발,

몸털, 손톱, 치아, 피부 등의 몸 전체를 잘 살펴보십시오!

자기 몸의 본성을 명확하게 보지 못하면 다른 사람에 대해서도 제대로 이해할 수 없습니다. 자신도, 남도 명확하게 알 수 없습니다. 하지만 자기 몸의 본성을 이해하고 명확하게 알게 되면 남들에 대한 의심과 미심쩍음은 사라질 것입니다.

모든 사람의 몸과 마음(rūpa and nāma)은 본질적으로 동일합니다. 이처럼 자신과 남들이 같음을 알게 되면 이 세상 모든 이의 몸을 직접 살펴보러 찾아갈 필요가 없습니다. 이런 통찰을 얻게 되면 우리의 짐은 보다 가벼워집니다. 반면에 이 같은 이해가 없으면 우리가 하는 모든 일은 단지 짐만 늘리게 될 따름입니다. 남들에 대해 알기 위해 온 세상 사람들을 일일이 찾아가 관찰해야 하기 때문입니다. 이 일은 너무 힘겨워 곧바로 포기하고 말 것입니다!

우리의 계율도 이와 유사합니다.

승려들의 율장인 『위나야vinaya』를 보면 너무 어렵다고들 느낍니다. 모든 계율을 습득하고 지켜야 하며 각각의 계율에 의거하여 수행을 재점검해야 하기 때문입니다. 만일 계율을 단지 개념적으로만 이해한다면 그것을 지켜내기란 불가능합니다. 그 수많은 계율을 글귀 그대로 받아들여 그저 개념적으로만 이해한다면 그 모든 계율을 지킨다는 것은 우리의 능력을 넘어서는 일이라고 단정짓게 되기 때문입니다. 율장을 이런 식으로 받아들이는 사람들은 한결같이 똑같은 느낌을 받게 됩니다. 계율이 너무 많다고!

율장에서는 각각의 모든 계율에 의거하여 스스로를 점검해야 하며 그 모든 계율을 엄격히 지켜야 한다고 이릅니다. 우리는 모든 계율을 알아야 하며 완벽하게 준수해야 하는 것입니다. 이는 (다른 사람들에 관해 알기 위해 무조건 모든 사람을 찾아가 관찰해야 한다는 말과도 같은) 너무 힘겨운 지침으로 경전상의 글귀 그대로 받아들이는 데서 기인하는 것입니다. 만일 우리가 경전대로 따르고자 한다면 이 지침들을 준수해야만 할 것입니다. 실제로 일부 스승은 경전의 지침들을 엄격하게 고수하는 방식으로 가르칩니다.

그러나 계율을 준수하는 데 반드시 그런 방식만 있는 것은 아닙니다. 만일 우리 자신의 마음을 어떻게 보호해야 할지를 알게 되면 율장 속의 모든 계율을 지키는 것과 다를 바 없게 됩니다.

실제로 우리가 경전상의 이론 공부에만 치중한다면 수행은 전혀 향상되지 않을 것입니다. 우리의 믿음은 사라져버릴 것이며 진리(도)를 향한 신념도 무너질 것입니다. 이는 우리가 아직 통찰에 이르지 못했기 때문입니다. 우리에게 지혜가 생기면 온 세상 사람 모두가 실제로는 나 자신과 동일하다는 사실을 이해하게 될 것입니다. 그들 모두는 바로 나 자신과 같은 존재인 것입니다. 따라서 우리는 자신의 몸과 마음을 관찰하고 연구하게 됩니다. 자신의 몸과 마음의 본래 모습을 보고 이해하면 다른 모든 사람의 몸과 마음도 제대로 이해하게 됩니다. 이 같은 방식으로 우리 수행의 짐은 점점 더 가벼워지는 것입니다.

붓다께서는 "스스로 자신을 가르치고 교육해야 하며 그 일을 대신해 줄 수 있는 이는 아무도 없다!"라고 설하셨습니다. 자신의 본성을 연구하고 이해할 때 다른 모든 존재의 본성도 이해하게 될 것입니다. 우리 모두는 실제로 동일한 존재입니다. 즉 같은 뿌리를 공유하고 있으며 출처도 같습니다. 단지 생긴 모습만 다를 뿐입니다. 그것이 다입니다!

수행상의 체험을 점진적으로 축적해나감에 따라 사물을 보는 법도 점점 더 향상됨을 발견하게 될 것입니다. 이를 우리는 '길 위의 체험'이라고 합니다.

우리의 수행은 이렇게 시작되어 점차 향상될 것입니다. 이런 식으로 수행을 지속하여 마침내 깨달음에 도달하면 실재(實在)를 명확히 보게 됩니다.

이론과 수행

—

따라서 우리는 깨달음에 이를 때까지 이 수행을 계속해야 합니다.

시간이 경과하면 자기 특유의 성향과 능력에 따라 새로운 유형의 각성이 일어납니다. 이를 우리는 '택법각지(법의 간택)'라고 합니다. 이것은 마음속에서 일어나는 깨달음의 일곱 가지 요소인 칠각지(七覺支) 중 하나입니다. 나머지 요소는 염각지(念覺支), 정진각지(精進覺支), 희각지(喜覺支), 경안각지(輕安覺支), 정각지(定覺支), 평등각지(捨覺支)입니다.

만일 우리가 칠각지에 대해 이론적 학습만 해왔다면 책에서 이르는 내용에 대해서는 알게 되겠지만 '참된' 깨달음의 요소는 보지 못할 것입니다. 칠각지는 마음에서 일어나기 때문입니다. 이처럼 붓다께서는 우리에게 모든 유형의 가르침을 베풀기 위해 현현하신 것입니다. 모든 깨달은 성자는 고통에서 벗어나는 방법을 가르쳤고 그 가르침의 기록을 교설(敎說)이라고 합니다. 이런 교설은 원래 수행에서 비롯되었지만 시간이 흐름에 따라 그저 지식 습득을 위한 말의 나열에 불과한 것으로 변질되고 말았습니다.

그리하여 참된 칠각지도 사라져버렸습니다. 왜냐하면 자신 안에서 그 요소를 알아차리지 못하고 마음 안에서 그것을 볼 수 없기 때문입니다. 칠각지는 올바른 수행을 통해서만 발현됩니다. 따라서 칠각지 발현은 자신의 수행이 제대로 이행되고 있는지에 대한 증표로 활용할 수도 있습니다. 이처럼 우리가 올바로 수행하지 않는다면 칠각지는 결코 일어나지 않을 것입니다.

올바른 방법으로 수행한다면 법을 볼 수 있습니다.

따라서 우리는 수행을 꾸준히 지속해나가면서 점진적인 수행을 통한 체험을 끊임없이 관찰하고 연구해야 합니다. 우리가 추구하는 것이 지금 이 자리가 아닌 다른 어떤 곳에서 발견될 수 있다고 착각하지 마십시오.

나의 고참 제자들 중 한 스님은 이곳에 오기 전에 강원에서 빨리어를 배웠습니다. 그러나 공부가 잘 진척되지 않자 역시 수행승은 좌선 수행을 통해서만 모든 것을 알고 깨칠 수 있다는 생각이 들어 이곳을 찾아 수행하게 되었습니다. 그는 좌선 수행을 통해 빨리어 경전을 해독할 수 있기를 원하여 이곳 왓 빠 뽕을 찾아온 것입니다. 그가 수행을 이해하는 수준은 고작 이 정도였습니다. 그래서 나는 그에게 우리의 수행방식을 설명해주었습니다. 그는 수행에 대해 완전히 잘못 이해하고 있었습니다. 그저 앉아 있기만 하면 모든 것이 명확해지는 손쉬운 일로 생각했던 것입니다.

일반적으로 법의 깨침에 관해 이야기를 나누어보면 학승이든 수행승이든 둘 다 이론상의 견해는 일치합니다. 그러나 실제로 이론 공부를 통한 깨침과 불법 수행을 통한 깨침은 조금 다릅니다. 둘 다 같아 보일지라도 실제로는 수행을 통한 깨침이 좀더 깊습니다.

수행을 통한 깨침은 우리를 단념과 '놓아버림'으로 이끕니다. 완전한 단념에 이를 때까지 우리는 인내하며 끈기 있게 관찰을 지속해나갑니다. 마음속에 욕망이나 분노, 혐오가 일어나면 그 감정을 그대로 방치하지 않습니다. 도리어 그것을 수행대상으로 삼아 그 감정이 어디서 어떻게 일어나는지를 알아내기 위해 관찰합니다. 만일 그런 감정이 이미 마음속에 있다면 그것을 관찰하여 어떤 식으로 우리에게 나쁘게 작용하는지를 알아냅니다. 그렇게 그 감정을 명확하게 보게 됨으로써, 우리는 그것을 믿고 따름으로써 겪게 된 어려움을 이해하게 됩니다. 이런 깨침은 오직 우리의 마음이 청정해질 때에야 도래합니다.

바로 이 부분이 이론을 연구하는 이들과 수행하는 이들이 서로 부딪치는 지점입니다. 일반적으로 이론 공부를 중시하는 이들은 "단지 수행만 하는 이들은 자기 견해만 고집한다. 그들은 근거 없는 가르침을 고수하고 있다"라고 비판합니다. 그러나 사실 어떻게 보면 이론 공부와 실수행 이 두 방법은 똑같은 것이기도 합니다. 이 두 방법을 우리 손의 양면인 손등과 손바닥에 대비해보면 이해하기 쉬울 것입니다.

손을 내밀면 손등이 사라진 것처럼 보입니다. 그러나 기실 손등은 어디로 사라져버린 것이 아니라 단지 손바닥 밑에 숨겨져 있는 것입니다. 손등이 안 보인다는 말은 그것이 감쪽같이 사라졌다는 뜻이 아니라 단지 밑에 숨겨져 있음을 의미합니다. 손을 뒤집으면 이번에는 손바닥에 같은 일이 벌어집니다. 손바닥은 어디로 사라진 것이 아니라 손등 밑에 숨겨져 있을 뿐입니다.

수행할 때 우리는 바로 이 점을 명심해야 합니다. 어떤 것의 한쪽 면이 '사라졌다'고 생각되면 우리는 어떤 결실을 얻기를 기대하며 (이론적) 연구를 시작할 것입니다. 그러나 우리가 법에 관해 아무리 (이론적으로) 탐구한다고 해도 별 소용이 없습니다. 진리에 따라 여법하게 알지 못하므로 결코 법을 이해할 수 없기 때문입니다.

만일 우리가 실수행을 통해 법의 참된 본성을 이해하게 된다면 그때는 '놓아버림'이 가능해집니다. 이는 단념, 즉 더이상 집착하지 않는 것, 또는 설사 여전히 집착하고 있더라도 차츰차츰 벗어나게 되는 것을 이릅니다. 이론 공부와 실수행 간에는 이 같은 차이가 실재합니다.

이론적 연구에서 우리는 눈도, 귀도, 더 나아가 모든 것을 연구 주제로 삼게 됩니다. 그러나 모양이 이러저러하다는 것은 알 수 있어도 모양에 집착하게 되어 그로부터 빠져나오는 법은 알지 못합니다. 소리 또한 식별할 수는 있지만 그에 집착하게 됩니다. 이처럼 육경, 즉 모양, 소리, 냄새, 맛, 감촉, 마음대상은 모든 존재를 위험에 빠뜨리는 올가미와도 같습니다.

이 육경을 관찰하는 것이 불법 수행의 길입니다. 어떤 느낌이 일어나면 우리는 그 느낌을 올바르게 알아차리기 위해 파악하기 시작합니다. 만일 우리에게 이론적 지식이 있다면 즉각 그 느낌을 파악하기 시작하여 그것이 이러저러해서 일어나 이러저러하게 되며…… 등을 알게 될 것입니다. 하지만 이 같은 이론적 식견이 없다면 우리는 단지 '있는 그대로의 마음'으로 그 느낌을 체득하게 됩니다. 이것이 바로 '법'입니다. 우리가 지혜를 얻게 되면 자신의 본래 마음을 관찰할 수 있으며 이를 연구 주제로도 삼을 수 있게 됩니다. 즉 수행과 이론이 똑같은 의미를 지니게 되는 것입니다. 따라서 자신의 본래 마음이 이론 역할을 하게 됩니다. 붓다께서는 어떤 생각과 느낌이든 그것이 일어나는 즉시 관찰하라고 이르셨습니다. 있는 그대로의 마음을 자신의 이론으로 삼으십시오. 우리는 바로 이 '마음의 실체'를 믿고 의지해야 합니다.

위빠사나

—

그대에게 믿음이 있다면 이론적 지식을 갖추고 있는지 여부는 중요하지 않습니다. 믿음이 우리의 수행을 향상시키고 힘과 인내심을 끊임없이 증진시킨다면 이론 공부는 별문제가 되지 않습니다.

우리는 기초 수행으로 마음챙김(주시)을 수련합니다. 앉아 있든 서 있든 걷든 눕든 어떤 자세에서든 마음챙김을 이어갑니다.

그렇게 마음챙김이 행해지면 동시에 분명한 이해가 일어납니다. 마음챙김과 분명한 이해는 늘 함께 일어납니다. 하지만 양자 모두 순식간에 일어나므로 우리는 그들을 식별할 수 없습니다. 그러나 마음챙김이 있는 곳에는 반드시 분명한 이해가 공존합니다.

마음이 확고해져 안정되면 마음챙김은 신속하고 수월하게 이루어지며, 그렇게 될 때 비로소 지혜가 일어납니다. 그러나 때때로 지혜가 불충분하거나 제때 일어나지 않는 경우도 있습니다. 그런 경우 마음챙김과 분명한 이해가 있어도 그것만으로 상황을 다스리기에는 역부족입니다. 마음챙김과 분명한 이해가 마음의 토대라면 이를 보강해주는 것이 지혜라고 할 수 있습니다. 따라서 우리는 통찰 수행인 위빠사나를 통해 끊임없이 지혜를 계발해야 합니다.

이는 마음 안에서 일어나는 것이라면 어떤 것이라도 마음챙김과 분명한 이해의 대상이 될 수 있음을 의미합니다. 하지만 우리는 그 모든 것의 실체가 무상·고·무아임을 알아야 합니다. 무상은 (만물의) 본바탕이며 고는 '불만족'이라는 특성을 갖고 있습니다. 또한 무아는 개개의 실체가 없음을 의미합니다. 따라서 모든 것은 단지 일어난 현상에 불과하며 자아도, 실체도 없고 저절로 사라지는 것임을 우리는 알아차려야 합니다. 바로 이것이 핵심입니다! 그러나 미욱한 자, 지혜롭지 못한 자는 바로 이 대목을 놓치고 말 것이며 이를 효과적으로 활용할 수도 없을 것입니다.

만일 지혜가 존재한다면 마음챙김과 분명한 이해도 바로 그 자리에 함께 있을 것입니다. 그러나 초반에는 지혜가 완전히 명확하게 드러나지 않을지도 모릅니다. 따라서 마음챙김과 분명한 이해만으로는 모든 대상을 다 포착할 수 없지만 지혜가 일어나 돕게 될 것입니다. 지혜는 마음챙김이 어떤 수준이며 일어난 현상이 어떤 유형의 것인지를 간파할 수 있습니다. 더 나아가 광의적으로 보면 마음챙김이 어떠하든 어떤 현상이 일어나든 이 모든 것은 모두 법입니다.

붓다께서는 통찰 수행인 위빠사나를 수행의 근간으로 삼으셨습니다. 그리하여 마음챙김과 분명한 이해 또한 불확실하고 불안정하다는 것을 간파하셨습니다. 어떤 것이 고착되기를 원하면 그로 인해 고통이 일어납니다. 우리는 사물이 자신이 원하는 대로 되기를 바라며 정작 그렇게 되지 않으면 고통받습니다. 이는 마음을 제대로 수행하지 못하고 지혜 또한 부족한 데서 기인합니다.

수행할 때도 우리는 수행이 수월해지거나 자기 취향대로 되기를 원하는 마음에 사로잡히기 쉽습니다. 그런 경향을 확인하기 위해 멀리까지 갈 필요는 없습니다. 바로 자신의 몸을 살펴보십시오! 자신의 몸이 실제로 자기가 원하는 대로 따라갑니까? 잠깐 동안 우리는 몸이 이러저러한 식으로 되기를 원합니다. 하지만 그다음 번에는 또다른 어떤 식으로 되기를 원합니다. 그러나 정작 자신이 바라던 방식대로 된 적이 있었는지요? 이 점에서 우리 몸과 마음의 본래 성질은 완벽하게 일치합니다.

이들은 단지 있는 그대로의 모습대로 존재할 따름입니다.

수행에서 우리는 이 점을 간과하기 쉽습니다. 일반적으로 우리는 자신과 맞지 않는다고 느끼는 것은 무엇이든 배척합니다. 즉 자기 기분에 달갑지 않은 것은 무엇이든 내던져버립니다. 사물을 좋아하거나 싫어하는 자신의 방식이 정작 올바른지 여부에 대해서는 잠시 멈추어 생각하려고 하지 않습니다. 단지 자기 마음에 들지 않는 것은 잘못된 것이고 마음에 드는 것은 옳은 것이라고 생각할 따름입니다.

이 같은 속성은 갈망이 어디서 기인하는지를 여실히 보여줍니다. 우리가 육근을 통해 자극받으면 좋아하거나 싫어하는 느낌이 일어납니다. 이는 마음이 집착으로 가득차 있음을 입증해줍니다.

그래서 붓다께서는 우리에게 무상에 대한 가르침을 베푸셨던 것입니다. 붓다께서는 우리에게 사물을 관찰하는 방법을 전해주셨습니다. 만일 우리가 (끊임없이 변하기 마련인) 어떤 것에 집착하면 고통을 겪게 됩니다. 무엇이든 자신의 호불호에 준해 원하는 방식에는 타당성이 결여되어 있습니다. 사물을 우리가 원하는 대로 바꾸기란 불가능합니다. 우리에게는 그런 권한이나 능력이 없습니다. 우리가 사물이 어떤 식으로 바뀌기를 아무리 원한다고 해도 만물은 여전히 그 본래 성질대로 존재할 따름입니다. 따라서 이런 방식의 '원함'에 집착하는 한 결코 고통에서 벗어날 수 없는 것입니다.

이제 우리는 미혹된 마음이 사물을 이해하는 방식과 미혹되지 않은 마음이 이해하는 방식이 어떻게 다른지를 알 수 있습니다. 일례로 지혜와 함께하는 마음은 어떤 현상에 접하든 이에 집착하지 않으며 자신과 동일시하지도 않습니다. 이는 지혜란 어떤 것인지를 가늠하게 합니다. 반면에 어떤 지혜도 지니고 있지 않다면 그저 어리석음만 좇게 될 뿐입니다.

이런 어리석음은 무상·고·무아를 알아차리지 못합니다. 그렇기 때문에 자신이 좋아하거나 옳다고 여기는 것만 원하고 좋지 않다고 여기는 것은 원하지 않게 됩니다. 하지만 이런 식으로는 결코 지혜를 얻을 수 없으며, 법에도 이를 수 없습니다. 바로 이 점을 우리가 알아차릴 수 있다면 그때 지혜가 일어나게 됩니다.

붓다께서는 위빠사나 수행이 마음속에 확고히 뿌리내리도록 하여 마음 안에서 일어나는 모든 다양한 현상을 관찰하셨습니다. 즉 어떤 것이 나타나든 이렇게 꿰뚫어보셨습니다. "이것에 마음이 끌릴지라도 불확실한 것임을 알아야 한다. 이것은 단지 고통만 줄 뿐이다. 만물은 끊임없이 일어나고 사라지므로 우리 식대로 조정할 수 없기 때문이다. 이 모든 것은 자아나 실체가 없으며 우리에게 속해 있지도 않음을 직시해야 한다." 붓다께서는 이처럼 사물을 있는 그대로 보라고 가르치셨습니다. 바로 이 가르침이야말로 우리가 항시 명심해야 할 수행의 대원

칙인 것입니다.

이 원칙을 터득하게 될 때 비로소 우리는 다양한 감정을 우리가 바라는 대로 조정할 수 없다는 사실을 이해하게 됩니다. 좋은 감정이든 나쁜 감정이든 양쪽 다 일어나기 마련이며, 그들 중 어떤 것은 도움이 되지만 어떤 것은 도움이 되지 않습니다. 우리가 이런 것에 대해 제대로 이해하지 못한다면 올바른 판단도 할 수 없습니다. 따라서 도리어 갈망을 좇게 되어 욕망 속으로 도피하게 될 것입니다.

우리는 때로는 행복을, 때로는 슬픔을 느끼기도 하지만 이는 자연스러운 현상입니다. 어떤 때는 즐거워하고, 또 어떤 때는 실망하기도 하면서 자기 마음에 드는 것은 좋은 것으로, 마음에 들지 않는 것은 나쁜 것이라고 믿습니다. 이런 식으로 우리는 스스로 법으로부터 점점 더 멀어집니다. 법으로부터 멀어지게 되면 법을 이해하거나 깨달을 수 없게 되므로 미혹에 빠져들게 됩니다. 그리하여 마음속에는 미혹에 휩싸인 망상만 존재하게 됨으로써 욕망은 더욱 커집니다.

이것이 마음과 연계된 우리의 통상적 실태입니다. 그러나 정견을 구하기 위해 일부러 찾아나설 필요는 없습니다. 수행을 통해 이런 마음 상태가 비영구적이고 일시적인 것임을 쉽게 알게 되기 때문입니다. 또한 이것은 결코 충족될 수 없고 영구적인 자아가 없다는 것도 알게 됩니다.

이런 식으로 알아차림을 지속적으로 계발하는 것을 위빠사나 수행 또는 통찰 수행이라고 합니다. 통찰 수행은 우리 마음의 상태를 깨닫는 수련으로 이를 통해 우리는 지혜를 계발할 수 있습니다.

선정 수행

—

선정은 마음을 조절하는 토대(수단)가 되는 들숨과 날숨의 마음챙김을 확고히 하는 수행입니다.

마음이 호흡의 흐름을 따르면 확고해지고 고요해지며 적정해집니다. 이처럼 마음을 고요하게 다스리는 것을 사마타 수행이라고 합니다. 마음은 수많은 망상으로 들끓고 있기 때문에 이 같은 수행이 절실히 필요합니다. 마음은 매우 혼란스럽습니다. 얼마나 많은 생애 동안 이렇게 방황해왔는지 측량할 길이 없습니다. 가부좌를 틀고 앉아 몸과 마음을 관찰하면 평화와 고요가 아닌 미혹으로 끌어들이는 대상이 얼마나 많은지 알게 될 것입니다.

그러므로 붓다께서는 자신의 개인적 성향에 맞는 수행 주제와 수행법을 찾아야 한다고 가르치셨습니다. 일례로 모발, 몸털, 손톱, 치아, 피부 등과 같은 몸의 각 부위를 반복하여 세밀하게 살피다보면 이윽고 지극히 고요해집니다. 이 수행을 통해 우리의 마음은 진정 평화로워질 수 있습니다. 만일 이 다섯 부위를 관찰함으로써 고요해진다면 그것은 자신의 성향에 맞는 적합한 관찰대상에 포함될 수 있습니다. 이처럼 자신의 수행에 적합하다고 판단되는 것은 무엇이든 채택할 수 있으며 번뇌를 없애는 데 활용할 수 있습니다.

또다른 예로 죽음을 상기하는 수행법, 시체관을 들 수 있습니다. 아직도 탐욕과 혐오감, 망상에 휩싸여 있으며 이것을 제어하기가 어렵다고 느끼는 수행자에게는 '죽음'을 수행 주제로 삼는 것이 도움이 됩니다. 그리하면 부유하든 가난하든 인간은 누구나 죽음을 맞는다는 사실을 떠올리게 될 것입니다. 선한 사람이든 악한 사람이든 모든 사람은 죽기 마련입니다! 이 수행을 쌓으면 어느덧 평정심이 일어남을 알게 되며 수행을 계속할수록 더욱 수월하게 평정심에 이를 수 있습니다. 그렇게 된다면 이 수행법이 자신에게 적합하고 근기에도 맞는다고 볼 수 있습니다. 만일 자신의 성향에 맞지 않는다면 평정심도 일어나지 않을 것이기 때문입니다.

이처럼 수행 주제가 자신과 잘 맞는다면 큰 어려움 없이 규칙적으로 평정심이 일어나며 스스로도 평정심에 대해 자주 생각하게 될 것입니다.

이와 비슷한 경우를 우리 일상의 삶 속에서도 발견할 수 있습니다. 예컨대 재가 불자들이 스님들에게 공양한 다양한 음식 중에서 우리 입맛에 맞는 것을 찾기 위해 전부 골고루 맛본다고 칩시다. 그렇게 하나씩 맛보다보면 자기 입맛에 가장 잘 맞는 음식을 찾을 수 있을 것입니다. 이는 단지 하나의 예일 뿐이지만 우리는 자신의 입맛에 맞는 음식을 찾아 먹을 것이며 그것이 자신에게 가장 적합하다는 것을 알게 됩니다. 그리하여 나머지 여러 음식에는 눈길도 주지 않게 될 것입니다.

호흡에 주의를 집중하는 수행은 우리 모두에게 적합한 명상 수행의 전형입니다. 설혹 우리가 여러 가지 다른 수행법을 찾아 행한다고 해도 그다지 좋게 느껴지지 않을 것입니다. 그러나 좌선에 들어 호흡 관찰을 시작하는 즉시 우리는 좋은 느낌을 지니게 되고 호흡을 명확히 볼 수 있습니다. 다른 무엇을 찾아 멀리까지 갈 필요 없이 바로 우리 가까이 있는 것(호흡)을 활용할 수 있는 이 수행법이 우리에게는 보다 효율적일 것입니다. 그러므로 오직 들이쉬고 내쉬는 숨이 끊임없이 이어지는 호흡만을 바라보십시오.

오랜 시간 동안 이렇게 들이쉬고 내쉬는 숨을 바라보고 있노라면 우리의 마음도 서서히 안정될 것입니다. 다른 움직임이 일어나기도 하지만 이전과는 달리 자신과는 멀게 느껴집니다. 마치 서로 떨어져 산 것처럼 더이상 가깝게 느껴지지 않습니다. 그리하여 우리는 더이상 강한 자극을 받지 않게 되며, 나아가 아예 어떤 자극도 느끼지 못하게 될 수도 있습니다.

우리가 이처럼 호흡을 주시하는 수련에 익숙해지면 수행은 보다 수월해집니다. 이 수행을 계속 지속하다보면 보다 깊은 체험을 얻을 수 있으며 호흡의 본질을 파악하는 솜씨도 노련해집니다. 그리하여 호흡이 길어질 때와 짧아질 때 어떻다는 것도 알게 됩니다.

이렇게 호흡을 바라보고 있노라면 호흡을 음식과 대비하기도 합니다. 우리는 앉아 있든 걷고 있든 잠을 자든 깨어 있든 끊임없이 숨을 쉽니다. 숨을 쉬지 않으면 죽게 됩니다. 마찬가지로 음식 또한 없으면 우리는 생존할 수 없습니다. 하지만 10분, 1시간 혹은 하루 정도 일상적인 음식을 섭취하지 못한다고 해도 그리 큰 문제가 되지는 않습니다. 이것은 '저급한 음식'이기 때문입니다. 그러나 만일 짧은 순간이라도 숨을 쉬지 않게 되면 우리는 곧 죽고 맙니다. 단지 5분, 10분간이라도 호흡을 멈추면 즉시 죽기 마련입니다. 한번 확인해보십시오!

호흡 관찰 수행을 하는 이는 이 점을 직시해야 합니다. 이 수행으로부터 얻어진 지혜는 정말 경이롭습니다.

호흡을 관찰하지 않는다면 호흡을 음식으로 인식하지도 못할 것입니다(사실 우리는 항시 공기를 들이마시고 내쉬면서 공기를 '먹고' 있는데도 말입니다). 호흡을 계속 관찰해나갈수록 수행에서 얻어지는 이익은 더욱 증대되며 호흡도 더욱 섬세해진다는 것을 알게 됩니다. 심지어 호흡이 멈출 수도 있습니다. 마치 전혀 호흡하지 않는 것처럼 느껴집니다.

하지만 실제로 호흡은 피부의 모공을 통해 여전히 이루어지고 있습니다. 이를 '미세한 호흡'이라고 합니다. 마음이 완벽하게 고요해질 때 일상적인 호흡은 이런 식으로 중단될 수 있습니다. 따라서 놀라거나 두려워할 이유는 전혀 없습니다. 호흡이 멎으면 어떻게 해야 할까요? 단지 그것을 알아차리기만 하십시오! 호흡이 없음을 아십시오. 단지 그뿐입니다. 바로 이것이 그 같은 상황에 적합한 수행법입니다.

지금 우리는 고요함을 계발하는 수행인 선정 수행에 관해 이야기하고 있습니다. 수행대상이 우리에게 적합하다면 이 수행은 앞서 언급한 것 같은 경험으로 우리를 이끌 것입니다. 아직 시작 단계지만 이 수행은 우리를 어디로든 이끌 만큼, 또한 적어도 명확하게 볼 수 있고 강한 신념을 유지할 수 있게 할 만큼 충분한 힘을 갖고 있습니다. 이 방법으로 관찰을 지속해나가면 정진력(精進力)이 솟아오를 것입니다.

이는 유골단지 안의 물과 유사합니다. 우리는 유골단지에 입구까지 차오르도록 물을 채웁니다. 그렇게 늘 유골단지에 물을 채워놓는 덕분에 그 물에 사는 벌레들은 죽지 않게 됩니다. 매일같이 수행에 진력하는 일도 이와 같습니다. 그 같은 노력은 수행을 통해 모두 되돌려받게 됩니다. 따라서 수행자는 기분이 아주 좋아지고 평화로움을 느끼게 됩니다.

이 같은 평화는 한곳에 집중된 마음 상태에서 비롯됩니다. 하지만 한곳에 집중된 마음 상태는 정작 수행에는 장애가 될 수도 있습니다.

왜냐하면 그런 마음 상태는 우리를 방해하는 그 밖의 마음 상태를 원하지 않게 되므로 새로운 집착('원하지 않는')에 빠져들게 되기 때문입니다.

마치 우리가 어떤 남자, 어떤 여자를 만나든 자신의 아버지나 어머니 같은 느낌을 가질 수 없는 것처럼 사실 세상의 모든 남자는 자신의 아버지와 마찬가지로 남성이며, 모든 여자는 자신의 어머니와 같은 여성임에도 불구하고 우리는 자기 부모님을 훨씬 더 소중하게 여깁니다. 부모님은 다른 이들과는 비교할 수 없을 만큼 소중한 가치를 지닌 존재이기 때문입니다.

이런 비유는 선정 수행시 왜 한곳에 집중된 마음 상태가 필요한지를 보다 쉽게 이해하게 해줍니다. 우리는 이 마음 상태를 자신의 어머니나 아버지를 대하듯 다루어야 합니다. 따라서 계속 수시로 일어나는 다른 모든 마음 상태를 그저 세상 남녀들을 대하듯 바라보아야 합니다. 우리는 그것을 계속 지켜보지만 단지 그 존재를 인정할 뿐 자기 부모만큼의 가치를 부여하지는 않습니다.

매듭 풀기

—

선정 수행을 통해 이윽고 선정에 들면 마음은 밝고 깨끗해질 것입니다. 마음의 움직임이 점점 잦아들고 수시로 일어나던 다양한 심상도 뜸해질 것입니다. 그렇게 되면 무한한 평온함과 행복감에 휩싸이게 됩니다. 하지만 자칫 그 같은 행복감에 집착하게 될 수도 있습니다. 따라서 우리는 그 행복감을 불확실한 것(무상)으로 관해야 합니다. 불행 또한 불확실하고 일시적인 것으로 관해야 합니다. 우리는 모든 다양한 감정이 영구적이지도, 고정적이지도 않음을 깨닫게 될 것입니다. 이런 깨침은 지혜에서 기인합니다. 사물들은 자기 본래의 성질대로 존재할 따름입니다.

우리가 이 사실을 깨닫게 된다면 단단히 매듭이 지어진 끈을 풀 수 있게 됩니다. 올바른 방향으로 끈을 잡아당기면 매듭은 느슨해져 풀리기 시작할 것입니다. 이제 끈은 더이상 팽팽하고 단단하게 매어져 있지 않습니다. 따라서 끈이 항상 그런 식으로 매어져 있어야 할 필요는 없다고 자각하기에 이릅니다.

이제까지 우리는 모든 것은 항상 똑같은 상태를 유지해야 한다고 믿어왔습니다. 그래서 그 '매듭'을 더욱더 단단하게 죄어왔던 것입니다. 이 단단한 '매임'이 바로 고통입니다. 이런 식으로 사는 것은 정말 피곤한 일입니다. 그래서 우리는 그 매듭을 약간 느슨하게 풀어놓습니다.

왜 매듭을 푸는 것일까요? 단단히 매어져 있기 때문입니다! 우리가 더이상 매듭에 집착하지 않는다면 그것을 풀 수 있습니다. 항상 같은 상태를 유지해야 한다는 것이 영구불변의 명제가 될 수는 없습니다.

우리 수행자들은 무상의 가르침을 근본 지침으로 활용합니다. 그리하여 행복도, 불행도, 또다른 그 무엇도 결코 영구적이지 않으며 의지할 만한 것이 못 된다는 사실을 알게 됩니다. 세상 만물 중 변하지 않는 것은 단 하나도 없습니다. 이를 절절히 이해하게 되면 마음에서 일어나는 온갖 현상으로부터 점차 멀어지게 됩니다. 그리하여 사견 또한 (더이상 그것을 따르지 않게 될 만큼) 감소할 것입니다. 바로 이것이 '매듭을 푸는' 일입니다.

매듭이 점점 더 느슨해지면 집착 또한 점차 근절될 것입니다.

각성

—

우리 자신에게서, 몸과 마음에서, 더 나아가 세상살이 자체에서 무상·고·무아를 보게 되면 권태감 같은 것이 일어남을 감지하게 될 것입니다. 하지만 이 느낌은 (보고, 알고, 말하고 싶지 않게 만드는, 혹은 어느 누구와도, 아무것도 하고 싶지 않게 만드는) 일상적인 권태와는 다른 유형의 것입니다. 그런 세속적 권태는 진정한 의미에서의 권태가 아닙니다. 그것은 아직 집착에서 벗어나지 못한, 우리가 제대로 간파하지 못한 속된 느낌에 불과합니다. 이런 권태는 분노의 감정을 지니고 있으며 아직 사물에 집착함으로써 고통을 초래합니다.

그러나 붓다께서 설하셨던 권태는 '분노'나 '갈망'을 느끼지 않는 상태입니다. 그와 같은 권태는 모든 것에서 무상을 보게 될 때 일어납니다. 그리하여 마음속에서 즐거운 느낌이 일어날 때도 그 느낌이 일시적인 것임을 알아차리게 됩니다. 이처럼 마음속에 자리잡게 되는 새로운 유형의 권태를 '염리(厭離)' 혹은 '각성'이라고 합니다.

이런 명칭은 이 새로운 유형의 권태가 감각적인 갈망이나 열정과는 거리가 멀다는 것을 확인시켜줍니다. 이런 권태가 마음속에 자리잡게 되면 갈망할 만한 가치를 지닌 것은 아무것도 없음을 알게 됩니다. 따라서 어떤 대상이 자신의 좋고 싫음에 부합하는지 여부도 별로 중요하지 않게 됩니다. 그 대상에 공명하지 않으며 어떤 특별한 가치도 부여하지 않기 때문입니다.

이와 같이 수행함으로써 우리는 대상이 자신을 힘들게 만들 여지를 차단해야 합니다. 우리는 지나온 삶 속에서 숱한 고통을 겪으면서 감정을 따르는 습성이 결코 진정한 행복을 안겨주지 못함을 터득해왔습니다. 이런 습성은 행복과 불행, 좋아함과 싫어함에 집착하게 만드는, 그 자체가 고통의 원인이 되는 것입니다. 이 같은 집착에서 벗어나지 못하는 한 우리는 평정심으로 사물을 대할 수 없습니다. 우리는 마음 상태에도 호불호를 적용합니다. 이처럼 우리가 무언가를 좋아하거나 싫어하는 한 행복이든 불행이든 그 어떤 것이라도 단지 고통만 일으키게 될 뿐입니다. 바로 이런 집착이 고통의 근원인 것입니다.

네 가지 성스러운 진리

—

붓다께서는 고통을 일으키는 모든 것은 본질적으로 충족되어 있지 못하다고 이르셨습니다.

따라서 우리는 붓다의 가르침이 고통과 그것이 일어나는 원인을 아는 것임을 이해해야 합니다. 그리고 더 나아가 고통으로부터 벗어남과 그 같은 자유로 이끄는 수행법임을 알아야 합니다. 붓다께서는 우리가 이 네 가지 성스러운 진리, 사성체(四聖諦)를 깨칠 수 있도록 가르침을 베푸셨습니다.

이 사성체를 이해하면 고통이 일어날 때 알아차릴 수 있고 고통의 원인 또한 알게 될 것입니다. 그리하여 고통이 그저 근원도 없이 떠도는 것이 아니었음을 알게 됨으로써 고통에서 자유로워지기를 바라게 될 때 그 고통의 원인을 없앨 수 있습니다.

왜 우리는 고통과 불만족스러움을 느끼게 되는 것일까요? 바로 오만 가지의 좋아함과 싫어함에 매달려 있기 때문입니다. 즉 자신의 행위 때문에 스스로 고통받게 되는 것입니다. 가치 기준을 사물에 두기 때문에 고통스러운 것입니다.

그러므로 사성체, 즉 고를 알고, 고의 원인을 알고, 고의 소멸을 알고, 고의 소멸에 이르는 길[道]을 알도록 하십시오. 고에 대해 알게 될 때 '매듭'은 자연스레 풀리게 됩니다. 올바른 방향으로 잡아당겨 매듭을 풀어야 합니다. 그렇게 매듭이 풀린 상태가 바로 사물의 본래 모습임을 알아차리십시오. 그리하면 집착은 점차 소멸될 것입니다. 이것이 바로 우리의 고통을 종결시키는 수행입니다.

고를 아십시오. 고의 원인을 아십시오. 고의 소멸을 아십시오. 고의 소멸에 이르는 길을 아십시오. 이 길이 바로 팔정도로 정견, 정사유, 정어, 정업, 정명, 정정진, 정념, 정정을 이릅니다('가르침의 정수' 중 '팔정도' 참조—옮긴이). 이 팔정도를 제대로 깨치면 진리에 이를 수 있습니다. 팔정도는 고를 종식시키며 우리를 계·정·혜로 이끕니다.

이 사성체를 명확하게 깨쳐야 합니다. 그 진리에 이르기를 원해야 합니다. 그리하여 실제로 이 사성체를 볼 수 있기를 원해야 합니다. 우리가 이 사성체를 보게 될 때 비로소 '성스러운 법'을 깨달을 수 있습니다. 그때 우리는 도처에서(안팎, 오른쪽, 왼쪽 어디든) 이 '성스러운 법'을 보게 될 것입니다. 모든 것이 다 '성스러운 법'임을 자연스레 알게 되는 것입니다.

이처럼 법에 도달한, 법을 진정 깨친 이에게는 언제 어디를 가든 삼라만상이 다 '성스러운 법'인 것입니다!

법의 눈을 열다

아는 마음이 불성

—

우리 중 어떤 사람은 수행을 시작했지만 1, 2년이 지나도 여전히 수행이 무엇인지 모릅니다. 여전히 수행에 대해 확신하지 못합니다. 수행을 확신하지 못할 때 우리 주위에 있는 모든 것이 순수한 법이라는 사실을 알지 못합니다. 우리는 선지식들로부터 가르침을 받지만 실제로 우리 자신의 마음을 보고 마음을 면밀히 알아차릴 수 있는 주시가 있을 때는 바로 그곳에 지혜가 있습니다.

모든 시간과 장소는 우리가 법을 들을 수 있는 기회입니다. 가령 우리는 자연, 즉 나무로부터도 법을 배울 수 있습니다. 나무는 원인 때문에 태어나 자연의 과정을 따르면서 자랍니다. 바로 여기에서 나무는 우리에게 법을 가르치고 있습니다. 그러나 우리는 이것을 이해하지 못합니다. 성장과정 속에서 나무는 싹을 틔우고 꽃과 열매를 맺을 때까지 자라지만 우리가 보는 모든 현상은 꽃과 과일의 겉모습입니다. 그것의 안을 보려는 마음을 내지 않고 관찰하지 않으므로 나무가 우리에게 법을 가르치고 있다는 것을 모릅니다. 과일은 생산되지만 우리는 관찰하지 않고 단지 먹기만 할 따름입니다. 단맛, 신맛 혹은 짠맛은 과일의 본성입니다. 이것은 과일의 가르침, 즉 그 자체로 법인 것입니다.

나뭇잎은 빛바래고 죽게 되며 나무에서 떨어집니다. 그러나 우리는 단지 떨어진 나뭇잎만을 볼 뿐입니다. 우리는 낙엽을 밟으며 걷고 낙엽을 쓸어냅니다. 그것이 전부입니다. 우리는 철저히 관찰하지 않기에 자연이 우리에게 가르쳐주는 것을 알지 못합니다. 후에 새로운 나뭇잎이 돋아도 우리는 좀더 깊이 있게 받아들이지 못하고 단지 겉모양만 볼 뿐입니다. 마음으로 관찰하지 않습니다.

만일 우리가 속속들이 깊이 관찰한다면 나무의 생겨남과 우리의 삶이 다르지 않음을 알 것입니다. 우리의 몸은 태어나 지·수·화·풍이라는 조건에 따라 존재합니다. 몸은 자체의 자양분을 갖고 계속 자랍니다. 몸은 변화하고 본성에 따라 흘러갑니다. 몸도 나무와 다르지 않습니다. 모든 것, 즉 모발, 손톱, 피부 등 그 모든 것은 변합니다. 만일 우리가 이런 이치를 알게 되면 우리는 우리 자신을 알게 될 것입니다. 사람들은 태어납니다. 그리고 결국 죽습니다. 죽은 후에 다시 태어납니다. 손톱도, 치아도, 피부도 끊임없이 죽고 재생합니다.

우리가 그 실제를 이해한다면 우리는 우리 자신과 나무가 다르지 않다는 사실을 알 수 있을 것입니다. 만일 우리가 선사들의 가르침을 이해한다면 우리는 안과 밖이 다르지 않다는 사실을 알아차리게 될 것입니다. 의식이 있는 것이나 의식이 없는 것 모두 다르지 않습니다. 우리가 이 동일성을 이해한다면 나무의 본성을 볼 때 그것이 우리 자신의 몸, 감정, 인식, 반응, 의식이라는 오온과 다르지 않음을 알게 될 것입니다. 법을 이해하면 오온을 이해하게 되고 오온이 어떻게 끊임없이 움직이고 변화되는지를 이해하게 될 것입니다.

그래서 서 있거나, 걷고 있거나, 앉아 있거나, 누워 있든지 우리는 마음을 지켜보고 돌보기 위해 주시해야 합니다. 이는 우리가 외적인 것을 볼 때 내적인 것을 보는 것과 같습니다. 마찬가지로 내적인 것을 볼 때 외적인 것을 보는 것과 같습니다. 만일 우리가 이것을 이해한다면 붓다의 가르침을 들을 수 있고 이것을 이해할 때 우리는 불성, 즉 '아는 자'가 확립되는 것입니다. 아는 자는 외적인 것과 내적인 것을 압니다. 즉 일어나는 모든 것을 압니다. 이렇게 이해하면 나무 아래에 앉은 채 붓다의 가르침을 들을 수 있습니다. 서 있고, 걷고 있고, 앉아 있고, 누워 있으면서 우리는 붓다의 가르침을 들을 수 있습니다. 보고, 듣고, 냄새 맡고, 맛보고, 느끼고, 생각할 때 우리는 붓다의 가르침을 들을 수 있습니다.

붓다께서는 바로 이 마음속에 있는 바로 그 '아는 자'입니다. '아는 자'는 법을 알고, 법을 음미합니다. '아는 자' 불성은 그 마음이 생겨나는 것이 아니라 계발되는 것입니다.

만일 우리가 우리 마음속에서 붓다를 자리잡게 한다면 모든 것을 우리 자신과 다르지 않게 보고 관찰합니다. 나무와 산과 넝쿨이 우리 자신과 다르지 않음을 알게 됩니다. 우리는 가난하고 부유한 사람들이 우리 자신과 다르지 않음을 알게 됩니다. 그들 모두는 같은 특성을 갖고 있습니다. 이와 같은 사실을 이해하는 자는 어디에 있든지 마음이 편합니다. 그는 늘 붓다의 가르침을 듣습니다. 만일 이것을 이해하지 못하면 여러 선사의 가르침에 귀를 기울이는 데 모든 시간을 쏟아도 우리는 여전히 그들이 가르치는 바를 이해하지 못할 것입니다.

법의 본성
—

붓다께서는 법의 깨달음은 단지 본성을 아는 것이고 우리와 함께하는 모든 실제, 즉 바로 여기에 있는 몸과 마음의 본성을 아는 것이라고 말씀하셨습니다. 만일 이 본성을 이해하지 못하면 우리는 실망과 기쁨을 경험하고 그 기분에 빠져 길을 잃고 슬픔과 후회를 하게 됩니다. 정신적 대상 속에서 헤매는 것은 본성 속에서 헤매는 것과 같습니다. 우리가 본성 속에서 헤맬 때 우리는 법을 알지 못합니다. 깨달은 사람은 단지 이 본성을 간파합니다. 조건에 따라 일어난 것은 모두 변하고 사라집니다. 쟁반, 그릇, 접시와 같이 우리가 만든 것은 모두 같은 특성을 갖고 있습니다. 그릇은 그것을 만들고자 하는 사람의 동기라는 원인으로 생겨납니다. 그리고 우리가 그것을 사용할 때 낡고 깨지고 사라집니다. 나무와 산과 넝쿨도 모두 똑같습니다. 동물과 사람도 마찬가지입니다.

붓다의 첫번째 제자였던 안냐 콘단냐(Añña Kondañña)가 처음으로 깨달았던 사실은 아주 복잡한 것이 아니었습니다. 그는 단지 태어나는 모든 것은 자연적인 조건에 따라 변화해야 하고, 나이가 들어야 하며, 마침내 죽어야 한다는 사실을 알았을 뿐입니다. 안냐 콘단냐는 전에는 그것을 생각해본 적이 없었습니다. 혹은 만약 그가 그것에 대해 생각해본 적이 있었다고 하더라도 분명하지 않았습니다. 그래서 그는 여전히 오온을 놓아버리지 못하고 집착하고 있었습니다. 그러나 붓다의 설법을 마음챙김하며 듣고 있을 때 붓다의 본성이 그 안에서 일어났습니다. 그는 일종의 법을 받았는데, 그것은 모든 조건지어진 것은 영원하지 않다는 깨달음이었습니다. 태어나는 모든 것은 자연의 이치에 따라 나이들고 죽어야 합니다. 이는 그가 지금까지 알았던 사실과는 다른 것이었습니다. 그는 진실로 그의 마음을 깨달았습니다. 그래서 그의 마음속에서 붓다가 일어났고 그때 붓다께서 "안냐 콘단냐('안냐Añña'는 기쁘다는 의미로 처음 붓다의 법을 듣고 깨쳤으므로 붓다께서는 "'기쁘다' 콘단냐"라고 외치셨다─옮긴이)는 법안(法眼)을 얻었다"라고 선포하셨습니다.

　이 법의 눈으로 본다는 것은 무엇입니까? 법안이란 태어나는 모든 것은 이치에 따라 나이들고 죽는다는 사실을 보는 것입니다. 어떤 것이든 지가 의미하는 것은 모든 것입니다. 물질적이든 비물질적이든 모두 이 '태어나는 모든 것'에 속하는 것입니다. 그것은 자연의 모든 것을 말합니다. 예를 들어 몸처럼 모든 것은 태어나고 소멸합니다. 몸은 아기 때는 작은 것에서 소멸하여 유년으로 갑니다. 이후 차츰 젊음이 소멸하면서 중년이 됩니다. 계속해서 중년을 지나 노년이 되어 마침내 죽음에 이릅니다. 나무와 산과 넝쿨은 모두 이와 같은 특성을 갖습니다.

　안냐 콘단냐가 부처님 앞에서 설법을 들을 때 분명히 그의 마음속에는 '아는 자'의 혜안이 드러났습니다. 태어나는 모든 것에 대한 깨달음이 그의 마음속 깊이 새겨져 그는 육신에 대한 집착을 버릴 수 있었습니다. 이와 같은 집착은 오온이 '나'라는 유신견(有身見, sakkaya dithi)입니다. 이는 그가 육신을 '자기' 또는 '존재' 또는 '나'로 받아들이지 않음을 의미합니다. 그는 유신견에서 벗어났습니다. 그리고 의심이 사라 졌습니다. 몸에 대한 집착에서 벗어난 후 그는 깨달음을 의심하지 않았 습니다. 의식에 대한 집착도 없어졌습니다. 그의 수행이 확고하고 바르 게 되었습니다. 그의 육신이 고통이나 열병에 시달린다고 해도 집착하 지 않았고 의심하지 않았습니다. 그는 의심하지 않았습니다. 집착을 벗 어버렸기 때문입니다. 육신에 대한 이와 같은 집착은 형식의 집착, 즉 계금취견(戒禁取見)이라고 불립니다. 육신이 자신이라는 견해에서 벗어 날 때 집착과 의심은 함께 사라집니다. 만약 육신을 자신으로 보는 견 해가 마음속에 일어나면 집착과 의심은 바로 거기에서 시작됩니다.

그래서 붓다께서 법에 대해 설법할 때 안냐 콘단냐는 법에 대한 눈 을 떴습니다. 이 법안은 명확하게 아는 자가 된 것입니다. 즉 사물을 이 전과는 달리 보며 그 본성을 봅니다. 본성을 명확하게 볼 때 집착이 사 라지고 '아는 자'가 태어납니다. 깨달음을 얻게 됩니다. 전에도 그는 알 았습니다. 그러나 그는 여전히 집착하고 있었습니다.

안냐 콘단냐는 법을 알았지만 보지는 못했다고, 또는 그가 법을 보 기는 했지만 여전히 법을 얻은 사람은 아니었다고 말할 수 있습니다.

이때 붓다께서는 안냐 콘단냐는 알고 있다고 말씀하셨습니다. 그는 무 엇을 알았을까요? 그는 단지 본성을 알았을 뿐입니다. 우리는 우리 몸에 서 길을 잃고 있는 것처럼 본성에서 길을 잃고 헤맵니다. 지·수·화·풍 이 모여 육신이 됩니다. 그것은 자연의 한 면, 즉 우리가 눈을 갖고 보 는 물질적 대상입니다. 그것은 소멸할 때까지 음식을 자양분으로 살아 가고 자라고 변화합니다.

모양을 보는 것은 시각[眼識]의 작용입니다. 만약 그것을 귀를 통해 받아들이면 청각[耳識]이라 하고, 코를 통해 받아들이면 후각[鼻識]이라 하고, 혀를 통해 받아들이면 미각[舌識]이라 하고, 몸을 통해 받아들이면 촉각[觸識]이라 하고, 법(마음대상)을 통해 받아들이면 의식(意識)이라고 합니다. 이런 의식은 단지 하나일 뿐입니다. 그러나 이것이 여러 장소에서 작용함으로써 우리는 다른 것이라고 부릅니다. 눈을 통해 우리는 그것을 어떤 것이라 부르고 귀를 통해 우리는 다른 어떤 것이라 부릅니다.

그것이 눈, 귀, 코, 혀, 몸, 마음이든 어디서든 작용하더라도 그것은 단지 하나의 앎입니다. 경전에 따르면 우리는 그것을 여섯 가지 의식이라고 합니다. 그러나 실제로 이 여섯 가지는 각기 다른 곳에서 생겨나는 것일 뿐 의식은 단 하나일 뿐입니다. 즉 단 하나의 알아차림이 있을 뿐입니다. 그것이 이 마음입니다.

이 마음이 본성의 진리를 알 수 있는 것입니다. 만약 마음이 여전히 장애를 갖고 있으면 우리는 마음이 무지하다고 합니다. 마음은 잘못 알고, 잘못 보게 합니다. 잘못 알고 잘못 보든, 바르게 알고 바르게 보든 그것은 단 하나의 알아차림입니다. 우리는 사견을 말하고 정견을 말합니다. 그러나 그 견해는 단지 한 가지입니다. 사견과 정견은 이 한 가지에서 일어납니다.

잘못된 앎이 있을 때 우리는 이런 무지가 진실을 가린다고 말합니다. 잘못된 지식이 있고, 잘못된 견해가 있고, 잘못된 의도(사유)가 있고, 잘못된 행동이 있고, 잘못된 직업이 있을 때 모든 것은 잘못됩니다. 그리고 다른 한편으로는 올바른 행위의 길이 바로 이 동일한 곳에서 생겨납니다.

올바름이 있을 때는 그릇됨이 사라집니다. 붓다께서는 힘든 고초를 견디셨고 단식과 여러 방법으로 고행하셨지만 마침내 무명을 벗어버릴 때까지 마음을 깊이 통찰하셨습니다. 이 세상의 모든 붓다는 아무것도 모르는 몸이 아니라 마음속에서 깨닫게 되었습니다. 몸에게 먹이를 주든 주지 않든 그것은 문제가 되지 않습니다. 몸은 언젠가는 죽을 수밖에 없습니다. 붓다께서는 마음과 함께 모든 수행을 하셨고 마음에서 깨닫게 되셨습니다.

마음관찰이 중도

—

붓다께서는 마음관찰 후 쾌락에 대한 탐닉과 고통에 대한 탐닉인 두 가지 극단적 수행을 포기하셨습니다. 붓다께서는 첫번째 설법에서 이 두 가지에 대한 중도를 설하셨습니다. 그러나 그의 가르침은 우리의 욕망에 거슬리게 되었습니다. 우리는 기쁨과 편안함과 행복에 빠져 있었고 좋다는 생각에 열중해 있었습니다.

불만, 불쾌, 증오, 성냄은 고통에 대한 탐닉입니다. 이것은 수행의 길에서 피해야 하는 양극단입니다. 이 방법은 오로지 행복과 불행을 일으킬 뿐입니다. 길을 가는 이는 바로 '아는 자'입니다. 만일 좋은 기분이 일어났다면 우리는 좋아함으로써 집착하고 기쁨을 탐닉합니다. 만일 불쾌한 감정이 일어났다면 우리는 싫어함으로써 집착합니다. 이 두 가지 모두 다 잘못된 길이고 수행자의 길이 아닙니다. 그것은 세속적인 삶의 길입니다. 또한 그 길을 가는 이들은 재미와 행복을 찾고자 하거나 불만족과 고통을 피하려는 사람들입니다. 지혜로운 사람들은 잘못된 길을 알고 버리고 포기합니다. 그들은 기쁨과 불쾌, 행복과 불행에 대해 흔들리지 않습니다. 이것이 일어나지만 아는 자는 집착하지 않습니다. 그의 본성에 맡기고 놓아버립니다. 이는 바로 보는 힘입니다. 이 사실을 확실하게 알았을 때 사람들은 자유로워집니다.

행복과 불행은 깨달은 자에게는 의미가 없습니다. 붓다처럼 깨달은 자들은 오염으로부터 떨어져 있음을 의미하지 않습니다. 그들은 어디든 피하지 않습니다. 오염은 거기에 있습니다. 붓다께서는 그것을 연못에 있는 연꽃잎에 비유합니다. 그 잎은 물과 함께 존재합니다. 연꽃잎은 물과 닿아 있지만 잎은 촉촉해지지 않습니다. 물을 오염이라고 본다면 연꽃잎은 깨달은 마음입니다.

수행자의 마음도 마찬가지입니다. 마음은 어디로든 피하지 않습니다. 바로 거기에 머뭅니다. 선, 악, 행복 그리고 불행, 옳음과 그릇됨이 일어나지만 붓다께서는 그 마음을 압니다. 수행자는 단지 그것을 알 뿐입니다. 그것은 수행자의 마음속으로 들어오지 않습니다. 붓다께서는 집착하지 않습니다. 붓다께서는 경험자일 뿐입니다. 그가 경험한다고 이야기하는 것은 평범한 말입니다. 법의 말로는 그의 마음이 중도로 간다고 말합니다. 이런 행복과 불행과 그 밖의 여러 가지 행동은 세상사의 특징이기 때문에 끊임없이 일어나고 있습니다.

붓다께서는 바로 이 세상에서 깨달음을 얻으셨습니다. 그는 세상을 관찰하셨습니다. 만일 붓다께서 세상에 대해 관찰하지 않으셨다면 세상을 보지 못했고 세상에 나타날 수 없었습니다. 붓다의 깨달음은 바로 이 세상에 대한 깨달음이었습니다. 그 세계는 여전히 거기에 있습니다. 얻음과 잃음, 칭찬과 비난, 명성과 악명, 행복과 불행은 여전히 거기에 있습니다. 만일 거기에 이런 것이 없으면 깨달음은 있을 수 없습니다. 그가 아는 것은 사람들이 둘러싸고 있는 그 세상일 뿐입니다. 만일 사람들이 칭찬과 명성, 이익과 행복을 추구하고 반대되는 것을 피하려고 한다면 그들은 세상의 중압감에 빠지게 됩니다. 이익과 손해, 칭찬과 비난, 명성과 악명, 행복과 불행이 오욕팔풍의 세상입니다. 이 풍진 세상에서 헤매는 사람은 피할 길이 없습니다. 세상은 그를 위협합니다. 세상은 진리의 법을 따르는데, 이를 세속적 법이라고 부릅니다. 세속적 법 안에서 살고 있는 사람은 세속적 존재라고 부릅니다. 그는 혼돈과 갈등 속에 빠져서 살아갑니다.

붓다께서는 팔정도의 길을 계발하는 것을 가르쳐주셨습니다. 우리는 그것을 계·정·혜로 나눌 수 있습니다. 우리는 계·정·혜를 계발하여 완성해야 합니다. 이는 세상을 소멸시키는 수행의 길입니다. 이런 세상이 어디에 있습니까? 그것은 세상에 빠져 있는 뭇 삶의 마음속에 있습니다. 칭찬, 이익, 명성, 행복, 불행에 집착하는 행동을 세상이라고 부릅니다. 세상은 그것이 마음 안에 있을 때 일어나며 세속적 존재가 생성됩니다. 세속적 세계는 갈망 때문에 생성됩니다. 갈망은 모든 세계가 생성되는 곳입니다. 갈망을 끝내는 것이 세속을 끝내는 것입니다.

계·정·혜에 대한 수행을 달리 말하면 팔정도라고 합니다. 팔정도와 여덟 가지 세속적 법은 분리할 수 없는 한 쌍입니다. 어떻게 그것을 한 쌍이라고 합니까? 경전에 따라 말하면 이익과 손해, 칭찬과 비평, 평판과 악평, 행복과 불행은 여덟 가지 세속적 법이라고 말합니다. 정견, 정사유, 정어, 정업, 정명, 정정진, 정념, 정정이 팔정도입니다. 이런 두 가지 팔정도는 같은 곳에 존재합니다. 여덟 가지 세속적 법은 아는 자와 함께 있는 바로 그 마음속에 있습니다. 그러나 아는 자는 장애를 갖고 있고, 그래서 잘못 알고 있고, 그 결과로 세속적이 되었습니다. 그것은 다른 무언가가 아니라 바로 '아는 자'입니다. 이런 마음에서 불성(佛性)은 아직 발현되지 않고 있습니다. 붓다의 성품은 여전히 세속에 묻혀 있습니다. 이와 같은 마음이 세속인 것입니다.

팔풍에서 팔정도

—

우리가 팔정도의 길을 수행할 때, 즉 몸과 언어를 갈고닦을 때 팔정도는 바로 이 마음속에서 완성됩니다. 그것이 서로 만나는 곳은 바로 이 마음에서입니다. 즉 팔정도는 이 마음속에서 세상과 만납니다. 만일 이런 마음으로 수행한다면 칭찬, 명성, 기쁨, 행복에 집착하는 것과 직면하고 세상에 대한 집착을 봅니다.

붓다께서 말씀하셨습니다. "당신은 세상을 알아야 한다. 그것은 왕의 마차를 탄 것처럼 현기증이 난다. 어리석은 사람은 빠져들지만 지혜로운 사람은 현혹되지 않는다. 붓다는 우리가 모든 것을 바라보면서 세상 속으로 가기를 원하지 않았다. 단지 세상에 집착하는 마음을 바라보기를 원했다."

붓다께서 우리에게 세상을 바라보라고 말씀하셨을 때 우리가 세상 속에 빠져들기를 원하신 것이 아니었습니다. 우리에게 세상을 면밀히 관찰하기를 원하셨습니다. 세상은 마음속에서 창조되기 때문입니다.

나무 그림자 속에 앉아 있을 때 그대는 세상을 바라볼 수 있습니다. 욕망이 있을 때 세상은 바로 그곳에서 생겨났습니다. 갈망은 세상이 창조되는 곳입니다. 갈망을 소멸하는 것은 세상을 소멸하는 것입니다.

좌선하고 있을 때 우리는 마음이 평화롭기를 원합니다. 그러나 평화롭지 않습니다. 왜 그럴까요? 우리는 생각하기를 원하지 않지만 생각이 일어납니다. 이는 개미집 위에 앉아 있는 사람과 같습니다. 개미들은 계속해서 그를 물어뜯습니다. 마음이 세상일 때 우리는 눈을 감고 좌선할 때조차도 세상을 봅니다. 기쁨, 슬픔, 걱정, 혼란 이 모든 것이 일어납니다. 왜 그럴까요? 여전히 법을 깨닫지 못했기 때문입니다. 만일 마음이 이와 같다면 수행자는 세속적 법을 견딜 수 없고 그는 관찰하지 않습니다. 그것은 마치 그가 개미집 위에 앉아 있는 것과 똑같습니다. 개미들은 자기 집 바로 위에 앉아 있기 때문에 물어뜯고 있습니다. 그는 무엇을 해야 할까요? 그는 개미를 털어내기 위해 살충제를 찾든가 불을 사용해야 합니다.

그러나 대부분의 법 수행자는 이와 같은 것을 보지 않습니다. 만일 무언가에 만족하고 있다면 만족감이 뒤따르고 불만족스럽다면 불만족감이 뒤따릅니다. 세속적 법을 따를 때 마음은 세속적이 됩니다. 가끔 우리는 이렇게 생각하는지도 모릅니다. '아! 나는 그것을 알 수 없어요. 그것은 나의 범위를 넘어서요. 그래서 시도조차 하지 않아요.' 그것은 마음이 번뇌로 가득차 있기 때문이고 세속적 법이 팔정도가 일어나는 것을 막고 있습니다. 우리는 계·정·혜를 계발하는 데 끈기 있게 기다릴 수 없습니다. 마치 개미집 위에 앉아 있는 사람과 같습니다. 그는 어찌할 수 없고 개미는 깨물고 있고 그의 몸 위로 타고 올라오고 있습니다. 그는 혼돈과 초조 속에 빠져 있습니다. 그는 위험에서 빠져나올 수 없습니다. 그는 여전히 고통을 겪으며 거기에 앉아 있습니다.

우리의 수행도 이와 같습니다. 세속적 법은 세속적인 마음속에 존재합니다. 평화를 발견하기를 원할 때 법은 바로 거기에서 일어납니다. 마음이 무지할 때는 어둠만이 있습니다.

지혜가 일어날 때 마음은 밝아집니다. 무지와 지혜는 같은 곳에서 일어나기 때문입니다. 무지가 일어났을 때 마음이 무지를 받아들였기 때문에 지혜는 들어올 수 없습니다. 지혜가 일어났을 때는 무지에 머물 수 없습니다.

그래서 붓다께서는 제자들에게 마음과 함께 수행하라고 격려하셨습니다. 세상은 마음속에서 창조되고 여덟 가지 세속적 법은 마음속에 있기 때문입니다. 팔정도, 즉 우리가 계발한 노력과 지혜, 통찰 명상을 통해 세상에 대한 집착을 놓아버립니다. 집착, 혐오, 착각이 더 가벼워질수록 우리는 알게 됩니다. 만일 명성, 물질적 이익, 칭찬, 행복 혹은 고통이 찾아올 때 우리는 상태를 알아차립니다. 우리는 세상이 우리 마음속에 있기 때문에 세상을 초월하기 전에 이런 것에 대해 알아차려야만 합니다. 우리가 이것으로부터 자유로워질 때 마치 집을 떠나는 것과 같습니다.

집에 들어갈 때 어떤 종류의 느낌을 느끼나요? 우리는 문을 통해 들어가는 것을 느낍니다. 집을 떠날 때 우리는 어두운 집 안이 아닌 밝은 태양 아래 있음을 느낍니다. 세속적 법 속에 들어가 있는 마음의 움직임은 집 안으로 들어가는 것과 같습니다. 세속적 법이 사라진 마음은 집을 떠난 사람과 같습니다.

그래서 법 수행자들은 스스로 법을 바라보는 주시자가 되어야 합니다. 그들 스스로는 세속적 법을 떠났는지 아닌지를 압니다. 팔정도가 계발되고 있는지, 아닌지를 압니다. 팔정도를 잘 계발할 때 세속적 법을 정화합니다. 팔정도는 더 강해집니다. 사견이 줄고 정견이 성장함에 따라 마침내 팔정도는 번뇌를 타파합니다. 그렇지 않으면 번뇌가 팔정도를 파괴할 것입니다. 정견이냐, 사견이냐 단 두 가지만 있습니다. 사견은 교묘하게 수를 쓰고 잘못된 지혜를 갖게 됩니다. 그러나 그런 지혜는 바르게 이끌어진 것이 아닙니다.

법의 주시
—

팔정도를 계발하기 시작한 자는 분리를 경험합니다. 심지어 그것은 마치 그가 두 사람인 것처럼 느끼게 합니다. 한 사람은 세상 속에 있고, 다른 한 사람은 팔정도에 있습니다. 그들은 나뉘고 따로 떨어져 이끕니다. 그는 관찰할 때 늘 이런 분리 속에 있습니다. 그리고 이 분리는 지속되고 마음이 위빠사나 통찰 지혜에 도달할 때까지 계속됩니다.

때로는 아마도 위빠사나의 장애가 올 수도 있습니다. 수행상 완벽한 결과를 확립하려고 할 때 그것에 집착합니다. 이런 형태의 집착은 수행에서 어떤 것을 얻으려고 하는 욕망으로부터 비롯됩니다. 이것이 위빠사나의 장애며 오염된 지혜입니다. 어떤 사람들은 선을 계발하고 그것에 집착합니다. 그들은 정화하면서 정화에 집착합니다. 혹은 그들은 지혜를 쌓고 지혜에 집착합니다. 선과 지혜에 집착하는 행동은 위빠사나의 장애입니다. 이 집착은 우리의 수행에 침투합니다.

그래서 우리는 위빠사나를 수행할 때 조심해야 합니다. 위빠사나 장애를 지켜보십시오. 너무나도 가까이 있어 우리는 가끔씩 그것을 따로 볼 수 없습니다. 그러나 정견으로 그것을 분명하게 볼 수 있습니다. 만일 그것이 위빠사나 장애라면 고통이 따르게 됩니다. 만일 그것이 정말로 위빠사나라면 고통은 없습니다. 평화가 있습니다. 행복과 불행 모두 사라집니다. 스스로 그것을 볼 수 있습니다.

이 수행은 인내를 요구합니다. 일부 사람은 수행하러 왔을 때 어떤 것에든 괴롭힘 당하기를 원하지 않습니다. 그들은 갈등을 원하지 않습니다. 그러나 이전과 마찬가지로 똑같은 갈등이 있습니다. 우리는 갈등 그 자체를 통해 갈등의 끝을 발견하도록 노력해야 합니다. 수행할 때 갈등이 있다면 그것은 당연합니다. 만일 갈등이 없다면 그것은 옳지 않습니다. 당신은 당신이 원하는 만큼 먹고 잠을 잡니다. 우리는 우리가 어디로든 가기를 원하고 어떤 것을 말할 때 욕망을 따릅니다. 붓다의 가르침은 세속에 역행합니다. 속세를 초월함은 속세를 거스르는 것입니다. 정견은 사견에 반대되고, 순수함은 순수하지 않음과 반대됩니다. 법의 가르침은 우리의 욕망에 역행합니다.

경전에는 붓다께서 깨달음을 얻기 전에 대한 이야기가 있습니다. 당시 붓다께서는 밥을 담는 바리때를 받았을 때 흐르는 시냇물 위에 바리때를 띄우셨습니다. 마음속으로 '만일 내가 깨달음을 얻을 수 있다면 이 바리때는 물을 거슬러올라갈 것이다'라고 결정심을 내셨습니다. 그 바리때는 물의 흐름에 거슬러올라갔습니다! 그 바리때는 붓다의 정견이었고 깨달음을 얻게 된 본성이었습니다. 그것은 평범한 존재의 욕망에 따르지 않고 욕망의 흐름에 역행했으며 모든 세속적 욕망을 거슬러 흐르게 되었습니다.

오늘날 이와 같은 방법으로 붓다의 가르침은 우리의 욕망에 역행합니다. 사람들은 탐욕과 증오에 빠져 있기를 원했지만 붓다께서는 그것을 내버려두지 않으셨습니다. 그들은 망상 속에 있기를 원했지만 붓다께서는 망상을 없애셨습니다. 붓다의 마음은 세속적인 존재의 마음과 대조됩니다. 세상은 몸을 아름다운 것으로 일컫지만 붓다께서는 아름답지 않다고 말씀하셨습니다. 그들은 몸을 우리에게 속한 내 것이라고 말하지만 붓다께서는 그렇지 않다고 말씀하셨습니다. 몸은 실체가 있다고 말하지만 붓다께서는 그렇지 않다고 말씀하셨습니다. 정견은 세속을 초월합니다. 세속적 존재는 단순히 시내(욕망)의 흐름에 따라 흐르고 있습니다.

여기서 일어났을 때 붓다께서는 한 브라만으로부터 여덟 다발로 뭉친 풀 한 줌을 받으셨습니다. 이것의 진정한 의미, 즉 여덟 다발의 풀 한 줌은 세속적 법(오욕팔풍)입니다. 즉 얻음과 잃음, 칭찬과 비평, 명성과 불명예, 행복과 불행 등입니다. 붓다께서는 이 풀 위에 앉아 삼매에 들기로 결심하셨습니다. 풀 위에 앉은 좌선 그 자체가 삼매였습니다. 즉 붓다의 마음은 세속적 법 위에 있었고 세속을 초월할 때까지 세속적 욕망을 정복해나갔습니다. 세속적 법은 그로부터 거절되었고 모든 것은 의미를 잃었습니다. 붓다께서는 세속적 법 위에 앉아 계셨지만 그것은 그의 마음을 방해하지 않았습니다. 그 다양한 악마는 그를 유혹하러 왔으나 붓다께서는 삼매 속에서 세속적 법을 정복하셨습니다. 마침내 붓다께서는 법을 있는 그대로 훤히 알게 되었고 악마를 성공적으로 패배시키셨습니다. 즉 붓다께서는 세속적 욕망을 패배시키셨습니다. 그러므로 팔정도를 계발하는 수행은 번뇌를 없애버리는 길입니다.

의존으로부터 자유
—

오늘날 대부분의 사람은 믿음이 확고하지 않습니다. 1년 혹은 2년 정도 수행하고 거기서 무언가 얻기를 원합니다. 그리고 그들은 빨리 이루기를 원합니다. 그들은 우리의 스승인 붓다께서 깨달음을 얻기 전에 6년이라는 세월 동안 수행에만 몰두한 것을 염두에 두지 않습니다. 이는 은사의 의존으로부터 자유입니다. 즉 수행자는 적어도 그가 그 자신의 방식으로 살아가기 전에 5년 안거를 가져야만 합니다. 이 기간까지 그는 경전을 공부하고 충분히 수행해야 합니다. 그렇게 함으로써 충분한 경전 지식뿐 아니라 믿음을 갖게 되고 그의 행동이 올바르게 됩니다. 이른바 5년 동안 수행한 사람은 충분히 자격이 있다고 봅니다. 그는 5년 동안 승복을 입고 진실하게 수행해야 합니다. 그는 정성을 다해 진실하게 수행해야 합니다!

5년 안거를 마칠 때까지는 붓다께서 말씀하신 의존에서 자유가 무엇인지 의심할 수도 있습니다. 5년 동안 진실로 수행하기 위해 노력해야 합니다. 그리고 나서 스스로 5년 안거의 참다운 의미를 이해할 것입니다. 이런 기간을 거친 후 자격을 갖춘, 마음속에 능력이 있고 확신이 있는 수행자가 될 것입니다. 5년 안거 후에 깨달음의 첫번째 단계에 있어야 합니다. 이는 몸으로써의 5년 안거일 뿐 아니라 마음으로써의 5년 안거입니다. 수행자는 비난을 두려워하고 수치심과 도덕심을 갖고 있습니다. 그는 사람들 앞에서나 등뒤에서나 밝은 곳에서나 어두운 곳에서나 감히 그릇되게 행동하지 않습니다. 왜 그렇게 하지 않는 걸까요? 그는 붓다, 즉 '아는 자'에 이르렀기 때문입니다. 그는 붓다와 법과 상가(Sangha, 승가)에 따르기 때문입니다. 붓다와 법과 상가에 진실로 의지하려면 붓다를 보아야만 합니다. 붓다를 알지 못하고 따르려고 하는 이유는 무엇일까요? 만일 붓다와 법과 상가를 알지 못하면 삼보에 대한 귀의는 몸짓이나 언어의 유희에 지나지 않습니다. 일단 마음이 붓다와 법과 상가가 하나임을 알게 됩니다. 그때 우리는 진정으로 붓다와 법과 상가에 귀의할 수 있습니다. 왜냐하면 이런 것이 우리 마음속에서 우러나기 때문입니다. 우리가 있는 곳이 어디든 우리는 붓다와 법과 상가와 함께 있는 것입니다.

이와 같은 사람은 악업을 짓지 않습니다. 이것이 깨달음의 첫번째 단계에 도달한 사람이 더이상 나쁜 상태에서 태어나지 않게 되는 이유입니다. 그의 마음은 확고하고, 그는 흐름에 들었고, 더이상 의심하지 않습니다. 비록 지금은 완전한 깨달음에 이르지 못했더라도 미래에 언젠가는 구경각에 도달하게 될 것입니다. 그는 잘못할 수도 있지만 지옥으로 갈 정도는 아닙니다. 즉 그는 언어와 몸으로 계를 파하지 않습니다. 그는 파계할 수 없습니다. 그래서 이런 수행자를 고귀한 탄생으로 들어가는 입류과/수다원과라고 말합니다. 그는 되돌아갈 수 없습니다. 이것이 그대들 스스로 이해하고 알 수 있는 것입니다.

오늘날 수행에 대해 여전히 의심하고 있는 우리는 이 교훈을 듣습니다. "오! 내가 어떻게 저것을 할 수 있을까?" 우리는 가끔은 행복하게 느끼고, 가끔은 고통스럽게 느끼며, 때로는 기쁘거나 불쾌하게 느낍니다. 그 이유는 무엇일까요? 우리는 법을 알지 못하기 때문입니다. 법은 무엇일까요? 법의 본성은 우리 주위에 있는 실제 몸과 마음입니다.

놓아버림
—

붓다께서 말씀하셨습니다. "오온(몸과 마음)에 집착하지 말라. 그것을 놓아버려라. 그것을 포기하라!" 왜 우리는 그것을 놓아버리지 못하는 것일까요? 우리가 오온을 확실히 보지 않기 때문입니다. 우리는 오온을 우리 자신으로 보고 오온 안에서 자신을 봅니다. 우리는 행복과 고통을 우리로 보고 행복과 고통 속에서 우리 자신을 봅니다. 우리는 우리 자신을 오온과 분리할 수 없습니다. 우리가 그것을 분리할 수 없을 때 우리는 법을 볼 수 없습니다. 우리는 본성을 볼 수 없습니다.

행복과 불행, 기쁨과 슬픔, 그중 어느 것도 우리는 아니지만 우리는 그것을 우리와 동일시합니다. 그것과 만날 때 우리는 그것을 자아와 동일시합니다. 자아가 있는 곳이면 어디든 그대는 행복과 불행, 그리고 다른 모든 것도 볼 수 있습니다. 그래서 붓다께서는 이런 자아덩어리를 없애는 것이 유신견을 제거하는 것이라고 설하셨습니다. 자아가 제거되었을 때 비자아(무아)가 자연적으로 일어납니다. 우리는 현상을 우리에게 속한 것으로 여기거나 우리 스스로를 현상에 속한 것으로 여깁니다. 그래서 진실로 현상을 알지 못합니다. 만일 그것이 좋다면 웃게 되고, 그것이 좋지 않다면 울게 됩니다. 그러나 현상은 단순히 조건지어진 형성[行]입니다. 우리가 염송할 때처럼 형성을 정화하는 것이 진정으로 행복입니다. 어떻게 우리는 형성된 것을 진정시킬 수 있을까요? 우리는 단순히 집착을 소멸하고 집착을 실제로 있는 그대로 봅니다. 그래서 이 세상에는 진리가 있습니다. 나무와 산과 담쟁이덩굴 이 모든 것은 그 자체의 자연적 성질, 즉 본성에 따라 살고 죽습니다. 자연적 본성, 즉 이치를 따르지 않는 것은 바로 우리 인간들입니다. 우리는 그것을 봅니다. 그리고 그것으로 야단법석을 떨지만 그런 현상은 있는 그대로입니다. 단지 그 자체일 뿐입니다. 우리는 웃고, 울고, 죽지만 본성은 진리로 남아 있습니다. 그것이 진리입니다.

콘단냐의 법안
—

우리가 행복하든 슬프든 몸은 자기 자신의 본성을 따릅니다. 태어나고, 자라고, 나이들어 변화하고, 점점 더 늙어갑니다. 몸은 이런 방식으로 본성을 따릅니다. 몸을 자기 자신으로 여기면서 활동하는 사람은 누구든지 고통을 겪습니다.

그래서 안냐 콘단냐는 모든 것에서 물질적이든 비물질적이든 무엇이든 태어나고 소멸한다는 것을 알았습니다. 세상에 대한 그의 견해는 변화되었습니다. 그는 진리를 보았습니다. 그가 앉아 있는 곳에서부터 일어났을 때 그는 진리를 받아들였습니다. 태어남과 죽음의 진리는 계속되었지만 그는 단지 관찰하기만 했습니다. 행복과 불행은 일어났고 사라지게 되었지만 그는 단순히 주시만 했습니다. 그의 마음은 흘러갔지만 더이상 고통스러운 상태에 빠지지 않았습니다. 그는 기쁘든 혹은 기분이 상하든 그것에 대해 놀라지 않았습니다. 그는 마음을 매사 확고히 관찰했습니다.

안냐 콘단냐는 여기서 법안을 얻었습니다. 그는 진리에 따라 상카라 (sankara, 行, 형성)라고 하는 본성을 보았고 지혜는 상카라의 진리를 아는 것입니다. 이것이 법을 보고 아는 마음입니다. 즉 모든 것을 극복하는 것입니다.

법을 볼 때까지 우리는 인내하고 절제해야 합니다. 우리는 참아야 하고 놓아버려야 합니다! 우리는 부지런함과 인내를 길러야 합니다. 왜 우리는 부지런함을 배워야 할까요? 우리는 게으르기 때문입니다. 왜 우리는 인내를 계발해야 할까요? 우리는 참지 않기 때문입니다. 그러나 이미 우리가 수행을 확실히 갈고닦아 게으름이 사라졌을 때는 부지런할 필요가 없습니다. 만일 우리가 이미 우리 마음 상태의 본질을 알고 있다면, 그것 때문에 행복하거나 불행해지지 않는다면 우리는 인내를 연습할 필요가 없습니다. 마음은 이미 법이기 때문입니다. 아는 자는 이미 법을 보았고 그는 법이기 때문입니다.

마음이 법일 때 마음은 쉽니다. 평화를 얻습니다. 더이상 특별한 어떤 것을 할 필요가 없습니다. 이미 마음이 법이기 때문입니다. 밖이 법이고 안이 법입니다. 아는 자가 법입니다. 그 상태가 법이고 그 상태가 법임을 아는 것입니다. 그것은 하나고 그것은 자유입니다.

이런 본성은 태어나지 않고, 병들지 않고, 늙지 않습니다. 이런 본성은 죽지 않습니다. 이런 본성은 행복도, 슬픔도, 크거나 작거나 무섭거나 가볍거나 짧거나 길거나 검정이거나 흰 것도 아닙니다. 그것과 비교할 수 있는 것은 없습니다. 어떤 관념으로도 도달할 수 없습니다. 이것이 모양 없는 닙바나(Nibbāna)라고 말하는 이유입니다. 모든 모양은 단지 관념에 지나지 않습니다. 세상 너머에 있는 이 상태는 세속적 관념의 범위를 넘어서 있습니다.

그래서 법은 세상을 초월하여 있는 것입니다. 그것은 한 개인이 스스로 직접 체험해야 하는 것입니다. 그것은 언어를 넘어섭니다. 당신은 말로써 표현할 수 없습니다. 당신은 단지 그것을 깨달을 수 있는 방법과 수단에 대해 이야기할 수 있습니다. 스스로 그것을 볼 수 있는 사람은 할일을 다 마친 사람입니다.

"시간과 장소에 상관없이 법의 모든 수행은 무(無, 空)인 여기서 완성된다. 여기가 모든 것을 놓아버리는 곳이며, 텅 빈 곳[空]이고 모든 짐을 내려놓는 곳이다."

아잔 차의 수행 염불위빠사나

김열권 엮음

염불위빠사나

붓다를 깨달음에 이르게 한 수행법인 위빠사나는 다양한 유형으로 분류되는데, 미얀마에서는 아나빠나사띠와 마하시 사야도의 순수위빠사나가, 태국에서는 아나빠나사띠, 사마타가 가미된 담마까야('아라한'을 염송하는 수행), 염불위빠사나가 주류를 이루고 있다.

국내에서는 마하시 수행법이 중심축을 이루고 있지만 수행자의 근기에 따라 수행 효과가 큰 차이를 보이는 경향이 있다. 따라서 보다 효율적인 수행법을 모색하던 중 기회가 닿아 (아잔 차 스님이 핵심 수행법으로 채택했던) '염불위빠사나'를 소개하게 되었다.

염불위빠사나는 집중력 증대에 탁월한 효과가 있는 염불 수행과 깨달음에 이르는 연결고리가 튼실한 위빠사나 수행의 장점을 접목한 탁월한 수행법이다.

이 수행법의 특징은 붓다의 공덕을 기리며 심신을 견실히 다지면서 집중력을 강화하여 바쁜 일상 속에서도 효과적으로 수행할 수 있으며, 더 나아가 깨달음의 경지까지 확고히 이끌어준다는 점이다.

특히 많은 수행자가 염불 수행을 하고 있지만 대부분 깨달음의 경지까지 이어지지 못하는 현실에서 이 수행법은 염불 수행자들에게 결정적 돌파구를 열어주리라 여겨진다.

또한 기존의 수행법에 한계를 느끼거나 침체 상태에 빠져 있는 수행자들에게도 수행의 바탕인 집중력을 획기적으로 향상시켜 새로운 도약의 계기를 마련해줄 것이다.

기존의 수행법을 보완할 수 있는 새로운 수행법이 절실히 요망되는 오늘날 염불위빠사나는 탁월한 대안이 될 수 있으며, 나아가 핵심 수행법 중 하나로 자리잡게 되리라는 믿음으로 그 요점만 간추려 별도 부록으로 게재한다.

아울러 국내 수행자들에게는 생소한 염불위빠사나를 제대로 이해하고 체득할 수 있도록 '수행 체험기'를 덧붙였다.

염불위빠사나의 연원과 수행법

 염불 수행인 불수념(佛隋念, Buddhānussati)은 빨리 대장경 『쌍 윳따 니까야Saṃyutta Nikāya』와 남방불교의 대표적 논서인 『아비담마 Abhidhamma』, 『청정도론清淨道論』 등에 그 연원과 수행법이 게재되어 있다.

 붓다의 공덕을 기리며 염송하는 불수념은 염송만 행하면 정신 집중 으로 선정에 드는 사마타 수행이 되고 (아잔 차 스님의 수행법처럼) 사념 처(몸·느낌·마음·법) 관찰과 연계하여 행하면 위빠사나 수행이 된다.

 사마타 수행은 집중력 증대에는 탁월하지만 깨달음까지 이르는 연결 고리는 취약하다. 반면에 위빠사나 수행은 깨달음으로 이끌어주는 방 편은 튼실하지만 수행자 개성에 따라 집중력 배양은 더딘 편이다.

 바로 이런 문제점에 착안하여 이 두 수행법의 장점을 연계하여 단점 을 해소함으로써 수행의 효율성을 극대화하고자 계발된 수행법이 염불 위빠사나다.

 태국에서는 위빠사나 수행자 대다수가 이미 염불위빠사나를 수행하고 있다는 사실도 이 수행법의 진가를 입증한다.

염불위빠사나는 자신의 성향에 맞추어 '붓도'를 염송하며 호흡 관찰 등의 사념처관과 연계하여 수행하거나, 염송 없이 순수하게 위빠사나만 수행하거나, 붓다의 공덕을 기리며 '붓도' 염송만 행해도 된다.

물질문명에 길들여진 현대인들은 일반적으로 집중력이 약한데, 이처럼 집중력이 떨어지는 수행자나 바쁜 생활인들에게 염불위빠사나는 결정적 도움을 줄 것이다.

아직 국내 수행자들에게는 낯선 염불위빠사나가 독자들의 수행에 깊이를 보태고 수행에 대한 이해의 지평을 넓혀주기를 바라는 마음으로 간략하게 그 개요를 살펴보고자 한다.

불수념의 연원
―

불수념, 즉 '붓도' 염불 수행은 초기 경전들과 남방불교의 대표적 논서인 『청정도론』과 『아비담마』 등에 기술되어 있다. 『쌍윳따 니까야』 11권(전재성 옮김)에는 위험과 두려움에 처했을 때, 고통스러운 죽음 앞에서 공포에 휩싸일 때, 병이 들었을 때, 가르침에 의문이 생겼을 때, 성위 4과(聖位四果)에 들고자 할 때, 성위 4과에 들었을 때 붓다의 공덕을 관하는 수행인 붓다누삿띠(Buddhānussati, 佛隨念), 법의 공덕을 관하는 수행인 담마누삿띠(Dhammānussati, 法隨念), 상가(4과를 이룬 성자들의 모임)의 공덕을 관하는 수행인 상가누삿띠(Sanghānussati, 僧隨念)를 통해 고통의 바다에서 벗어나 원하는 것을 이루고 올바른 깨달음으로 윤회에서 벗어나 완전한 지혜를 성취하는 내용이 담겨 있다. 『법구경』에도 '나무붓다'를 염송하는 수행법 등이 언급되어 있으며 『청정도론』에는 그 상세한 방법이 실려 있다.

불수념의 정의

—

붓다에 대한 끊임없는 마음챙김인 불수념(Buddhānussati)은 붓다(Buddha)와 수념(anussati)의 합성어다. (빨리어에서) 붓다의 주격은 붓도(Buddho)로 다음의 네 가지 의미를 내포한다.

첫째, 석가여래처럼 깨달음을 얻은 인격적인 붓다 둘째, 벽지불(辟支佛)과 아라한같이 깨달음을 얻은 성자 셋째, 탐·진·치가 없는 청정(淸淨)하고 무량한 지혜와 자비로 가득찬 본래 마음자리인 심즉시불(心卽是佛), 즉 본래 있는 자성불(自性佛) 넷째, 반야인 '아는 마음'(아잔 차 스님은 '아는 마음'이 붓도임을 강조한다)이다(이 네 가지 깊은 뜻을 유념해야 뒤쪽에 이어지는 염불위빠사나 수행 체험기와 '질의응답'의 내용을 제대로 이해할 수 있다).

'수념은 현상의 생멸을 밀착하여 관찰하는 '따라서'의 뜻을 지닌 '수(隨)'와 '마음챙김', '알아차림', 붓다와 성자들의 공덕을 계속 기리는 기억 등의 뜻을 지닌 '염(念)'으로 이루어져 있다. 즉 불수념은 반야(지혜)와 동의어인 깨어 있는 '알아차림'으로 현상의 생멸을 '따라' 계속 관찰을 놓치지 않으면서 잠재의식 속에 붓다의 공덕을 기리는 마음도 함께 이어가는 수행을 이른다.

'붓도' 대신 '담모'와 '상고'를 염송할 수도 있다. 진리·연기·인과 깨달음 등을 뜻하는 '담마(Dhamma, 法)'의 주격인 '담모(Dhammo)'나 '참사람'의 모임인 '상가(Sangha, 僧)'의 주격인 '상고(Sangho)'를 염송하면서 관하는 수행을 각각 법수념(Dhammānussati)과 승수념(Sanghānussati)이라고 한다.

불수념 수행법

—

호흡 관찰이나 경행, 그 밖의 일상생활 관찰중에 망념이 들어 마음이 산란할 때 불·법·승의 공덕을 기리고 집중력을 기르기 위해 '붓도, 붓도'를 염송하면서 계속 관찰한다. '붓도', '담모', '상고'를 이어서 염송하면서 관찰해도 된다.

붓다의 공덕을 기리면서 염송만 할 경우에는 정신을 집중하여 고요한 마음에 이르게 하는 사마타 수행이 되고, 염송하면서 '아는 마음'인 반야로 몸과 마음을 동시에 관찰할 경우에는 사마타-위빠사나 수행이 된다. 어느 쪽이든 자신의 근기와 성향에 맞추어 선택하여 지혜롭게 수행하면 된다.

일례로 위빠사나 대선사 아잔 문은 오온과 12연기 관찰을 '붓도' 염송과 함께 수행했고, 아잔 차 스님은 '붓도'를 염송하며 호흡 관찰이나 경행을 수행했다. 또한 아잔 차 스님의 도반인 아잔 마하 부와(Ajahn Maha Boowa) 스님은 '붓도'를 대상으로 삼아 알아차림과 함께 수행했다.

『쌍윳따 니까야』와 『청정도론』에는 붓다의 공덕을 바르게 이해하기 위해 여래십호(如來十號)를 떠올리면서 염송하는 불수념 수행법이 기술되어 있다.

여래십호는 다음과 같은 붓다의 열 가지 칭호를 말한다.

① 아라한[應供, arhat] : 욕심, 성냄, 어리석음이 소멸되고 연기법을 통달했으므로 마땅히 공양받을 자격이 있는 분

② 정변지(正遍知, samyak-saṃbuddha) : 바르고 완전하게 사성제를 스스로 깨달은 분

③ 명행족(明行足, vidyā-carana-sajpanna) : 전생을 아는 숙명통, 멀리 있는 것이나 죽어서 어디에 태어나는지를 아는 천안통, 번뇌를 다 없앤 누진통의 삼명(三明)을 갖추어서 말·행동·생각이 완전한 분, 지혜와 제행이 완벽한 분

④ 선서(善逝, sugata) : 미망을 떠나 다시 미망의 세계로 돌아오지 않는 분, 팔정도를 닦아 의심 없이 열반에 이른 분

⑤ 세간해(世間解, loka-vid) : 세상의 모든 일과 중생의 업을 다 아는 분

⑥ 무상사(無上士, anuttara) : 선정, 지혜, 공덕 등 모든 면에 더없이 뛰어난 분

⑦ 조어장부(調御丈夫, purusa-damya-sārathi) : 중생을 근기에 따라 잘 지도하여 열반에 이르게 하는 분

⑧ 천인사(天人師, śāstā deva-manusyānāṃ) : 사람들과 신들의 스승이신 분

⑨ 불세존(佛世尊, buddha, bhagavat) : 사성제를 깨닫고 중생을 깨달

게 하는 분

⑩ 여래(如來, tathāgata) : 진리에 도달한 분

이와 같은 여래십호와 그 공덕을 염송하면서 삼세 붓다들의 공덕을 관하는 한편, 불성·열반·깨달음은 만들어지는 것이 아니라 중생이면 누구나 본래 갖추고 있는 것임을 관한다. 자신의 내면에 본래 존재하는 보배를 버리고 변하는 몸이나 생각을 '나'로 착각하기 때문에 모든 고통이 일어나는 것이다. 따라서 우선 자신의 내면에 여래십호와 같은 무량한 보배가 있다고 염(念)하고서 만나는 사람마다 '당신은 붓다입니다'라고 생각한다. 아무리 밉거나 보기 싫어도 '당신은 석가여래와 똑같은 붓다입니다'라고 되풀이한다.

그 밖에도 화두선의 화두나 순수위빠사나의 '일어남·사라짐', '옴마니반메훔', '아미타불', '관세음보살' 등의 만트라를 '붓도' 대신 염송하며 불수념과 같은 방법으로 수행할 수 있다.

아잔 차의 염불위빠사나
—

아잔 차 스님의 수행법은 예비 수행과 본수행으로 나뉜다.

예비 수행으로는 부정관, 자비관, 시체관, 불수념을, 본수행으로는 아나빠나사띠(호흡 관찰)와 경행을 수련한다. 예비 수행의 네 가지 수행법은 미얀마의 마하시(Mahasi) 선원과 파욱(Paauk) 선원 등에서도 주요 수행법으로 다루어진다.

그중 '불수념'은 '붓도'를 염송하는 염불 수행을 이르지만 아잔 차 스님은 이 염불 수행에 본수행인 아나빠나사띠와 경행을 연계하여 '염불 위빠사나'로서 수행하도록 지도했다.

아나빠나사띠에 관해서는 『쌍윳따 니까야』에 다음과 같이 상세히 기술되어 있다.

몸의 관찰
① '들숨이 길면 길게 들이쉰다'고 알아차리고, '날숨이 길면 길게 내쉰다'고 알아차린다.
② '들숨이 짧으면 짧게 들이쉰다'고 알아차리고, '날숨이 짧으면 짧게 내쉰다'고 알아차린다.
③ '온몸에 대해 느끼면서 숨을 들이쉬고 온몸에 대해 느끼면서 숨을 내쉰다'고 알아차리며 수행한다.
④ 몸의 형성[身行]을 고요하게 하면서 이것을 알아차리며 숨을 들이쉬고 내쉰다.

감각의 관찰
⑤ 환희를 자각하면서 숨을 들이쉰다(내쉰다). 이렇게 수행한다.
⑥ 행복감을 자각하면서 숨을 들이쉰다(내쉰다). 이렇게 수행한다.
⑦ 마음의 형성[心行, 호흡과 관련된 감정, 인식 등]을 자각하면서 이렇게 수행한다.
⑧ 마음의 형성을 고요하게 하면서 숨을 들이쉰다(내쉰다). 이렇게 수행한다.

마음의 관찰

⑨ 마음의 상태를 자각하면서 숨을 들이쉰다(내쉰다). 이렇게 수행한다.

⑩ 마음의 기쁨을 자각하면서 숨을 들이쉰다(내쉰다). 이렇게 수행한다.

⑪ 마음의 고요를 자각하면서 숨을 들이쉰다(내쉰다). 이렇게 수행한다.

⑫ 마음의 해탈을 자각하면서 숨을 들이쉰다(내쉰다). 이렇게 수행한다.

법의 관찰

⑬ 무상(無常)을 관찰하면서 숨을 들이쉰다(내쉰다). 이렇게 수행한다.

⑭ 이욕(離慾)을 관찰하면서 숨을 들이쉰다(내쉰다). 이렇게 수행한다.

⑮ 멸(滅)을 관찰하면서 숨을 들이쉰다(내쉰다). 이렇게 수행한다.

⑯ 벗어남을 관찰하면서 숨을 들이쉰다(내쉰다). 이렇게 수행한다.

이와 같은 아나빠나사띠를 '붓도'를 염송하는 불수념과 함께 행하는 것이 염불위빠사나 수행이다(아잔 차 스님은 집중이 잘되는 수행자는 염송 없이 호흡 관찰만 해도 된다고 가르쳤다).

아잔 차 스님은 특히 ③ '온몸에 대해 느끼면서 호흡한다'를 강조했다. 이 수행법은 처음에는 코-가슴-배로 숨이 들어오고, 배-가슴-코로 숨이 나가는 경로를 따라가면서 주시하고, 이것이 충분히 숙달되면 숨이 코끝에 부딪히는 한 지점을 포착하여 이곳의 감각 변화를 관찰하는 것을 이른다. 이때 '붓도' 소리와 붓도를 일으키는 마음 상태나 마음 작용, 혹은 호흡 그 자체의 지·수·화·풍 4대 변화나 감각 중 어느 하나를 관찰해도 된다. 이들 중 가장 분명하게 감지되는 것을 관찰하다보면 다른 것의 관찰도 저절로 이루어진다.

아나빠나사띠에서는 이처럼 '온몸에 대해 느끼면서 숨을 쉬는' 단계를 통과해야 비로소 수행이 본궤도에 오르게 된다. 이때는 『맛지마 니까야Majjhima Nikāya』의 「상적경」에서 이르듯이 머리, 가슴, 단전, 사지, 오장육부 등에서 4대[氣]의 흐름을 관찰해야 한다. 이 관찰이 예리해지면 기경팔맥은 물론 모세혈관 속 기의 흐름까지 관찰할 수 있다.

무릇 어떤 수행이든 자유자재로 삼매에 들 수만 있다면 기는 저절로 돌아가게 마련이다. 이런 체험을 하지 못한 일부 수행자는 기 수련을 해서는 안 된다고 비판하기도 한다. 그러나 집중력이 약해 호흡 관찰만으로는 온몸 전체가 관찰되지 않는 수행자는 사마타 호흡법(선정 호흡법, 순룬 호흡법)을 수련하여 온몸의 감각[氣感]과 집중력을 계발해야 한다. 그렇지 않으면 많은 세월이 흘러도 수행의 진전은 없고 이론적 수단만 늘게 될 뿐이다. 현대교육을 받은 사람들 대부분 이 경우에 해당한다. 그러므로 자신의 근기를 냉철하게 판단하여 사마타와 위빠사나를 활용하여 수행하는 지혜가 요구된다.

③의 단계에 숙련되어야 ④의 단계에 이를 수 있다. 이때도 지·수·화·풍의 감각, 의식, 반응, 의식작용 등을 관찰하면 몸의 거친 상태나 기(氣)는 사라지고 관찰이 보다 깊어진다.

④의 단계에서는 몸속에서 극미한 미립자인 '깔라빠(kalapa)'가 포착되는데, 이 깔라빠 속에서 무상·고·무아와 인과를 관찰해나가면 마음이 더욱더 고요해진다. 이 같은 깔라빠 관찰을 통해 몸의 관찰중 네번째 단계의 관찰은 더욱 깊어지게 된다.

지·수·화·풍 4대와 수·상·행·식을 연계하여 관찰하든, 아니면 따로따로 관찰하든 그 속에서 무상·고·무아를 있는 그대로 관찰할 수 있다면 곧바로 '적멸'에 들 수 있다.

경행시에는 자연스럽게 걸으면서 발을 중심으로 몸 전체에서 감각들의 변화를 관찰한다. 이때는 '붓도' 염송을 병행하거나 망상 없이 관찰이 잘되면 염송 없이 관찰만 해도 된다.

수행이 향상됨에 따라 자신이 도과를 성취했는지 알고 싶다면 『쌍윳따 니까야』에 나오는 열 가지 결박의 번뇌를 참고하는 것이 가장 확실하다. 그 열 가지는 ① 오온을 '나'로 보는 유신견, ② 미신이나 잘못된 의식을 믿는 계금취견, ③ 감각적인 탐욕, ④ 성냄[瞋慾], ⑤ 색계에 대한 집착[色貪慾], ⑥ 무색계에 대한 집착[無色貪慾], ⑦ 불안정한 마음[掉擧慾], ⑧ 자만심[慢慾], ⑨ 의심, ⑩ 근본무명[無明慾] 등을 이른다.

앞서 설명했듯 이 같은 아나빠나사띠나 경행 등의 사념처 수행을 염불 수행과 연계하여 수련하면 염불위빠사나 수행이 되고 염불수행만 행하면 사마타 수행이 되는 것이다.

아잔 차 스님은 이 염불위빠사나 수행을 통해 '아는 마음' 자체가 붓도가 된다는 점을 강조했다.

내가 체험한 염불위빠사나

최근 국내에는 티벳 수행이 들어오고 있고 아잔 차 스님 법문들이 소개되고 있다. 자세히 잘 알려지지 않은 염불위빠사나를 독자들이 제대로 이해하고 체득하는 데 보탬이 되도록 일반인들의 수행 체험기를 소개한다.

체험기를 집필한 재가 수행자들은 필자와 함께 수행한 회원들로 세속의 삶 속에서도 출가 수행자 못지않은 정진력으로 경이로운 결실을 얻을 수 있었고, 그 일부를 글로 옮긴 것이 이 체험기다.

또한 본문 내용 중 아잔 차 스님의 아나빠나사띠 수행법도 함께 실어 위빠사나에 대한 독자들의 시야 확장에 도움이 되고자 했다.

이 체험기의 필자들은 각박한 일상 속에서도 맑고 밝은 수행의 향기를 이웃과 기꺼이 나누며 자비행과 더불어 살아가고 있다.

수행을 통한 이런 변화는 누구든 신실하게 노력하면 성취할 수 있다. 광석을 제련하면 순금이 나오듯이 '나'라고 착각하고 있던 그림자에서 벗어나면 '본래 나'의 참모습이 저절로 드러나기 때문이다.

이 체험기와의 만남을 계기로 독자들도 더 늦기 전에 '본래 나'의 길
을 찾아가는 이정표를 세울 수 있기를 바란다.

소원 없는 소원

무량심 보살, 49세

서각작가

　무량심 보살은 서예와 서각을 하는 주부작가로 오랫동안 작가생활을 하면서 염불 수행, 화두 수행, 단전호흡 수행 등을 기웃거리다가 필자의 위빠사나 수행서를 읽게 된 것을 계기로 위빠사나 수행에 입문했다.

　처음에는 마하시 사야도 수행법으로 배의 관찰과 경행을 통해 기본을 다진 후 모곡 사야도의 감각 관찰법과 마음 관찰법을 수련했고, 뒤이어 아나빠나사띠 수행으로 오온과 12연기를 관찰했다. 마음이 순수하고 집중력이 좋아서 수행한 지 불과 2개월 만에 무아[空] 삼매를 체험했다. 하지만 바쁜 일상에 쫓기다보니 관찰 수행시 집중력이 떨어져 '붓도' 염송을 겸해 수행한 결과 예전처럼 힘차게 생활 속에서 관찰을 이어갔다. 요즈음은 가정생활과 작품 활동이 수행과 하나가 되어 생활선을 훌륭하게 실천하고 있음을 그녀의 체험담이 대변해주고 있다.

놓아버리는 것만큼 평화로워진다

—

15년 전 한 스님께서 물어보셨다. "소원이 무엇인가요……." "소원이 없는 것이 소원입니다"라고 나는 답했다. 정말 그랬다. 원함은 원함을 낳으므로 끝없는 원함만이 되풀이될 뿐이기 때문이었다. 원함의 근원이 무엇인지도 명확히 모를 때였다. 어떻게 해야 그 소원이 이루어질지에 대해 그 스님 또한 아무 말씀이 없으셨다…….

그런 소원을 늘 가슴에 품고 있어서였는지 감사하게도 우연한 기회에 위빠사나 수행을 접하게 되었고, 부처님이 설하신 고집멸도의 진리를 통해 오랜 소원에 대한 갈증이 해소되자 얼마나 가슴이 시원해지고 툭 터졌는지 모른다. 이 참된 수행법을 낱낱이 밝혀놓으신 부처님께 무한한 존경심과 감사함을 바친다.

선생님의 지도로 아나빠나(호흡 관찰) 수행과 '붓도' 염송(불수념) 수행을 병행하여 염불위빠사나를 수행한 결과, 다음과 같은 현상과 일상생활의 변화를 체험하게 되었다.

위빠사나 수행을 시작했다. 처음 며칠간 숫자를 세는 수식관을 수련한 다음, 이어서 사마타 호흡법인 무드라 호흡과 선정 호흡을 수련하다가 위빠사나 호흡법인 아나빠나사띠로 바꾼 첫날, 온몸이 땀과 함께 따뜻한 솜에 싸인 듯한 느낌을 관찰하게 되었다. 호흡이 시원했으며 몸이 사라진 듯한 느낌을 경험했다. 마음이 충만해지고 수행에 대한 강렬한 열정이 솟아올라 준비하고 있던 서각전시회를 연기하기로 마음먹었다.

다음날부터는 몸의 진동과 호흡이 길어짐과 짧아짐의 반복, 터질 듯한 호흡, 호흡이 가늘어짐과 사라짐의 반복, 빛의 현상, 우박 세례, 레이

저광선 같은 빛살의 쏟아짐, 몸이 폭발하는 듯한 현상 등이 이어졌다. 이 호흡은 누가 하는가? 항상 원인을 알려고 애쓰는 내가 보였다. 자아가 조정하는가? 아무리 찾아보았지만 저 혼자 일어났다가 사라져갔다. 모든 것이 조건에 따라 일어나고 사라졌다.

느낌의 관찰이 일어났다. 좋은 느낌, 행복한 느낌, 황홀한 느낌……. 그냥 알아차린다. 기의 운행이 강하게 자리잡자 평소 아팠던 온몸의 관절통, 신경통이 확연히 줄기 시작했다. 강한 통증은 부드럽고 잔잔하게 바뀌어갔다.

마음 또한 무심으로 변해갔다. 붓다누삿띠(불수념)인 불성관과 자비관, 무상관을 차례로 해본다. 순룬 호흡 후 위빠사나 수행을 하면 고요한 태양빛이 머리 앞부터 샤워하듯이 회음부까지 내린다. 그러면 기쁨이 일어난다. 그들의 변화를 관찰한다. 입안에 침도 자주 고인다. 강한 기운이 내부에서 쿵쾅쿵쾅한다. 이때 일어나는 두려운 마음 등도 관찰한다.

어느 순간에는 '아는 마음'에 대해 강한 의심이 일어났다—아는 마음은 어디서 일어나는가? 의심을 안고 경행하던 중 갑자기 벼락을 맞은 듯 한순간 온몸과 마음이 감전되어 꼼짝할 수 없게 되었다. 그러자 즉시 의심이 사라졌다.

그후부터 나 자신의 변화를 실감하게 되었다. 무엇을 해야 하고, 하지 말아야 하는지를 저절로 알아차리게 된 것이다. 아무렇지도 않고 또한 생각조차 하지 못했던 아주 사소하고 미세한 탐·진·치의 실체와 오온의 생멸을 일상 속에서 점점 꿰뚫어보기 시작했다.

어느 날인가 엄청난 소리, 폭발하는 듯한 굉음 속에 한동안 휩싸여 있다가 그 소리가 반쪽으로 나뉘면서 천상의 음악을 듣게 된 뒤로는 호흡이 정지되는 순간에 몸이 폭발하는 경험을 자주 하게 되었다.

점점 이어지는 빛, 호흡 관찰, 몸 관찰, 그에 따른 감각과 마음 변화의 관찰—모든 것이 고(苦)의 연속이었다……. 호흡 관찰 수행을 할수록 탐·진·치의 제거야말로 가장 시급한 삶의 과제임을 절감하게 되었다. 집착이나 망상이 일어날 때는 부처님의 말씀이 떠올랐다. "법도 하물며 버려야 하거늘 법 아닌 법이야 오죽하랴……."

시간이 흐를수록 오온과 12연기 관찰을 더욱 체계적으로 수련할 수 있었다. 아나빠나사띠, 즉 호흡 관찰(코, 가슴, 배) 수행에는 엄청난 집중력이 요구된다. 망상이 들어올 틈이 없다. 지·수·화·풍을 관찰하며 호흡을 보면 호흡은 점점 가늘어지다가 사라진다. 몸 또한 그런 후에 블랙홀 속으로 급속히 빨려들었다. 아는 마음 역시……(이때 '무기'와 '멸'의 상태를 구별하도록 유념한다). 의식이 돌아오면서 몸의 느낌도 알아차리게 된다. "무아/공삼매에 들 때와 나올 때의 관이 중요하다"라는 선생님의 가르침을 상기했다.

오전에 무아삼매를 유지하다가 깨어난 후 오후에 다시 무아삼매가 이어지는 경험을 몇 차례 반복하게 되었다. 가슴에 주시(sati)를 두고서 관찰해보았다. 이때부터 잠재의식이 포착되었다. 때로는 가슴이 열리는 듯하다가 점점 다 비어버렸다. 이윽고 둥근 태양 같은 맑고 연한 푸른 빛 영상(nimitta)이 떠올랐다. 그 영상은 상단에 의식을 두면 노란빛으로, 하단에 의식을 두면 붉은빛으로 변했다. 마음 상태에 따라 영상의 색도 변화했다. 이제는 서 있든 좌선하든 누워 있든 자유자재로 무아삼매에 들 수 있으며, 잠재의식인 바왕가(bhavaṅga), 선정, 무아삼매의 상태를 제대로 구분하려고 노력한다.

아는 마음을 내관해보기도 하고 아는 마음으로 느낌[受], 인식[想], 의지작용이나 반응[行]을 따로따로 관찰해보기도 했다. 감각대상과 감각기관이 만나 감각이 일어나는 과정의 미세한 연결고리를 보고 그 연기의 과정을 관찰했다. 모든 현상은 있는 그대로 일어나고 사라지게 마련이므로……. 모든 현상이 다한 자리가 구함 없는 자리이므로 오온의 생멸과 연기, 그리고 그 이전을 보기 위해 호흡과 호흡 사이, 생각과 생각 사이, 움직임의 틈을 관찰했다.

행복한 느낌을 관찰할 때도 몸의 행복, 마음의 행복, 환희감과 행복감의 다른 점을 알아차렸고 선정의 각 단계, 다섯 장애, 오근(信·念·力·定·慧)의 조화, 육근 중 의(意)·식(識)·법(法)의 관찰로 다양한 체험을 할 수 있었다.

무자화두 수행도 해보았지만 아나빠나사띠보다 무아삼매에 이르는 시간이 더 걸렸다—나의 경우에는 화두 수행보다는 아나빠나사띠가 더 효과적이었다. 그러나 일상생활에 쫓기다보니 순수위빠사나만으로는 '마음챙김'을 유지하기가 어려워 '붓도'를 염송하며 염불위빠사나를 시도해보았다.

법의 관찰에서 육근, 육경 중 의·식·법을 '붓도' 염송과 동시에 관찰해보기도 하고 다음과 같은 방법으로 수련해보기도 했다.

① '붓도' 소리를 들으며 마음의 변화를 관한다. 혹은 소리를 들으면서 소리에서 오온을 관찰하거나 '붓도'에서 '의도'를 관찰해본다.
② 붓도를 일으키는 마음을 관한다.

③ 호흡을 관하며 붓도를 염송한다.

경험에 의하면 ①은 일상생활을 하면서, ②는 좌선 위주로, ③은 잠들 때나 수면중 수행하기에 적당했다(물론 개인 성향에 따라 차이가 있을 것이다).

'붓도' 염송을 관찰과 병행하는 염불위빠사나는 집중이 잘 되고 잠을 꿰뚫을 수도 있어서 자연히 피곤함이 줄어들었다. 팔순이 넘은 친정어머니와 시어머니의 오랜 병구완으로 늘 경황이 없음에도 불구하고 일상에서 평온을 유지할 수 있고 수행 또한 지속해나갈 수 있음은 오로지 법의 힘 덕택임을 실감하곤 한다. 그동안의 위빠사나 수행을 통해 얻은 이로움을 나름대로 정리해보면 다음과 같다.

① 몸과 마음에 대한 관찰을 통해 우리의 몸은 '법을 담는 그릇'이란 말을 실감하게 됨으로써 새삼 몸의 소중함을 깨닫게 되었고, 부모님과 뭇 생명들에게 더없이 감사하게 되었다.
② 의무적이고 기계적으로 흘려보내던 일상사를 진실하고 진솔하게 대하게 되면서 '일과 일하는 내'가 하나가 되기에 이르렀다. 특히 '붓도' 염송을 병행하면서부터는 일상생활에서도 쉽게 관찰이 이어지게 되었다.
③ 불·법·승 삼보란 말이 참으로 가슴에 와닿아 그 성스러운 가르침을 따르고 있음에 항상 기쁘다.
④ 계를 지키는 것은 스스로를 돌보는 일임을 깨닫게 된다.
⑤ 마음이 적적할 때 누군가를 찾고자 하는 마음이 점점 줄어든다.

⑥ 식욕이나 감각적 욕망이 줄어든다.

⑦ 함께하는 식구들도 항상 밝은 마음으로 변해가는 모습을 보게
된다.

⑧ '소원 없는 소원'이 '놓아버림'과 하나가 되면서 마음이 평등심으로 변해간다. 항상 평화롭고 행복하다.

모든 괴로움에서 벗어나 '지금 여기에서' 평온 그 자체가 되게 하는 이 유익한 수행법을 모쪼록 더 많은 사람이 함께 행하여 모두 행복해지기를 바란다.

지금 여기에서 주인이 되어라

자연화, 50세

충남 천안 금강식물원 원장

자연화 보살은 가정주부이자 농장을 경영하는 사업가다. 바쁜 생활 속에서도 불법을 알고자 동국대 불교대학원까지 졸업하고 수행법을 찾던 중 위빠사나를 만나게 되었다. 시간을 쪼개가며 신실하게 위빠사나를 수련해나가자 병원에서도 고치지 못하던 오랜 질병이 완쾌되었고 가정의 우환, 자녀 교육문제, 집안 식구들과의 갈등 등도 극복할 수 있었다. 요즈음은 가정과 직장 두 곳 모두 수행터가 되어 일상 속에서 위빠사나를 놓치지 않고 수행하고 있다.

그동안 마하시 수행법과 파욱 수행법으로 수련해왔지만 근래 들어 '붓도' 염송을 겸한 염불위빠사나도 수행하게 되어 그 체험담을 소개한다.

역경이 수행 기회

—

'수처작주 입처개진(隨處作主立處皆眞)'이라는 임제선사의 말씀이 좋아 불교학을 공부하면서도 항상 "있는 이 자리에서 스스로 주인공이 되어 진실되게 살아가라"라는 뜻을 새기면서 살아왔다. 그러던 중 김열권 선생님의 위빠사나 강좌를 수강하게 되면서 본격적으로 위빠사나를 수련하게 되었다. 지금 내가 머물고 있는 이곳에서 몸과 마음을 관찰하며 나 자신을 이해하면서 타인도 그런 식으로 대하게 되자 이제까지 관념적 이해에 머물던 '수처작주 입처개진'이 확연히 이해되고 실천되었다.

아침에 일어나 눈뜸을 관찰하고 세수하고 아침식사 준비 등을 마친 후 직장으로 가서 손님을 맞고 일을 보면서 바로 위빠사나를 계속 수행해온 지도 어느새 4, 5년이 지났다. 아무 데나 쭈그리고 앉아 좌선하는 자리가 '내 자리'가 되었다. 가야 할 곳도, 갈 곳도 없는 지금 이 순간의 이 자리가 내가 있어야 할 자리인지라 그렇게 수행을 하다보니 딱히 가야 할 곳도 없는 듯했다. 그렇기 때문에 수행하면서 어려움이 많지만 무엇이든 오면 오는 대로, 가면 가는 대로 알아차림으로 생활하고 있다.

앉아서 조금 지나면 깊은 삼매 같은 상태에 들게 된다―일어남·사라짐, 일어남·사라짐, 무상, 무상, 무상……. 이렇게 단전 부위에서 오온의 생멸을 알아차리면서 '붓도' 염송으로 지·수·화·풍의 변화 등도 알아차린다. 현상들의 미세한 일어남과 사라짐 사이의 틈새에서 알아차림이 더욱 생생해진다. 현상의 알아차림이 더욱 세밀해지면서 숨이 멈춰

지고, 한동안 숨이 멈춰 있는 상태에서 오온의 미세한 생멸을 관찰해나 간다.

일어남의 처음·중간·끝과 사라짐의 처음·중간·끝에서 생멸의 흐름을 더욱 세세하게 알아차린다—일어남의 처음·중간·끝은 단전·가슴·백회 순으로, 사라짐의 처음·중간·끝은 백회·가슴·단전 순으로 알아차릴 때도 있다.

몸의 지·수·화·풍과 마음의 인과를 살펴보면서 과거에서 현재로 이어지는 나 자신의 인과를 차츰 알아차리게 되었다. 그러자 생활 속에서 고통이 심해질 때마다 쭈그리고 앉아 좌선에 들어 그 고통이 어디서 비롯되는지 찾아보는 버릇이 생기게 되었다. 그런 식으로 인과를 알게 되면서 점차 고통스러운 번뇌가 소멸되어가고 있다. 특히 아이들과 함께하는 시간이 부족하여 그로 인한 번뇌가 많다보니 연락이 안 되면 불안해지고, 자주 화를 내는 남편이 감당하기 어려울 때면 참선하며 불안한 마음의 근원을 알아가고 있다. 이렇게 몸과 마음의 관찰을 통해 오온의 생멸 자체가 고통임을 알게 되고 주변에서 일어나는 사건들의 실체 또한 고통의 연속임을 알게 되자 한동안 참선하기가 두렵고 고통스러웠다. 그러나 이 두려워하는 마음 또한 관찰하여 사라지게 되자 다시 평상심을 찾게 되었다. 어느 때는 삼매가 깊어지면서 내가 없는 것 같은 느낌, 즉 아무것도 없는 듯한 느낌과 아는 마음만 남게 된다. 그 상태에서 깨어나면 아는 마음과 대상이 각기 분리되어 있음을 알게 되며 보고, 듣고, 생각할 때도 주체와 대상이 분리되어 다시 주체를 관찰하면 주체가 대상이 되고 새로운 주체가 무의식으로부터 일어남을 알아차리게 된다. 때로는 대상이 사라지고 아는 마음만 남을 때 그 아는 마음에서 오온 중 어느 하나를 유독 명확하게 알아차릴 때도 있다.

'붓도' 염송을 관찰과 병행한 염불위빠사나를 수련할 때는 단전의 뜨거운 느낌이 몸 전체로 퍼지면서 온몸에 구멍이 뚫린 듯한 시원한 느낌이 들었다. 동시에 온몸에서 발산되는 열과 함께 뜨거운 자비의 기운이 사방에 퍼져나갔다.

온몸이 조각조각 쪼개지는 느낌 속에서 더욱 미세해진 오온을 관찰해나갔다―몸속 미립자인 깔라빠 속에서 지·수·화·풍의 느낌을 수·상·행·식과 연계하여 세세히 관찰해나갔다.

이렇게 면밀하게 아는 마음만 남게 되면 저절로 공(空)삼매에 들게 되어 몇 시간이고 흘려보내게 된다. 다시 깨어났을 때는 오온의 흐름을 더욱 분명하게 알아차리고, 그 오온의 생멸에서 무상·고·무아를 있는 그대로 보게 됨으로써 평화로워진 마음으로 좌선을 끝내게 된다.

경행은 평소 습관대로 아침에 2시간가량 하고 좌선은 종종 시간이 나면 저녁에 2시간가량 한다. 이제는 식사 준비를 하다가도 부엌 바닥에 앉아 좌선하기 일쑤고, 가게에서도 손님이 없으면 좌선하고 있다. 일상에서도 알아차림을 이어가기 위해 노력하지만 때로는 알아차림이 끊어져 잊어버릴 때도 있다. 특히 손님이 한꺼번에 몰릴 때는 알아차림이 끊어지게 마련이다. 요즘은 불경기라 손님이 적어 경행을 많이 한다.

일에 쫓겨 관찰이 끊어질 듯싶으면 붓도를 염송하며 관찰한다. 그러면 붓도 자체가 아는 마음이 되어 일과 수행을 수월하게 병행할 수 있다. 또한 누군가를 미워하는 끈질긴 망상이 일어날 때도 붓도를 염송하면서 "당신도 여래십호를 갖춘 붓다입니다"라고 자비관을 하면 망상이 쉽게 사라진다. 졸음이 오면 '붓도'를 더욱 크게 마음속으로 외치면서 들으면 졸음과 망상이 사라진다.

경행시에는 주로 발바닥과 몸동작에서 오온을 관찰한다. '붓도' 염송을 경행과 병행하면 마치 산속에서 염불하는 듯한 느낌이 든다. (절 마당에서 이리저리 왔다갔다하는 듯한) 이런 느낌도 관찰하면 곧 사라진다. 계속 붓도를 염송하면서 발바닥에서 지·수·화·풍이 부딪히는 촉감에서 감정·인식·반응을 관찰한 다음, 이어지는 동작들의 의도를 관찰하면 오로지 보는 주체와 관찰대상만 남게 된다. 그러다보니 그저 걷고 있을 때도 다리뿐 아니라 온몸의 느낌을 알아차리는 아는 마음이 더욱 예리해짐을 감지하게 된다.

경행을 마친 후에 앉아서 가부좌를 틀고 단전을 주시하면 때때로 몸이 사라진 듯한 느낌이 들면서 마치 허공에 떠 있는 듯한 착각이 들기도 한다. 경행중에도 망상이 일어나면 붓도를 염송하면서 발의 감각을 관찰하든가 '붓도' 소리를 들으면서 관찰하면 쉽게 망상이 사라진다. 경행은 건강에도 좋고 좌선시 혼침해질 때 특히 효과적이다. 경행이 깊어지면 좌선할 때나 일을 하는 중에도 쉽게 삼매에 들 수 있다. 특히 동작 관찰중 움직이기 전의 의도를 관찰하면 마음의 명령에 따라 몸이 움직이는 인과의 흐름을 알게 되고, 좀더 깊어지면 무의식에서 의식으로 연결되는 12연기의 고리를 관찰할 수 있게 된다.

모든 현상은 단지 일어났다가 사라지는 인과의 흐름일 뿐이다. 이것이 '나'가 아님을 깨닫게 되면서 마음이 더욱 평온해지게 되었다. 모든 것을 놓아버릴 때 모든 것의 주인이 된다. 이 지혜를 활용하여 가정생활과 직장생활 양쪽 모두 창조적으로 영위해가면서 현재 삶의 주인이 되어 살아가고 있다. 다시 한번 부처님께 감사드린다.

수행과 삶이 하나로

선향화, 55세

선향화 보살은 항시 가슴속에 '어떻게 하면 남들을 도울 수 있을까' 하는 생각만을 간직한 채 자비행을 실천하며 살아왔다. 필자의 수행 강좌를 듣게 되면서 위빠사나를 수행하게 되었고 이후 줄곧 함께 수행 해오고 있다. 처음에는 마하시 수행법으로 수련했는데, 불과 5개월 만 에 24시간 관찰이 이어지면서 무아/공삼매를 체험하게 되었다. 그후 모 곡 사야도, 아잔 담마다로, 파욱 사야도의 수행법을 거쳐 염불 수행, 화 두 수행 등을 두루 수련한 다음, 아나빠나사띠(호흡 관찰)와 염불위빠사 나까지 수련했다. 특히 아나빠나사띠와 파욱 사야도의 세포보다 작은 깔라빠 관찰을 수련하면서부터 무아삼매가 깊어지고 무의식인 바방가 와 12연기의 순관·역관 또한 깊어졌다. 이때부터는 성냄도 사라졌다.

지금 그녀는 언제든지 선정에 들 수 있고 선정 이전의 무아/공삼매 에는 어떤 수행법으로든(염불이든, 화두든, 위빠사나든) 때와 장소에 관 계없이 자유자재로 들 수 있다. 그리고 그 수행법의 장단점도 명확하게 비교할 수 있다. 또한 일주일 정도 잠을 자지 않아도 별로 피로를 느끼

지 않으며, 위빠사나를 수행한 뒤로는 화를 내본 적이 거의 없고, 이제
는 감각욕마저 사라졌다고 한다.

그녀를 통해 생활인도 위빠사나를 통해 얼마든지 수행할 수 있음을
확인하게 되면서 새삼 (붓다를 깨달음에 이르게 한) 이 위대한 수행법의
경이로움을 실감할 수 있었다. 누구나 열심히 수행하여 선향화 수행자
처럼 생활과 수행을 동시에 복혜쌍수(福慧雙修)하기를 기원한다.

생활 속 염불위빠사나

—

선생님의 강의를 듣고 염불위빠사나를 해보기로 마음먹었다. 곧바로
소리내어 붓도를 염송하기 시작했다. 세수할 때는 속으로 붓도를 암송
하고 식사를 준비하면서는 소리내어 염송했다. 식사할 때는 속으로 '붓
도' 하면서 수저를 들고, '붓도' 하면서 음식을 씹고 삼키고…… 속으로
'붓도, 붓도……' 하면서 밥을 먹자니 밥 먹는 동작이 느려지고, 음식
맛도 제대로 모르겠고, 밥을 입에 넣고 반찬을 집어야 하는데 그 동작
이 이어지지 않았다.

'붓도'에 의식을 집중하자 밥이나 반찬을 집으려는 의도가 일어나지
않아 밥 먹는 행위가 제대로 진행되지 않았다. 그래서 잠시 '붓도' 암송
을 중지하고 염불에 밀착되어 있는 마음을 바라보았다.

서너 번 자연스럽게 호흡을 관찰한 후에 밥을 먹으려는 의도와 '붓
도' 하려는 의도가 일어남을 바라보면서 약간 의식적으로 밥을 뜨면서
'붓도 붓도' 하고 밥을 입에 넣고 '붓도 붓도', 반찬을 집어야지 '붓도 붓

도', 반찬이 짜구나 '붓도 붓도', 뜨거운 국물 '붓도 붓도'······.

그렇게 한참을 하다보니 서서히 밥 먹는 행위와 '붓도'가 자연스럽게 어우러지면서 매끄럽게 이어졌다. 언뜻언뜻 밥 먹는 행위 따로, '붓도' 따로, 의도 따로, 아는 마음 따로, 토막토막 끊어져 보이기도 했다.

'붓도' 하려는 의도가 일어났다가 사라지고(아주 순식간이라 붓도가 시작되려고 하기 직전에 의도의 사라짐을 알아차렸다) 차츰차츰 의도의 일어남·사라짐이 빨라지면서 '붓도 붓도······'도 빨라져 어느새 의도는 보이지 않고 '붓도 붓도······'만 속으로 끊임없이 이어졌다.

길을 가면서도 '붓도'는 호흡처럼 계속되어 장애물이 있어 옆으로 피하면서도 '붓도 붓도' 할 만큼, 마치 '붓도'에 따라 행동(발의 움직임)이 진행되는 것처럼 느껴질 정도로 자연스럽게 붓도가 이어졌다. 전철 속에 앉아서도 눈을 감고 속으로 계속 '붓도 붓도'를 암송했다. 처음 얼마 동안은 전철의 덜컹거림과 차내 방송, 사람들 말소리 등 갖가지 소음이 들려왔지만 어느새 주위가 아주 고요해지면서 아무 소리도 들리지 않게 되었고, 흔들림도 몸도 느껴지지 않는 상태에서 오로지 '붓도 붓도'만 생생하게 울려퍼졌다.

한동안 그렇게 '붓도'만 이어지다가 어느 순간 '붓도'에 의해 눈을 번쩍 뜨게 되었고 사람들의 움직임과 소음이 들려왔다—목적지에 다다랐다는, 내리려는 생각이 일어났다. 속으로는 여전히 '붓도'가 이어졌고 50분 정도 걸리는 거리를 '붓도' 몇 번 하는 사이에 쏜살같이 와버린 듯한 느낌이 들었다. 잠시 방향 감각을 잃은 듯 얼떨떨했지만 곧 '붓도 붓도'로 정신을 가다듬고 전철을 빠져나왔다.

상대방과 대화할 때는 조금 불편했다. 붓도를 암송하다보면 할말을 잊어버리거나 상대방의 말을 잘 알아듣지 못해 그냥 침묵했고, 꼭 대답을 해야 할 때는 '붓도'를 아래 단전으로 깊이 내려놓기도 했다.

일을 끝내고 잠시 쉬고 있을 때는 '붓도, 붓도'가 가슴으로부터 울려나와 머리며 온몸으로 번져나갔다가 다시 가슴으로 모여들어 머리까지 울려퍼지곤 했다. '붓도'로 일념에 들게 되자 저절로 기운이 온몸으로 퍼지면서 돌아가게 되었다. 마치 모든 의식과 의도가 '붓도' 속에서 생겨나오고 '붓도'에 따라 모든 행동이 전개되는 것 같았다. 하루종일 무슨 일을 했는지는 기억에 없고 오직 '붓도'가 끊임없이 이어졌다는 것만 기억되었다. 집으로 돌아오면서도 '붓도, 붓도'는 계속되었다.

걸음을 옮길 때도 다리의 움직임이나 무거움·가벼움 등 매 순간 일어나는 느낌들을 '붓도'를 통해 알아차리는 듯했고 전철 속에서의 호흡 관찰도, 잠깐씩 일어나는 생각들도 '붓도'를 하면서 알아차리는 등 모든 의도나 행동을 '붓도'를 통해 바라보며 알아차리고 있었다. 붓도 자체가 '아는 마음'이 된 것이다.

잠자리에 누워서도 눕힌 몸을 바라보며 머리부터 발끝까지, 침대에 닿은 부분과 닿지 않은 부분의 느낌들을 관찰했다. 주시로 닿는 신체 부위마다 몸인 물질과 그것을 알아차리고 느끼는 마음인 정신, 즉 물질과 정신 양자 모두를 배후에서 붓도가 비추어 밝혀주고 있었다―그때는 오온을 주시하는 것을 붓도 자체로 반야지혜를 통해 지켜보았다. 긴장도, 저항도 없이 자유롭게 놓인 몸 세포 하나하나마다 편안함을 느끼면서 서서히 잠에 빠져드는 것을 붓도를 통해 바라보고 있었다.

잠 속으로 몸이 사라지고 몸을 의식하는 마음도 사라지고 '붓도'만 고요히 남아 있었다. 깊은 잠 속에서 옆으로 돌아눕는 몸을 붓도로 지켜보았고, 다시 잠이 드는 것을 붓도로 알아차렸다.

날이 밝자 일어나야 할 시간이 되었는지 밤새 지켜보고 있던 붓도에 의해 의식이 깨어나면서 몸이 잠에서 깨어났다. 마치 잠을 자지 않고 그냥 가만히 누웠다가 일어난 것 같은 느낌이 들었고 몸이 가벼웠다. 시계를 보고 5시간 정도 단잠을 잔 것을 확인했지만 자는 동안에도 붓도가 깨어 있었기 때문인지 마치 무아삼매에 들었다가 나온 듯한 기분이었다.

염불위빠사나로 무아삼매에 들다

—

밤새 '붓도'가 이어진 탓인지 아침 일찍 눈을 뜸과 동시에 '붓도'가 계속 이어지고 있음을 알아차렸다. '붓도' 염송 초기에는 염불하듯이 하면서 의도와 행동과 '붓도'를 바라보았지만 시간이 흐르자 염불할 때와는 달리 숨 쉬듯이 자연스럽게 '붓도' 스스로 일어나고 사라지는 듯했다. '붓도'와 행동이 하나로 느껴졌다.

좌선하고 잠시 호흡을 관찰했다. '붓도'와 호흡이 동시에 일어나면서 짧게 진행되다가 순식간에 사라지는 것을 바라보았다. 차츰 호흡이 희미해지고 '붓도'가 생생해지더니 호흡은 사라지고 '붓도'만 남아 있는 듯했다. 이때는 '붓도'를 대상으로 삼아 관찰했다.

한 토막의 '붓도'가 일어났다가 사라질 때 그 끝에서 순간적으로 정지된 공간이 얼핏 보였다. 약간 의관(疑觀)하며 이어지는 '붓도'의 일어남과 진행을(굉장히 빠른, 한순간의 상황을) 예리하게 관찰하면서 '붓도'가 사라지는 바로 그 순간에 잠깐 보이는 정지된 공간을 밀착해서 바라보았다.

한두 번 보았을 때는 그 공간 속에 무언가가 있다는 것만 감지되었지만 서너 번 반복해서 보자 아주 미세한, 무어라고 설명할 수 없는 얇디얇은 파동 같은 것이 느껴졌다. 마치 봄날 먼산의 아지랑이 같은, 실체는 없지만 무언가 아물거리는 움직임 같은 것이 조금씩 선명하게 보이기 시작했다.

아주 짧은 순간에 무의식의 흐름이 느껴졌고 그것이 아물거림으로 나타나는 순간 곧바로 세포보다 작은 미세한 미립자인 '깔라빠'가 일어났다. 그 깔라빠는 가슴에서 불꽃처럼 선명하게 번지는 듯하다가 금방 사라졌고, 그와 동시에 '붓도'를 일으키려는 의도를 알아차리게 되었다. 의도의 사라짐과 붓도의 시작이 맞물려 일어나자 끝과 시작이 동시인 듯 여겨졌다. 무의식의 흐름과 업과 현재 의식이 부딪혀 깔라빠가 일어나고, 거기서 의도가 일어나고, 의도에 의해 '붓도'가 일어나는 그 모든 과정이 너무나 빨라(눈 한 번 깜빡이는 시간의 몇십 분의 일 정도로) 그 현상들을 하나하나 서술한다는 것은 정말 무리인 것 같다. 마치 번갯불이 번쩍하는 순간에 불빛에 비친 사물들을 다 보기는 했지만 번갯불이 사라진 다음에 그것을 일일이 기억하기는 어려운 것처럼(다른 체험들도 마찬가지이지만).

가슴에서 무의식의 흐름을 감지하게 되면서부터는 그 흐름이 '붓도'로 이어져 온몸으로 그 파장이 번져가는 과정을 수없이 반복해서 의관하면서 확실하게 알아차릴 때까지 계속 관찰했다. 그렇게 꽤 오랫동안 '붓도'가 일어나기 이전부터 진행·소멸되기까지의 과정을 놓치지 않고 바라보다보니 무의식과 의식의 변화가 어떻게 일어나고 사라지는지를 알게 되고, 강하게 의관하던 것도 저절로 풀어져 어느새 자연스럽게 '붓도' 염송이 이어지게 되었다.

의관이 사라지고 '붓도'만이 순일하게 이어지자 고요함 속으로 서서히 가라앉는 듯했다. 이윽고 고요함이 점점 깊어져 모든 흐름이 정지되어버린 듯한 순간, 돌연 '붓도'가 한 점 빛으로 변해 가슴 쪽으로 박히듯이 몰려들더니 정지했다.

그렇게 극도의 고요함 속에 불빛 하나만 또렷이 남아 있는 듯한 상태가 한동안 지속되었다. 시간이 얼마나 흘렀는지는 알 수 없었다. 어느 순간 가슴에 박힌 듯이 한 점으로 머물던 '붓도'의 빛이 갑자기 (조명탄이 터지듯) 확 터지면서 사방이 빛으로 뒤덮여버렸다. '붓도'로 무아/공삼매에 드는 순간이었다.

'붓도' 염송으로 오온 관찰
—

좌선하고 '붓도' 염송을 시작했다. 염불하듯이 소리내어 2, 3분 정도 염송하자 '붓도'에 힘이 붙는 듯했다. '붓도'와 호흡이 안정된 것을 알아차리면서 '붓도' 소리를 작게 낮추어 그 소리에서 오온 관찰을 시작했다.

입으로 소리를 내고, 그 소리를 귀로 듣고, 가슴으로 알아차렸다. 입·귀·가슴 순서대로 서술하기는 했지만 정작 '붓도' 소리는 가슴에서 솟아나와 잠시 울리다가 다시 원래 자리(가슴)로 사라지는 듯 느껴졌다.

'붓도'를 계속 염송하자 입과 귀와 가슴의 부딪침[觸]이 찰나에 스치면서 동시에 소리와 소리 들림을 알아차렸다. 몇 번이고 반복해서 소리와 부딪침과 들림을 세밀하게 관찰했지만 여전히 한꺼번에 알아차렸다. 그래서 "붓도 붓도" 하면서 소리가 나오는 입에 마음을 집중했다. 그래도 여전히 입과 귀와 가슴에서 소리가 동시에 울렸다가 사라졌다. 다시 귀에 집중했다가 가슴에만 집중해보기도 했지만 여전히 소리는 입과 귀와 가슴에 동시에 작용했다.

그렇게 수없이 되풀이하면서 '붓도' 소리의 부딪침과 들림을 관찰하다보니 어느새 저절로 의관이 되면서 마음 집중이 가슴으로 예리하게 모아지고 있음을 알아차렸다. '붓도' 소리가 입에서 나오고, 나옴과 동시에 귀로 듣고, 나옴과 들음과 동시에 가슴에서 인식되는 그 모든 과정이 한자리에서 한꺼번에 맑게 보였다.

입은 소리를 내고, 귀는 소리를 전달받고, 가슴은 소리의 출현과 내용을 알아내는, 저마다 각기 소임을 다하면서도 서로 의존하고 있음을 명확히 알아차리게 되었다.

그렇게 소리와 이근(耳根), 이식(耳識)의 접촉으로 인해 동시에 감각이 일어나는 것을 알아차리게 되니 저절로 의심이 풀리면서 '붓도'가 일어났다가 사라지는 과정이 자연스레 감각·인식·반응·의식의 일어남과 사라짐으로 보이기 시작했다. 알아차림에 가속이 붙은 탓인지 '붓도'가 시작됨과 동시에 부딪침과 의식의 일어남·사라짐이 순식간에 보였다가 사라졌고, 뒤이어 감각·인식·반응·의식을 알아차리게 되었다(또렷한 것만 알아차리게 되었다). 소리에 대한 반응인 행(行)만 알아차리거나 소리를 느끼는 감각만 알아차리기도 하고, 소리를 의식하는 식(識)만 알아차리다가 소리를 인식하는 상(想)만 알아차리기도 했다.

그렇게 반복해서 바라보는 동안 알아차림이 더욱 예리해지고 빨라짐에 따라 대상(오온)의 일어남과 사라짐은 차츰 느려지는 듯한 느낌이 얼핏 들기도 했다. 그러나 오온의 흐름이 느려진 것은 아니었고 오온이 일어날 때 동시에 알아차림도 일어나는 것을 보니 한 찰나도 놓치지 않고 오온의 각 요소의 생멸을 볼 수 있고 알아차릴 수 있음을 알 수 있었다.

'붓도'가 나지막하게 계속 이어졌고 그에 따라 오온이 생멸하고 있음이 점점 밝게 보였다. 소리의 성질(아주 작은 에너지의 미립자들이 소리를 내는 입의 형상에 따라 둥글게, 길게, 가로, 세로…… 많게, 적게, 가늘게, 굵게…… 모아져서 튕겨졌다가 흩어지는, 무형의 수없는 일어남·사라짐의 연속과 중단과 소멸) 등이 보였고 그 소리가 '붓도'(음색)임을 알아차렸다. '붓도'의 뜻이 인식되면서 의지적 작용이 일어났다. '붓도'를 좋아하는 마음과 좋으니까 자꾸자꾸 이어가려는 의지가 동시에 생겨났다. 그러면서 '붓도'가 일어났다가 사라지고 또 이어졌다.

'붓도'가 막 사라지면서 다시 이어가려는 의도가 생겨났고 동시에 '부~'가 시작되면서 소리와 귀에서 식과 접촉이 일어나고, 촉에서 수(좋은 느낌)가 일어나고, 수에 의해 상(소리의 특징을 알아차림)이 동시에 일어나고, 상에 의해 '붓도'가 동시에 행해지고, 그 행으로 인해 계속하려는 생각이 저장되어 다시 '붓도'하려는 의도를 불러일으키고 있었다.

이렇게 오온은 각각 단독으로 일어나는 것이 아니라 반드시 앞의 것에 의해 뒤의 것이 일어나지만 거의 동시다발적으로 한순간에 일어났다가 일어난 그 자리에서 순식간에 사라지는 것을 분명하게 볼 수 있었다. 하지만 순서를 매겨가며 글로 풀어서 쓰자니 무척 어렵고 적절한 문구가 떠오르지 않아 보고 느낀 대로 완벽하게 옮길 수 없었다.

오온도 매번 관찰할 때마다 조금씩 다르게 보이기는 하지만 대동소이하고, 대상과 무관하게 오온의 흐름은 일정하다고 여겨지므로 가장 명확하게 보고 느낀 것만 적을 수밖에 없었다.

염불위빠사나 16단계

—

천천히 경행하면서 '붓도'를 했다.

첫발을 옮기려고 할 때 '붓도'에 집중하니 발이 전혀 움직이지 않았다. 발을 옮기려는 의도는 일어나지 않고 오직 '붓도'를 하려는 의도에만 알아차림이 집중되어 있음이 느껴졌다. 그때 마음에는 한 번에 한 가지씩만 인식하는 것이 효과적이라는 생각(체험을 통해 터득했다)이 불현듯 스치고 지나갔다.

'붓도' 염송을 염불식으로 하고 있어서 경행이 중단되고 있음을 알아차리고는 그냥 숨 쉬듯이 자연스럽게 '붓도'를 염송했다. 서 있는 정지 상태에서 발을 옮기려는 의도가 언뜻 일어남과 동시에 발이 들리고 있음을 '붓도'로 알아차리고 있었다.

발을 들어올리고, 내밀고, 내려놓는 행위와 행동 이전의 의도를 '붓도'가 알아차리는 것을 또다른 '아는 마음'이 멀찍이 지켜보고 있었다.

20분 정도 경행한 후 '붓도'를 염송하며 좌선에 들었다.

소리내어 '붓도'를 염송하면서 소리를 관찰했다. 한참 동안 소리에 집중하여 관찰하다보니 소리는 계속 이어지고 있는데, 기이하게도 소리는 소리대로, 아는 마음은 아는 마음대로 따로따로 구분되어 보이기 시작했다. 관찰이 예리해질수록 점점 더 분명하게 소리와 아는 마음이 따로 구분되어 나타났다가 사라지곤 했다. 이론상으로는 소리와 그것을 아는 마음이 따로 분리될 수 없지만 실제로는 소리와 아는 마음이 명확히 구분되어 보였다.

소리는 물질이고 대상이며, 물질과 더불어 일어나는 수·상·행·식은 정신이고 주체였다. 물질과 정신의 부딪침에서 소리 있음과 '붓도 붓도' 소리임이 인식되는 오온을 정밀하게 알아차렸다. 물질적 현상과 정신적 현상이 따로 분리되어 보이면서 한동안 소리는 소리대로 이어지고, 아는 마음은 아는 마음대로 소리를 알아차리고, 또 그 두 가지를 한꺼번에 바라보는 마음이 따로 있었다.

그러면서 한번 '붓도' 하고는 소리가 잠시 끊어질 때마다 다음번 '붓도'가 일어나기 전의 틈새인 정지된 공간이 언뜻언뜻 보였다. 그 틈새는 점점 또렷하게 드러났고, 그 정지된 공간에서 '붓도'를 이어가려는 의도가 일어났다가 사라지는 것이 한순간 전광석화처럼 포착되었다.

의도의 사라짐을 완전하게 보기도 전에 이미 '붓도'가 일어나고 있음을 알아차렸다. 이 과정 역시 여러 번 반복하면서 의도의 일어남·사라짐과 '붓도'가 일어남이 뚜렷하게 보일 때까지 계속 되풀이했다.

그리하여 '붓도'가 일어나는 원인(의도)과 결과('붓도' 소리)를 알아차리게 되었다. 그에 따라 오온의 무상·고·무아가 확실히 느껴졌고, 그 생멸 현상이 빨라지면서 현상이 일어났던 자리에서 바로 사라지는 과정이 이어졌다.

다시 되돌아보며 의도에 의해 소리가 나오는, 원인과 결과를 확실히 알아차리고 나니 '붓도' 염송이 조금 시들해졌고, 인과의 끊임없는 일어남·사라짐이 '붓도' 소리의 실체임이 인식되면서 울컥 무상감이 일어났다. 뒤이어 허무감이 세차게 밀려와 고통스럽기까지 했다─실질적인 고통이 아니라 울고 싶은 그런 고(苦)였다.

이래저래 조금 시들해지기는 했지만 그래도 '붓도' 염송은 여전히 이어지고 있었다. 울고 싶은 감정이 사라지고, 고통스러움도 사라지고, 무상감도 허무감도 다 사라지고 없었다. 오직 '붓도'만 낮게 가라앉아 이어지고 있음을 알아차리면서 종국에는 오온의 무상·고·무아와 그 원인과 결과만이 남아 이어질 뿐 내 마음, 내 몸뚱이, 내 것 등 '나'라고 할 만한 것은 아무것도 없음을 절감했다.

그 순간 허무감, 무상감보다도 더 강한 무언가가 와락 덮쳐왔다. 무어라 표현할 길 없는, 슬픔보다 강렬하고 허무감보다 더 진하고, 무상감보다 더 공허한…… 개체의 소멸이라고나 할는지……. 아무튼 그런 묘한 느낌이 한동안 일어났다가 사라졌다 되풀이되었다.

이윽고 그것이 바로 '무아'임을 알아차리게 된 순간 그 모든 느낌은 말끔히 사라져버렸다. 그런 와중에도 '붓도' 염송은 여전히 이어지고 있었다. '붓도'와 '붓도' 사이에서 무상·고·무아가 얼핏얼핏 빠르게 일어났다가 사라지면서 '붓도'의 일어남·사라짐도 점점 더 빨라지고 있었다.

어느새 그 염송소리는 멈추어지고 가슴에서 '붓도'가 전광석화처럼 저절로 일어났다가 사라졌다. '붓도'는 빙빙 돌아가듯이 어지러울 정도로 빠르게 일어났다가 사라졌고 한동안 그렇게 반복되다가 급기야는 너무나 빨라져서 '붓도'의 일어남을 채 보기도 전에 사라져버렸다. 그뒤로는 사라짐만 연속적으로 사라지고, 사라지고를 거듭했다.

그처럼 사라짐의 속도가 더이상 빠를 수 없을 만큼 빨라졌음을 느끼는 순간, 너무나도 빨라서 마치 정지된 것처럼 느껴지는 순간 모든 것이 뚝 끊겨버린 듯한 느낌이 들었다. '붓도'도 끊겼다.

돌연 몸도 마음도 '붓도'도 그 무엇도 없는, 일어남도 사라짐도 없는 그런 '무엇'이 불쑥 나타났다…….

잠시 후 평등심, 편안함이 느껴졌고 아는 마음으로 지극히 고요하고 고요한 무아삼매의 평안으로 들어갔다.

율장에서는 무아삼매, 그 안의 상태에 대해 일반인에게는 말하지 말라고 이르고 있다. 선생님께서는 '무아삼매'를 현상 이전의 상태라고 해석하시는데, 그 상태에 도달했는지 여부는 부처님만이 아실 수 있으므로 4과(수다원과, 사다함과, 아나함과, 아라한과)의 성취 여부를 결정하는 열 가지 결박의 번뇌(①오온을 '나'로 보는 유신견, ②미신이나 잘못된 의식을 믿는 계금취견(戒禁取見), ③감각적인 탐욕, ④성냄[瞋恚], ⑤색계에 대한 집착[色貪慾], ⑥무색계에 대한 집착[無色貪慾], ⑦불안정한 마음[掉擧慾], ⑧자만심[慢慾], ⑨의심, ⑩근본무명[無明慾] 등을 이른다)가 어느 정도 소멸되었는지만 점검해볼 뿐이라고 하셨다.

정작 중요한 것은 '무아/공삼매'의 뜻풀이가 아니라 번뇌의 소멸 여부이기 때문이다.

아나빠나사띠

아잔 차 스님의 핵심 수행법은 아나빠나사띠(호흡 관찰)다. 이 수행법으로 호흡을 관찰한 후 바로 이어서 마음관찰을 하도록 지도했다. 그런 스님의 지도방식에 맞추어 호흡 관찰과 마음관찰 체험기를 소개한다.

코끝에서의 관찰
—

처음에는 들숨과 날숨의 길고 짧음을 바라보고 한참 뒤 호흡이 가라앉아 고요해짐을 느끼면 코끝에 주시를 집중했다. 숨을 들이쉴 때 코에서 목, 가슴, 배로 이동되는 과정을 관찰했다. 들숨은 처음·중간·끝이 보였지만 날숨은 가슴과 코끝에서만 느껴졌다. 들숨의 끝에서 날숨이 시작되기 직전의 공간을 세밀히 관찰하니 배에서 날숨이 시작됨이 미미하게 느껴졌다(몇십 분의 1초 사이로). 자꾸 반복해서 들숨과 날숨의 처음·중간·끝을 아주 예리하게 주시하니 호흡 속에서 세포보다 더 작은 극미립자인 깔라빠를 볼 수 있었다. 들숨 때 숨이 코끝에서 들어오는 것을 머리부터 더 자세히 주시하자 깔라빠가 머리에서 가슴을 거쳐 배까지 옮겨가는 듯이 보였다.

좀더 자세히 주시하자 그것이 옮겨가는 것이 아니라 코에서 생긴 깔라빠는 바로 그 자리에서 사라지고, 다시 머리 부위에서 일어났다가 역시 그 자리에서 사라지고, 마찬가지로 가슴과 배에서도 각기 다른 유사한 깔라빠가 일어났다가 사라지면서 호흡이 진행됨을 알게 되었다 (사실 '아는 마음'은 호흡 안팎 공간의 상황을 훤히 보고 알고 있지만 그것을 두뇌로 옮겨 실제 상황을 비유하여 글로 옮기려니 정확히 서술하기가 어려웠다).

호흡에서 몸 전체를 봄

—

들숨과 날숨의 처음·중간·끝을 관찰하고 순식간에 스치는 깔라빠 속의 지·수·화·풍의 느낌을 감지하여 그것의 크기와 밝기와 움직임과 생멸을 한꺼번에 보았다. 깔라빠 하나를 선택하여 그 안의 열 가지 요소, 즉 지, 수, 화, 풍, 색깔, 냄새, 맛, 자양, 생명 기능, 투명한 물질 등을 관찰했다. 들숨이 길 때 깔라빠가 더 많고 밝으며 짧을 때 얇고 힘이 약하게 느껴졌다. 날숨 때는 들숨 때에 비해 불투명하고 약한 것이 흐릿하게 생겨났다가 더 빨리 사라졌다.

주시를 호흡 따라 옮기면서 관찰하려고 하니 잠시 놓칠 때도 있어서 이동을 멈추고 코끝에만 집중해서 보았는데, 한 곳에만 집중해도 호흡의 처음부터 끝이 다 보이고 깔라빠의 생멸도 동시에 느껴졌다. 자꾸 반복됨에 따라 더욱 선명해져서 주시를 옮기지 않고도 한 곳에서 몸 전체를 다 볼 수 있었다. 숨을 들이쉴 때는 머리끝에서 발끝으로, 내쉴 때는 발끝에서 머리끝으로 느낌들이 온몸을 훑으며 (마치 영화 필름이 돌아가듯) 획획 스쳐지나갔다. 그 상태가 얼마 동안 계속되더니 어느 순간 몸이 투명해지는 듯한 느낌이 들었다. 내가, 내 몸뚱이가 앉아 있는 것이 아니라 커다랗고 환한 포대 자루가 '앉아' 있었고 그것은 보자마자 확 퍼져나가 드넓은 밝은 공간으로 변해버렸다. 그 공간 속으로 또 다른 빛의 입자들이 들락날락하는 듯이 보였다.

눈을 뜨자 빛과 아는 마음과 몸과 공간이 하나가 되어 사라져버린 듯했다. 그 상태를 유지하고 싶으면 그대로 유지할 수 있었고 아는 마음으로 지·수·화·풍과 그와 연계된 수·상·행·식을 무상·고·무아로 관찰하면서 무아삼매로 들어가고 싶으면 그렇게 할 수도 있었다.

마음관찰

—

버스를 기다리고 서 있는데, 찬바람이 얼굴에 확 닿았다. 그 순간 얼굴과 가슴에서 차가운 느낌이 획 스치며 춥다는 느낌이 온몸을 휩싸고 흐르면서 동시에 싫어하는 마음이 일어났다. 추위에서 벗어나고자 하는 마음이 강해지면서 따뜻함을 원하는 마음이 일어나고, 동시에 버스가 빨리 와주기를 바라는 마음이 생겨났다. 버스를 기다리는 간절함에 마음이 모아지니 일순간 추위가 느껴지지 않았고 금방이라도 저쪽 길

모퉁이에서 버스가 얼굴을 내밀 것 같은 기대감에 잠시나마 마음이 밝아졌다.

그러나 다른 차들만 몇 대 지나가고 기다리는 버스는 오지 않자 기대감으로 차 있던 마음이 싹 사라짐과 동시에 춥다는 느낌이 확 밀려들었다. 마음이 조금 조급해지면서 차츰 추위와 짜증이 번갈아가며 일어났다. 추우니까 따뜻함을 원했고, 따뜻해지기 위해 빨리 차를 타고 싶어했고, 그것이 원하는 대로 쉽게 이루어지지 않으니 마음은 어느새 조바심치면서 불평하는 쪽으로 변해버렸음을 알아차렸다.

왜 짜증이 일어나는지 그 원인을 바라보고 외부 상황에 대한 마음의 갈구와 그 바라는 바가 순조롭게 채워지지 않음에 대한 반응으로 짜증이 일어나고 있음을 분명하게 알아차리자 곧 짜증내던 마음이 사라졌다.

얼굴에 와닿는 바람은 여전히 차가웠지만 이제는 차가운 느낌을 단지 느낌이라 알아차리면서 마음이 고요해짐을 바라보았다. 20분쯤 지나서야 버스가 도착했는데, 반가운 마음이 살짝 일어나 그 마음을 바라보니 금방 사라졌고, 이어서 일어난 고마운 마음 또한 바라봄과 동시에 사라졌다.

일터에 도착하니 모여 있던 사람들이 저마다 한마디씩 했다. 왜 이리 늦었냐는 약간 신경질적인 말투에 마음이 철썩 붙는 것 같은 느낌이 들면서 감정이 약간 일렁거리려는 낌새가 느껴져 곧바로 마음을 바라보았다. 그러자 더이상 아무 느낌도 일어나지 않았다. 아마도 상대방의 불쾌한 언사에 마음이 반응하려고 했었나보다.

일하고 있는데, 무슨 약초에 관해 이야기를 나누던 이들이 나에게 의견을 물어왔다. 순간 가슴에서 아물거림이 일더니 무의식의 바왕가가 느껴졌고 약초에 관한 지식들을 더듬어 찾고 있는 마음이 보였다.

그들이 묻고 있는 것에 대한 답을 순식간에 찾아내자 무언가 기쁨 혹은 만족감 같은 느낌이 들었다. 그 느낌이 드는 순간 마음이 살짝 들뜨고 있음이 보였다. '아는 대로 얘기해줘야지' 하는 마음이 일어났다.

그런데 바로 그 순간 마음이 변하는 것이 보였다. 저 사람들이 모르는 것을 내가 알고 있음에 대해 우쭐해하는 마음이 얼핏 일어났다가 사라짐과 동시에 또다른 마음이 일어났다. 다름 아닌 '나'를 내세우고자 하는 마음이었다.

그 순간 자만심임을 알아차리면서 가슴 위로 시퍼런 칼날이 쓱 지나가는 듯한 섬뜩함을 느꼈고 잘난 체하려던 마음이 흔적도 없이 사라져버렸다.

잠시 마음의 변화를 관찰한 후 살펴보니 질문했던 이들은 더이상 내 대답을 필요로 하지 않는 듯 다른 이야기에 몰두하고 있었기에 마음이 편안해지면서 하던 일을 계속했다.

이 체험기 또한 순식간에 일어났던 일을 글로 늘어놓은 것일 뿐이다. 일상의 다른 사건들 역시 이런 마음의 흐름일 뿐 그 안에 영혼이나 행·불행의 실체, 변하지 않는 영원한 즐거움 같은 것은 존재하지 않는다.

자비관과 위빠사나 수행

아잔 차 스님의 제자들 중 일부는 본수행을 하기 전에 예비 수행으로 자비관을 한다. 자비관도 염송과 병행하면 염불위빠사나가 된다. 그 실례로 염송과 병행한 자비관 수행을 소개한다.

자비관 염송
—

자정이 훨씬 지나 잠자리에 누웠는데, 정신이 또랑또랑해지면서 무엇인지 모를 절박감 같은 것이 잠을 쫓고 있음을 알아차렸다. 가만히 마음을 들여다보았지만 별다른 감정의 흐름은 잡히지 않았고 무언가 아릿한 연민 같은 것이 엷게 움직이고 있음이 보였다.

그것도 마음에서 일어나는 감정의 흐름임을 의식하면서 이 깊은 밤에 웬 뜬금없는 연민인가 싶어 의관하여 들어갔다. 다름 아닌 미망의 늪에서 고통과 번뇌로 잠 못 이루는 뭇 생명들의 소리 없는 아우성이 가슴을 아리게 하면서 연민을 일으키고 있었다. 그 가슴 아림을 의관했다.

삼라만상이 잠들어 있는 시간에 홀로 깨어 있다는 고적감…… 지난 날에 맛보았던 수만 가지의 고통과 번민과 삶의 애환…… 유독 나만이 그런 아픔을 겪고 있다고 애를 끓이던 기억의 잔상…….

그 모든 것이 고통의 근원인 무명과 업의 인과임을 보았고, 동시에 자비심이 스쳐갔다. 자비관을 해야겠다는 생각이 들었다.

가슴의 아릿함도, 연민도 사라지고 다시 평등심으로 돌아오자 천천히 일어나 앉아 좌선을 시작했다. 평등심에서 우러나오는 순수한 자비심을 알아차리면서 자비관을 염송하기 시작했다.

"모든 중생이 탐진치에서 벗어나 행복할지어다"라고 소리내서 염송했다. 소리가 입에서 나오는 순간 입과 귀와 가슴의 의식이 찰나에 일어났고 그와 함께 언뜻 깔라빠가 일어났다. 의식과 깔라빠가 일어남을 알아차리는 순간 그것은 이미 사라져버렸다. 의식과 깔라빠가 일어나고 사라짐과, 자비관의 음절이 이어지고 있음과, 소리의 움직임과 그 움직임 속에 나타나는 4대 요소를 일어나고 사라지는 대로 알아차리면서 계속 소리내어 자비관을 염송했다.

한동안 염불선을 할 때처럼 염송소리가 몸 밖과 몸속으로 '웅웅'거리며 돌아다녔다. 염불할 때는 염불소리 속으로 빨려드는 듯했는데, 자비관을 할 때는 자비관을 염송하는 소리 속에서 마음이 움직였고, 그 마음의 움직임에 따라 사람들의 얼굴이 하나씩 또는 한꺼번에 여럿이 떠올랐다.

사람들 모습이 떠오르는 것을 알아차리면서 마음속으로 소리내지 말고 암송해야겠다는 생각이 일어나자 소리가 끊어졌고 밖에서 안으로 잠겨드는 느낌이 얼핏 스치면서 속에서 소리가 일어났다. "모든 중생이 탐진치에서 벗어나 행복할지어다."

마음속에서 일어나는 염송소리는 반복적으로 이어졌고 시간이 지남에 따라 소리에서 힘이 느껴졌다. 마치 북소리처럼 둥둥둥둥 가슴을 두드리면서 힘차게 울려퍼지는 듯했다.

사람들 얼굴이 하나씩 떠오르자 그들 모두를 자비관의 힘으로 감싸 안으려는 듯이 간절하게 염송했다. "이 사람이 탐진치에서 벗어나 행복할지어다."

그렇게 한 사람을 위한 자비관이 끝나면 저절로 그 모습이 사라지면서 동시에 또다른 사람의 모습이 떠올랐다. 그런 식으로 차례대로 한 사람도 놓치지 않고 똑같이 자비관 염송을 베풀었다. 한 사람씩 떠오를 때는 그 사람만을 위해, 한꺼번에 그 집안 식구들까지 가족사진처럼 떠오를 때는 한 번에 몰아서 그들 모두를 위해 자비관을 염송했다.

나중에는 누구인지 가릴 겨를도 없이 얼굴이 떠오름과 동시에 그 얼굴은 소리의 힘(자비관) 속으로 잠겨들었고 자비관을 하고 있다는 의식도 없이 저절로 얼굴이 떠올라 자비관 염송의 강력함에 의해 저절로 감싸여 정화되는 듯했다. 정화한다는 표현보다는 꽁꽁 얼어붙은 무언가를 뜨거운 자비의 열기로 녹인다고 하는 편이 나을는지……. 아무튼 그렇게 저절로 자비관 스스로가 힘을 불러모아 사람들을 불러내어 그 힘을 나누어주고 있는 듯 여겨졌다.

아무리 나누어도, 줄어듦도, 늘어남도 없는[不增不減] 그 힘은 마치 어머니의 사랑처럼 느껴졌다. 한 개인의 어머니가 아닌 우주 만물의 근원으로서의 어머니 같은……

자비관의 힘은 무척 강해져 있었다. 힘이 강해질수록 점점 더 가벼워졌다. 자비관의 힘이 더욱더 강해짐에 따라 무게도 더욱 가벼워져 몸이 그 가벼움에 의해 먼지만큼의 중량도 없이 그 속으로 날아가버린 듯했다. 자비관 염송소리의 힘이 최고조에 달하자 가벼움 또한 극에 달한 듯한 느낌이 들었으며 그것을 알아차리는 것을 아는 아는 마음이 있었다.

호흡을 찾았다. 호흡이 없는 듯했다.

아는 마음이 자비관 염불소리의 힘과 그 가벼움을 바라보자 그 속에서 아주 얇고 가늘고 미세한 빛의 입자들이 깜빡거렸다. 계속 그것을 관찰하자 호흡이 들어오고 나감에 따라 일고 있는 깔라빠의 생멸임이 포착되었고 아주 미세한 깜빡임으로 보여지고 있음을 알아차림과 동시에 그 안으로 빠져들었다.

그 순간 기쁨이 확 일어났다.

무언가 하나 가득 차오르는 충만감…… 꽉 채워져 더이상 아무것도 필요치 않은 만족감…… 더없는 기쁨…….

행복했다. 이렇게 영원하기를 바랐다. 아니, 지금 상태가 바로 영원인 듯했다.

그 순간 영원을 바라는 마음속에 영원할 수 없음을 아는 마음이 있음을 알아차렸다. 무상감이 일어났다. 무상감은 저절로 의관되었다.

그 속에 아주 희미하게 의식이 흐르고 있었다. 업인지, 무의식인지, 무엇인지가 생명을 이어가고 있었다. 그것도 깔라빠로 보였다.

의관이 사라짐과 동시에 깔라빠 속으로 드는 찰나에 삼매에 들어감을 알아차린 듯했고 곧바로 무아삼매에 들었다.

너무 맑디맑아 빛이라고도 할 수 없을 만큼의 투명함이 무한대로 이어졌다. 그다음 단계는 더이상 언어로 표현할 수 없다. 그것이 전부였다…….

이처럼 자비관만으로도 자신의 이기심을 녹이고 타인에게 자비관을 투사하면서 종국에는 무아삼매에까지 들 수 있었다.

위빠사나 수행의 열매들

—

위빠사나 수행을 하면서 건강에서부터 성격에 이르기까지 참으로 많은 것이 좋아졌음을 실감했다.

수행하기 전에는 건강이 좋지 않아 신경질적이었고 매사 부정적이고 허무주의적인 성향이 강했다. 욕심과 성냄과 어리석음이 날마다 반복되었고 오만가지 번뇌로 인해 항상 불안하고 초조하고 불만족스럽고 조급했다. 학력, 외모, 재력 등에 언제나 열등감이 앞섰고 열등감을 지우기 위해 욕심이 산더미처럼 쌓여 스스로 마음에 상처를 내곤 했다. 욕망이 채워지지 않으면 화가 들끓었고 화를 낼 수 없는 상황일 때는 토라져서 자신을 책망하고 타인을 원망하면서 극도로 침체된, 거의 우울증에 가까운 상태로까지 몰아가기도 했다.

또한 어리석음으로 인해 작은 일에도 갈팡질팡, 이러면 좋을까, 저래야 좋을까 안절부절하다가 일을 그르치거나 남에게 속아넘어가기가 일쑤였다. 마음이 그 지경이니 몸 또한 건강하지 못했다. 어디 한군데 성한 곳이 없었고, 그렇다고 딱히 무슨 병이 있는 것도 아니면서 조금만 신경이 날카로워지면 소화가 안 되고 온몸이 아프고 불면증에 시달리는 등 환자 아닌 환자 신세였다.

삶 자체가 힘들고 짜증스럽고 지리멸렬하게 느껴졌다. 허무감에 사로잡혀 아침에 눈을 뜨는 순간부터 죽고 싶은 마음이 일고 무기력해져 하루를 살아내는 것이 너무나 힘겹고 고통스러웠다.

그러다 우연히 위빠사나를 만나 수행하게 되었고 처음에는 별다른 변화를 느끼지 못했으나 시간이 지나면서 마음이 조금씩 편안해지고 왠지 안정감 같은 것이 느껴졌다.

수행이 차츰 깊어지면서 몸과 마음을 관찰하는 힘이 생겨나고 몸에서 일어나는 세포들의 생멸을 보게 되면서부터는 모든 인간사가 외부 상황을 조건으로 삼아 자기 내면의 마음, 업(業), 환경의 부딪힘에 의해 일어나는 현상임을 보게 되었다.

이 몸이라는 것이 업과 마음과 물질에서 생겨난 것임을 알고 나니 몸에 대한 집착이 없어지고 건강에 대한 우려 같은 막연하면서도 강한 불안감과 열등감이 사라지면서 마음이 편안해지고 몸도 아주 건강해졌다. 욕망이나 성냄이 일 때도 생각이 일어나기 이전의 무의식의 흐름까지를 보게 되니 자연적으로 욕망, 성냄, 허무감, 죽고 싶은 마음 등의 원인이 보였고 그런 감정이 일어남과 동시에 알아차림으로써 과거의 나쁜 기억이나 습관이 없어졌다.

위빠사나 수행을 하기 전에는 좋은 옷이나 책, 그 밖의 좋은 물건을 보았을 때 갖고 싶은 욕망이 일어났고 그것이 너무 비싸서 가질 수 없는 상황이 벌어지면 욕망이 성냄으로 변해 급기야는 허탈감에 빠져 (겉으로는 안 그런 척 포기했지만 속으로는 신세 한탄을 하며) 갖고 싶은 집착이 다시 열등감으로 쌓이곤 했다.

그러나 수행하게 되면서 마음에 드는 물건들을 볼 때 갖고 싶은 욕망이 일어나려는 낌새(무의식의 흐름)를 알아차리게 되고 그 욕망이 무엇 때문에, 어디서, 어떻게 오는지를 바로 보게 되자 더이상 진행되지 않고 사라지게 되었다. 따라서 아무리 좋은 것을 보아도 그저 '좋은 것이구나', '예쁘구나'로 그치게 되고 갖고 싶은 욕망은 더이상 일어나지 않는다. 이것이 말로만 듣던 '놓아버림'임을 저절로 터득하게 되었다.

이처럼 코로 냄새를 맡을 때나, 귀로 소리를 들을 때나, 입으로 음식을 먹을 때나, 몸으로 감촉을 느낄 때나, 생각이 일어날 때나 언제든지 물질과 마음의 작용을 알아차리면서 '뒤'에서 반야로 비추어보니 조건 따라 일어났다가 사라지는 현상의 생멸이 분명하게 보이면서 반응하려는 마음이 일어나지 않았다.

일상생활 속에서 사람들과 숱하게 얽히는 와중에도 마음의 평온을 유지하게 되니 상대방의 언행이 어떻든 스트레스를 받지 않게 되었다. 외부 상황에 반응하려는 마음을 미리 알아차리게 되자 매 순간 그 상황에서의 상대방의 심리가 가슴에 와닿아 이해하게 되고 측은하게 느껴지기도 해서 인간관계가 아주 원만하게 유지되는 것을 실감할 수 있었다.

이전에는 '수행'이라면 왠지 까다롭고, 또 대단한 끈기를 지닌 특정인만 할 수 있는 특별한 것으로 여겼는데, 실제로 해보니 매일 아침저녁으로 거울에 얼굴을 비추어보며 다듬듯이 수행 또한 거울 보듯이 몸과 마음을 스스로 비추어보며 '알아차림'을 이어가는 것이므로 수행과 일상생활이 결코 둘이 아님을 깨닫게 되었다.

아잔 차의 수행 경책

수행자가 스승으로부터 물려받는 가르침은 정견과 수행법과 수행 경책으로 요약할 수 있을 것이다.

정견과 수행법에 관해서는 이미 앞에서 다루었으므로 이 책 말미는 (수행자의 마음이 느슨해지거나 수행에 회의가 느껴질 때 필요한) 수행 경책으로 갈무리하며 마무리하고자 한다. 참고로 이 내용은 주로 아잔 차 스님의 『자유의 맛』과 그의 법문집에서 발췌했다.

아잔 차 스님은 만물을 있는 그대로 바라보아 놓아버림으로써 반야 지혜에 이르는, 단순 명료하고 자연스러운 수행 가풍을 지니고 있다.

아잔 차 스님의 수행 가풍은 북방 대승불교의 범주까지 포괄하고 있어 향후 국내 위빠사나 발전과정에 지대한 영향을 미치리라 여겨진다.

이 소중한 경책들을 자신의 성향과 수행 상황에 맞추어 채택하여 수행이 방만해질 때의 '죽비'로 항시 가슴에 간직하기를 바란다.

삶에 대하여

- 고통은 우리에게 지혜를 가져다준다. 행복은 우리를 눈멀게 한다. 편안함과 행복은 주의를 앗아가지만 고통이 있을 때는 이를 주시하게 되기 때문이다.

- 다른 사람을 판단하는 것은 자신의 자만심만 키울 뿐이다.

- 만일 사람들이 그대를 나쁘게 말하거든 오로지 자신을 들여다보라. 그들이 틀렸다면 그들을 무시해버려라. 만약 그들이 맞다면 그들에게 배워라. 어느 쪽이든 화를 낼 필요는 없지 않은가!

- 만일 남의 것이든 자신의 것이든 무언가에 매달려 집착한다면 그것이 누구의 것인지는 문제되지 않는다. 이웃집에 난 불을 손으로 끄려고 하면 틀림없이 뜨거울 것이다. 자기 집에 난 불이라도 손을 대면 뜨겁기는 마찬가지다.

- 무상·고·무아는 실제로 어디서나 발견된다. 그것은 마치 배설물의 냄새와도 같다. 몸에서 나온 배설물은 큰 덩어리든 작은 덩어리든 냄새는 모두 똑같이 지독하기 마련이다.

- 세상을 거울이라고 생각하라. 세상 모든 것은 단지 자기 마음의 반영일 뿐이다. 그것을 깨달으면 언제라고 할 것도 없이 항상 모든 시간이 향상의 기회고, 모든 경험이 진리를 드러내고 깨달음을 가져다준다. 다른 사람들과 원만히 지내기 위해서는 자만심과 자존심을 버리고 순간적인 쾌락에 탐닉하는 짓은 그만두어야 한다.

- 지혜가 없으면 주위의 모든 것이 고통의 원인이 된다. 지혜가 있으면 주위의 모든 것이 고통에서 벗어나게 된다.

- 오욕과 득실, 명예와 불명예, 행복과 불행, 칭찬과 비난 등이 팔정

도의 길로 승화되면 진리의 길로 나아갈 수 있다. 세속적인 법이 존재하는 곳에는 진리의 길도 존재한다.

• 혼란은 평화의 씨앗이다. 분명한 알아차림으로 혼란을 통찰하면 그다음에는 평화만 남는다. 교만에 빠져 다른 사람의 비판을 수용하지 못하는 사람이 있다. 그들은 돌아서서 논쟁한다.

• 불 옆에 서 있지 않으면 화상을 입지 않을 것이며 수신자가 없는 편지는 되돌아가게 마련이다. 자질구레한 분별심 시비에 휘말리지 않고 유유자적 세상을 살아가는 수행자는 평정에 든다.

• 현상은 현재 이 순간에 일어나고 사라진다. 너무나도 간단하다. 일어나는 어떤 것도 영원하지 않으며 고정되지 않은 것이다. 그러나 이것을 보지 못하고 이해하지 못하면서 우리는 혼란과 비탄에 빠진다

• 자아의 속박은 질기다. 지혜로운 사람은 자아의 아만을 움직이는 것보다 산을 이쪽에서 저쪽으로 옮기는 것이 더 쉽다고 말한다.

• 정작 중요한 것은 삶에 대해 어떻게 느끼는가가 아니라 삶 그 자체를 어떤 식으로든 바꾸려고 들지 않는 자세다. 사물이나 현상을 있는 그대로 바라보며 놓아두어야만 한다.

• 우리가 어떤 대상을 놓고 스스로에게 "그건 원래 그런 거야"라고 꾸준히 되뇔 수만 있다면 그 대상에 대해 더이상 집착할 필요가 없게 된다. 그때 비로소 '놓아버림'을 통한 자유에 이를 수 있다.

• 우리는 집착에 대해 변명이 너무 많다.

• 우리는 일반적으로 칭찬받기를 원하고 비난받기를 싫어한다. 그러나 청정한 지혜를 통해 보게 되면 칭찬도, 비난도 모두 다 실체가

없는 것일 따름이다.

- 잘 들여다보면 우리가 살고 있는 이 세상은 꼭 '그만큼'일 뿐이다. 세상은 생긴 대로 그렇게 있을 뿐이다.

- 제발 정신 차리도록 하라! 자신의 세계를 만들어내는 사람은 바로 자신일 뿐이다.

- 즐겁고 유쾌하고 신나고 멋진 것도, 또다른 그 무엇도 그저 그만큼 일 따름이다. 모든 것은 그 자체의 한계를 갖고 있으므로 다른 걸 출한 무엇이 될 수는 없다.

- 지금의 상태를, 그렇게 되기를 바라는 어떤 상태와 비교할 때 고통이 일어난다. 만물은 본디 있는 그대로 존재하기 때문이다. 오직 비교만이 우리에게 고통을 일으킨다.

- 한 사람을 명확하게 알게 된다는 것은 세상 모든 사람까지 알게 된다는 것을 의미한다.

- 알아차리되 집착하지 않았다. 알아차림이 실체성이 되게 하지 않았다. 선악 모두를 놓아버리지 못했을 때 우리는 여전히 그곳에 있고, 여전히 존재하고, 여전히 소유한다. 존재한다는 것은 여전히 무언가가 남아 있고 형성과 태어남이 약속되어 있다. 따라서 붓다께서는 오직 자기 자신을 평가하되, 아무리 선하고, 아무리 악해도 남을 평가하지 말라고 하셨다.

- 행복감이 일어날 때 우리는 그것을 안다. 불만이 일어날 때도 우리는 그것을 안다. 행복과 불만을 나의 것으로 동일시하지 않는 것이 바로 '있는 그대로' 받아들이는 것이다.

- 범부들에게 행복이란 모든 것이 자신이 원하는 대로 되어야만 느

낄 수 있는 감정이다. 그렇게 되려면 세상의 모든 사람이 달콤한 말만 해주어야 한다. 세상 사람들이 모두 듣기 좋은 말만 하는 것이 가능한가?

• 우리는 행복을 찾기 위해 수행해야 한다. 옳든 그르든, 무엇에든 맹목적으로 집착하지 말고 그저 그것을 알아차린 뒤 내려놓아라. 마음이 평화로우면 미소를 지을 수 있다. 싫어하는 감정이 생기는 순간 마음은 오염된다. 마음이 오염되면 모든 것이 왜곡된다.

• 행여라도 자신이 다른 사람보다 낫다, 못하다, 같다고 생각한다면 고통만 당하게 될 뿐이다.

• 문제 해결은 문제 해소에 있다. 실로 수많은 종류의 문제가 있는데, 붓다는 문제의 궁극적 해결을 알려주었다. 그 해결책이란 실질적으로 문제라는 것을 볼 때 그 해결을 필요로 하는 '사람' 자체가 없다는 것이다. 그러므로 문제도 없다. 말하자면 그런 문제는 원래 존재하지 않았다는 것이다. 여기가 모든 것이 끝나는 곳이다.
만일 문제를 가진 사람이 있다면 거기에는 늘 문제가 있을 것이다. 우리가 문제를 받아들이는 그 순간 문제를 갖고 그것을 해결해야 할 어떤 사람이 등장하는 것이다.

• 조건지어진 것은 무상하다. 깨달음은 무명에서 오고, 앎은 무지에서 오며, 청정은 번뇌에서 온다. 그렇다. 무상을 버리지 않는 것이야말로 붓다를 버리지 않는 것이다. 이것이 바로 "붓다는 아직도 살아 계시다"라는 말의 참뜻이다.

마음에 대하여

- 괴로움은 바로 여기, 우리 마음속에 있다. 그러나 또한 이 마음속에서 없어진다.

- 무엇을 하든 마음은 흐르면서 여전히 정지한 물과 같다. 마음을 그렇게 닦을 때 거기에 고요와 지혜가 함께 일어난다(止觀雙修).

- 길들이지 않은 마음에는 근심과 걱정이 가득차 있다.

- 다시 마음이 집착하게 되더라도 새로운 상황 하나하나를 살펴나가되, 절대로 관찰을 멈추지 말고 그대로 계속하여 핵심을 꿰뚫으라. 그렇게 되면 집착이 발붙일 곳을 찾지 못할 것이다. 이것이 나 스스로 수행해왔던 방법이다.

- 마음을 믿지 말라. 그 대신 마음 자체를 만드는 조건을 똑바로 보라. 그 조건들을 있는 그대로 받아들이도록 하라. 그 조건들은 있는 그대로일 뿐 그 이하도, 그 이상도 아니다.

- 마음의 심상(心像)은 마음 안에서 일어난다. 모든 마음의 심상은 욕망에서 비롯된다. 그리고 이성에 대한 욕망보다 더 강렬한 욕망은 없다.

- 마음이 고통스러운 것을 잡고 놓지 못하는 것은 마치 독사에 물린 것과도 같다. 마찬가지로 마음이 욕망에 끌려 즐거운 것을 붙잡고 있는 것도 독사의 꼬리를 붙잡고 있는 것과 다를 바 없다.

- 지혜가 있는 마음은 따지거나 분별하지 않는다. 어떤 자세를 취하든 행복과 불행의 생멸과정을 완전히 꿰뚫어 알고 있다. 그리고 그 두 가지를 모두 놓아버린다. 결코 집착하지 않는다.

- 평화에는 두 종류가 있다. 하나는 거칠고, 또 하나는 정제된 것이

다. 선정에 듦으로써 얻는 평화는 거칠다. 마음이 고요하면 행복이 있고 마음은 행복을 평화로 착각한다. 그러나 행복과 불행 모두 형성과 태어남의 영역 속에 놓여 있다. 행복에 집착하는 한 윤회에서 벗어날 길은 없다. 따라서 행복은 평화가 아니며 평화 역시 행복이 아니다.

• 마음이 동요되면 갖가지 정신 현상[行]과 생각의 틀이 깊어지면서, 동시에 그에 대한 반작용이 나타나기 시작하고 사고의 생성과 확산이 끝없이 이어진다.

• 마음이 확고해질 때까지, 어떤 경험도 담아두지 않게 될 때까지 마음을 길들여라.

• 알아차림, 스스로 깨어 있음, 지혜를 항상 지니는 것은 가능하다. 비난받을 때 화가 나고 칭찬받을 때 기분이 좋아진다.
나는 이것을 수없이 관찰했고 그때마다 이것이야말로 진리임을 알게 되었다. 선은 우리 마음속에서 찾아야 한다. 어디에 있든 사람들이 나를 비난하거나 칭찬할 때 그 사람들의 말이 선한지, 악한지는 중요하지 않았다. 선과 악은 우리 마음속에 있다. 다른 사람들이 어떻게 생각하든 그것은 그들의 문제일 뿐이다. 단지 알아차려라.

• 몸과 마음을 이루는 오온은 마치 벌겋게 달구어진 쇳덩이와도 같다. 어디에 손을 댈 것인가.

• 붓다께서 말씀하셨듯이 마음은 그저 마음일 뿐이다. 존재도, 개인도 아니며 하나의 주체도, 당신 자신도 아니다. 마음은 우리도, 그들도 아니다. 법은 그저 법일 뿐이다. 자연의 이치는 하나의 주체

가 아니다. 그것은 우리의 것도, 그 누구의 것도 아니다. 그 무엇도 아니다. 인간의 경험은 무엇이든 오온과 다를 바 없다. 붓다께서는 그 모든 것을 놓아버리라고 하셨다.

• 행복이 사라지면 불행해진다. 슬픔이 사라지면 다시 행복해진다. 이런 순환에 빠져들면 끊임없이 천국과 지옥을 오가야 한다. 깨달음에 이르기 전에 붓다께서는 이미 이런 마음의 이치를 간파하셨다. '원인 때문에 생성이 있고 생성이 있기에 죽음이 있다. 이 모든 움직임(윤회)은 왔다가 사라진다.

• 무엇인가 감각기관에 와닿는다. 좋아함과 싫어함이 일어난 바로 거기에 망상이 있다. 그러나 마음을 챙기면 똑같은 경우에도 미혹 대신 지혜가 일어난다. 따라서 마음챙김만 함께한다면 시끄럽고 감각을 교란하는 번잡한 곳이라도 겁낼 필요가 없다.

• 마음은 본래 청정하고, 마음 안은 항상 고요하다. 마음이 고요하기도 하고 흔들리기도 하는 것은 감정이 마음을 미혹하기 때문이다. 훈련하지 않은 마음은 어리석다. 훈련하지 않은 마음은 길을 잃고 그런 감정의 노예가 되어 자신을 잊는다. 우리는 화가 나거나 편안한 것, 혹은 그 밖의 여러 다른 감정을 우리 자신과 동일시한다.

• 의심이나 걱정을 없애기 위해서는 그 마음 상태의 진행과정을 꿰뚫어보아야 한다.

• 항상 깨어 있는 마음의 눈으로 번뇌를 알아차리고 마음을 다스려야 한다. 불청객이 찾아오면 쫓아내라. 들어오지 못하게 하면 어디에 앉겠는가? 마음에는 자리가 한 개뿐이고 그 자리는 자신의 것

이다. 하루종일 그 자리를 지켜라.

• 사물의 있는 그대로의 모습을 알게 될 때 사랑과 미움의 실체를 알게 된다. 모든 것이 불완전한 것임을 알게 되면 마음을 비운다는 것의 참뜻을 알게 된다.

• 수행은 마음 훈련과 놓아버림의 공부다. 공부는 이런 의미다. 마음이 어떤 감각을 느끼면 아직도 거기에 집착하는가? 그 감각을 중심으로 문제를 만들어내는가? 그 감각 때문에 좋아하고 싫어하는 감정을 느끼는가? 한마디로 아직도 생각 속에서 방황하는가?

• 실제로 마음속에 아무런 욕망도 없으면 무슨 일을 하고 있든 자연스럽게 선정에 들게 된다.

• 집이 물에 잠기거나 불에 탈 때 오직 집만 쓰러지게 하라. 홍수가 났다면 마음에까지 물이 차게 하지 말라. 불이 났다면 마음까지 타게 하지 말라. 오직 집만, 외관만 물에 잠기거나 불타게 하라. 이제 마음속에서 집착을 버릴 때가 왔다.

• 아직도 마음이 자유롭지 못하다면 마음이 모든 것을 분명히 볼 수 있게 되고 그 자체의 조건적 상황에서 벗어날 수 있을 때까지 순간순간 직면하는 모든 상황의 원인과 결과를 관찰해야 한다.

• 지혜가 있는 마음은 어떤 느낌을 받을 때 이에 집착하거나 나의 것으로 동일시하지 않는다.

• 사물이나 현상이 어떤 식으로 되었으면 하는 바람이 생기면 마음은 동요하기 시작한다. 그러나 억제하지 말고 안달하지 말라. 단지 호흡을 주시하면서 그대로 놓아두어라. 계속 그렇게 하라.

• 붓다는 모든 조건지어진 현상을 철저히 관찰하여 모든 것을 버릴

수 있었다. 오직 그 모든 과정을 초연하게 지켜보는 앎만이 남아 있었다. 유쾌한 감정이 일어나도 그 감정에 동일시하지 않고 그저 그 감정을 바라보며 관찰하고 깨어 있었다. 불쾌한 체험을 할 때도 불쾌함에 동화되지 않았다. 왜일까? 붓다의 마음은 감정의 원인과 조건으로부터 벗어나 있기 때문이다.

- 아는 마음도 마음인데, 마음을 감시하는 자는 누구일까? 그런 생각을 하면 몹시 혼란스러워진다. 마음과 앎은 다르다. 그러나 앎도 원래는 똑같은 마음이었다. 마음을 안다는 것은 무슨 뜻인가? 앎은 마음을 주시하고 앎에서 지혜가 생겨난다. 이런저런 생각에 빠져들고 이런저런 심상에 얽히는 마음은 물소와 같다.

- 조건지어지지 않은 마음은 법을 보고, 진리를 보고, 모든 것이 무상하고 불완전하며 주인 없음을 보는 깨어 있는 마음이다. 자유로운 마음은 조건지어지지 않은 마음이며 조건화의 영향력에서 벗어난 마음이다. 조건과 인습을 제대로 간파하지 못하면 그것에 휘둘린다. 좋은 것, 나쁜 것, 쾌락, 고통, 선, 악, 행, 불행을 만나 휘둘림이 심해진다. 원인이 있기에 증식한다. 조건지어진 오온(몸과 마음)을 나로 보는 원인 때문이다.

일반 수행자를 위해

- 결과에 대해 너무 성급한 기대를 가져서는 안 된다. 신심과 확신을 지닌 수행자는 참고 견뎌내겠다는 결심을 다져야 한다.

- 적게 먹어라! 적게 자라! 말을 적게 하라! 세속적 습관이라면 무조건 줄이고 그 업력을 거역하라. 끊임없이 무지의 흐름을 거슬러올

라가라.

- 호흡이 얼마나 길고 짧은지, 얼마나 강하고 약한지 신경쓰지 말고 그저 호흡만을 알아차린다. 우리는 그저 자연스러운 호흡을 따라가면서 그대로 둘 뿐이다.

  이 단순한 들숨, 날숨에만 집중하고 알아차려라. 곧 마음이 평화로워지고 호흡이 편안해지고 몸과 마음이 가벼워진다. 좌선하면 마음이 정화된다. 그러나 마음이 어떤 상태든 마음의 상태를 알아차리는 것이 중요하다. 알아차림으로 정신 활동과 평온함이 공존할 수 있다.

- 마음이 혼란에 빠져 호흡에 집중할 수 없을 때는 최대한 크고 깊게 숨을 들이쉰 다음 끝까지 내뱉어라. 마음이 고요해질 것이다. 마음이 고요한 상태로 잠시 머물다가 이내 불안과 혼란을 겪는 것은 자연스러운 일이다. 그럴 때는 다시 숨을 깊이 쉬고 호흡을 주시하라. 계속 그 과정을 반복하면서 호흡과 마음 상태를 알아차려라. 수차례 반복하다보면 알아차림이 견고하게 자리잡는다.

  세상의 모든 것은 일어나고 사라진다. 이것이 우리 힘으로 바꿀 수 없는 자연의 이치다. 그러나 붓다께서는 몸과 마음이 나도 아니고, 나의 것도 아님을 깨닫는 수행만은 우리 힘으로 할 수 있다고 하셨다.

- 들숨과 날숨을 마치 자신을 찾아오는 손님들을 바라보듯 바라보아라. 손님이 떠날 때 배웅하려면 그들이 시야에서 사라질 때까지 바라보다가 집으로 돌아오지 않는가? 호흡도 이와 똑같이 알아차려라.

호흡이 점점 섬세해질수록 마음도 점점 깨어난다. 결국 호흡은 완전히 사라지고 알아차림만 남게 된다(이때 아는 마음 안에서 더 미세한 변화가 사라져 없어질 때까지 내관해야 한다—옮긴이). 이것을 '붓다와의 만남'이라고 한다. 아는 자, 깨달음을 얻은 자, 빛나는 자를 뜻하는 '붓도'라는 깨어 있음 상태에 도달하게 된다.

• '붓도(깨달음), 아는 자'는 마음에서 한 발짝 뒤에 서서 마음 상태를 알고 있는 자다. 마음을 그저 있는 그대로의 마음으로만 보는 것이 바로 아는 자다. 아는 자는 마음을 초월한 자이기 때문에 마음을 돌보고 옳고 그름을 가르칠 수 있다.

• 분명하고 환한 깨달음인 붓도를 계발하려면 법에 귀를 기울이는 훈련을 해야 한다. 붓도는 평상시의 마음을 초월한 마음이며 모든 것이 마음의 작용이라는 것을 아는 마음이다. 마음을 초월한 마음을 알기 위해 '붓도'를 염송하는 것도 그런 이유다. 아는 자가 마음은 그저 마음일 뿐 자아도, 주체도 아님을 깨달을 때까지 좋은 것이든 나쁜 것이든 마음의 모든 상태와 현상을 관찰하라.

• 부지런할 때도 수행을 이어가고 게으를 때도 수행을 중단하지 말라. 자신의 마음이 어느 시간, 어느 공간을 향하고 있는지 항상 알아차리고 있어야 한다.

• 계율은 우리로 하여금 작은 것에 만족하고 조금만 원하게 해주는 것이다. 많은 것을 추구해서는 안 되기 때문이다. 그렇게 되면 우리의 깨어 있음 능력도 더욱 강해진다. 항상 깨어 있음 상태를 유지할 수도 있다. 어떤 것에 의심이 들어도 그것에 대해 말하고 휩쓸리지 말아야 한다. 계율의 모든 조항을 실천하는 것은 참으로 힘

든 일이지만 먼저 잘못을 인정할 준비가 되어 있는지, 그렇지 않은지를 생각해보아야 한다.

- 지켜야 할 것이 많은 것은 사실이지만 어떻게 보면 별것 아니라고 할 수도 있다. 계율서의 모든 조항을 지키려고 한다면 힘든 일이겠지만 우리가 계율서라고 부르는 것도 결국 인간의 마음에서 나온 것이다. 그릇된 행동에 대한 수치심과 두려움을 갖도록 마음을 관찰하며 훈련한다면 항상 삼가고 조심할 수 있다.

- 뜨거움이 일어나면 차가움은 사라지고, 차가움이 있으면 더이상 뜨거움은 없다. 뜨거움과 차가움은 같은 곳에 존재하기 때문이다. 이와 마찬가지로 깨달음과 미혹 또한 같은 곳에 존재한다.

- 놓아라. 앎 이외의 모든 것을 내려놓아라. 수행중에 어떤 형상이나 소리가 떠올라도 현혹되지 말라. 전부 내려놓고 아무것도 붙잡지 말라. 하나로 통일된 알아차림에 머물라. 과거도, 미래도 걱정하지 말고 오직 현재의 고요를 알아차리다보면 어느새 앞으로 나아감도, 뒤로 물러섬도, 멈춤도 없으며 붙잡을 것도, 집착할 것도 없는 곳에 도달하게 된다. 왜? 나도 없고, 나의 것도 없으며, 모든 조건 지어진 것에 주체가 없기 때문이다.

- 모든 것을 버리고, 말을 아끼며, 작은 것에 만족하고, 교만에서 비롯된 견해와 사견을 버리고, 바른 자세로 수행한다면 번뇌는 사라진다. 누구의 말이든 옳은 말은 물론이고 그릇된 말까지도 경청할 수 있다. 이런 식으로 스스로를 감시하라. 분명히 말하건대 노력하면 불가능은 없다.

- 번뇌는 고양이와 같다. 먹이를 주는 한 고양이는 주인 곁을 떠나지

않는다.

- 붓다께서는 지금 이 순간에 살라고 이르셨다. 나쁜 행위를 삼가고서도 그에 관한 생각을 놓아버리고, 선행을 하고서도 그에 관한 생각을 놓아버려라.

- 수행은 무언가를 성취하는 것이 아니다. 오직 있는 그대로 알아차리는 것이다.

- 우리는 왜 수행하는가? 아무것도 갖지 않기 위해, 모두 버리기 위해 수행한다. 어떤 여인이 나에게 자신이 고통을 겪고 있다고 했다. 무엇을 원하느냐고 물었더니 깨달음을 얻고 싶다고 했다. 나는 이렇게 대답했다. "깨달음을 얻고 싶어하는 한 결코 깨달음을 얻지 못할 것이다. 아무것도 원하지 말라."

- 수행에는 다양한 방법이 있는 것 같지만 실제로는 단 한 가지 방법만 있을 뿐이다. 마음을 높게 또는 낮게 하지 말고 오로지 균형을 취하는 것이 그것이다.

- 수행이 잘될 때도 있고 그렇지 못할 때도 있을 것이다. 걱정하지 말고 계속 꾸준히 하라. 의혹이 일어나면 마음속에서 일어나는 모든 다른 것과 마찬가지로 그 생각 역시 무상한 것임을 깨달아라.

- 수행자가 지켜야 할 의무는 마음챙김과 평상심, 지족이다.

- 수행자에게 지루함은 문제되지 않는다. 마음을 자세히 들여다보고 있으면 잠시도 가만있지 않음을 알 수 있다. 따라서 언제나 해야 할 일이 있는 셈이다.

- 우리가 사물로부터 떨어져 따로 설 때 사물은 진정한 실체를 드러내며 우리 곁에 객체로서 머물게 된다.

- 눈이 있는 자라면 누구나 볼 수 있을 만큼 우리가 성실히 수행하기만 한다면 그 결실은 밝게 드러날 것이다. 굳이 나서서 알려야 할 필요는 없다.

- 고통을 이해하고 싶다면 고통 현장을 직시해야 한다. 우리는 문제가 발생한 그곳에서 해결해야 한다고 배웠다. 고통이 있는 곳에서 고통이 소멸한다. 고통은 생겨난 그 자리에서 바로 사라진다. 모든 문제는 바로 그곳에서 해결해야 한다.
바로 그것을 보라. 어떤 감정이 일어나면 즉각 알아차려라. 행복이든 고통이든 모두 집착에서 비롯된다.

- 아직 갖고 있지 않은 지혜나 깨달음에 대해 생각만 해서는 아무것도 이룰 수 없다. 지금 현재 일어나고 사라지는 현상만 있는 그대로 관찰하라.

- 우리의 수행은 버리기 위한 것이지 얻기 위한 것이 아니다. 그러나 몸과 마음을 포기하기 전에 몸과 마음의 본질을 알아야 한다.

- 자신의 견해와 자신의 가르침에 따라 수행하는 것은 가장 더딘 방법이다. 법에 따라 수행하는 것이 가장 빠른 방법이다.

- 해탈을 이루지 못했다면 인과과정을 알아차리고 완전히 이해할 때까지 수행하라. 통찰력으로 인과 법칙을 간파하면 모든 것을 저절로 놓아버리게[放不着] 된다.

- 자신을 극한까지 몰고 가야 한다. 훈련하고 명상하고 근본적으로 변화하기 위해서는 용기가 필요하다.

- 중도는 붓다께서 걸으셨던 길이고, 참다운 법 수행의 길이며, 존재와 윤회를 초월한 길이다. 이로움과 이롭지 않음을 모두 초월한 마

음은 해방된 마음이다.

- 해야 할 일을 했다면 결과에 대해 걱정할 필요가 없다. 원하는 결과를 얻지 못할까 불안해하지 말라. 불안은 평화롭지 않다. 그러나 해야 할 일을 하지 않는다면 어떻게 결과를 기대하고 진리를 볼 수 있겠는가? 찾는 자는 필경 보게 되리라. 먹는 자는 반드시 배부르게 되듯이.

전문 수행자를 위해

- 계율 수행의 마지막 단계에 이르는 유일한 길은 마음을 청정하게 하는 것이다.
- 남을 흉보지 말라. 타인이 잘못 행동하더라도 그대가 고통스러워할 필요는 없다. 그들에게 무엇이 옳은지를 지적해주었는데도 그 법도에 따라 행하지 않는다면 그쯤에서 그대로 놔두어라.
- 남의 업은 남에게 맡겨라. 집착하지 말고 남의 수행을 건너다보지 말라.
- 놓아버리지 못함은 평화가 없는 곳에서 평화를 찾고 있는 것과 같다.
- 누군가에게 빼앗기지 않는다고 해도 세월이 그것을 빼앗아간다.
- 현재의 삶이 너무나도 고달파 계와 정을 닦기가 어렵다고 느낄지도 모른다. 그러나 사물의 본질을 이해하면 할수록 오히려 구도(求道)의 발심이 더 강렬해질 수도 있다.
- 스스로 깨닫는다는 것은 스스로 수행한다는 뜻이다. 수행에서 스승이 할 수 있는 일은 50퍼센트에 불과하다.

- 항상 분명한 앎이 있다면 매사에 정성을 다하게 된다. 정성을 다하지 않으면 모든 것이 달라진다.

  항상 수행해야 한다. 마당을 쓸거나 햇살을 바라보다가도 법을 깨달을 수 있다. 그러나 먼저 항상 매사 알아차리고 있어야 한다. 꾸준히 수행에 정진하다보면 언제 어디서나 법을 깨달을 수 있다.

- 모든 조건은 형성되어가는 상태 속에 있다. 이 같은 형성의 흐름은 현재의 조건에 따라 결정되는 생유(生有)를 일으킨다.

- 윤회의 위험을 보는 자란 이 세상의 모순과 한계를 아는 자다. 세상에는 엄청난 위험이 있지만 대부분의 사람은 모른다. 사람들은 오직 쾌락과 행복만을 본다. 행복 또한 윤회다. 윤회의 위험을 보지 못하면 행복할 때 행복에만 집착하고 고통은 잊어버린다. 마치 불이 무엇인지 모르는 아이들처럼 고통을 알지 못한다.

  윤회의 위험을 보는 자는 윤회 속에 살아도 윤회 속에 사는 것이 아니다. 그들은 윤회의 속성을 간파하고, 한편으로는 윤회를 초월한다. 그런 사람들이 하는 말은 보통 사람들의 말과 다르다. 행동도 다르고 생각도 다르다. 그들이 훨씬 지혜롭다. 그래서 열심히 배우되, 모방하지 말라는 것이다. 어리석은 자는 보는 것마다 붙잡으려고 한다. 그래서는 안 된다. 자신을 잊지 말라.

- 붓다께서는 최상의 수행법으로 '놓아버림'을 강조하셨다. 어떤 것도 지니지 말고 놓아버려라. 좋은 일, 나쁜 일, 심지어 법마저도 놓아버려라.

- 불교의 핵심은 모든 현상이 공이다. 불교에는 물리적 힘이나 초자연적 능력, 신비스럽거나 기상천외한 현상이 없다. 붓다께서는 그

런 것을 중요하게 생각하지 않으셨다.

붓다께서는 오직 고통을 초월한 자만을 칭찬하셨다. 그 경지에 도달하려면 수련이 필요하고 그 수련에 필요한 도구들이 바로 자비와 계율, 선정, 지혜다.

- 수행은 단지 이 세상과 다투지 않는 것만을 의미하지 않는다. 자기 자신과의 정면 대결은 도리어 포효하는 폭풍 속으로 걸어들어가는 것이나 다름없다.

- 나도 한때는 코를 골았지만 마음이 항상 깨어 있다보니 이제는 코를 골지 않는다. 깨어 있으면서 어떻게 코를 골겠는가? 밤이나 낮이나 마음은 항상 깨어 있다. 바로 이것이 아는 자, 깨달은 자, 즐거운 자, 환하게 빛나는 자이신 붓다의 순수하고 고양된 깨어 있음이다.

- 올바른 방향을 잡아 오직 수행에만 매진하라. 결과는 그대의 업에 맡겨두어라. 그러면 한 생이 걸리든, 백 생이 걸리든, 아니면 천 생이 걸리든 수행은 순조로울 것이다.

- 우리의 감정은 코브라의 독과도 같다. 그것은 마음의 자유와 법의 흐름을 방해한다. 그러나 건드리지만 않는다면 코브라가 순순히 제 갈 길을 가듯이 감정을 그대로 내버려두기만 하면 우리를 방해하지 않는다.

- 선정이 깊어질수록 선정 상태를 알아차리면서 마음이 확고하게 세워졌는지 점검한다. 이렇게 마음에 선정과 깨어 있음이 함께 있게 된다.

- 조금 놓아버리면 조금의 평화가 올 것이다. 크게 놓아버리면 큰 평

화를 얻을 것이다. 만일 완전히 놓아버리면 완전한 평화와 자유를 얻을 것이다. 그리하여 세상을 상대로 한 그대의 싸움은 끝을 보게 될 것이다.

- 숲속 수행승들이 택한 방법은 극기고 그 길에는 오직 '버림'만 있을 뿐이다. 아집과 교만에서 비롯된 모든 생각은 버려라. 자아라고 여기는 바로 그것을 버려라. 이 길을 따르는 것은 참으로 고통스럽지만 아무리 힘들어도 숲속 선사 선지식들과 그들의 가르침을 버리지 말라.

- 만물의 이치를 깨닫게 되면 모든 헐떡임이 저절로 가라앉는다. 모든 것이 지혜의 연료가 되고 시간이 흐르면 결국 완전한 평화에 도달한다.

- 자정이 넘도록 수행을 계속해도 마음이 평화롭다면 수행을 제대로 하고 있는 것이다. 집착이 어떻게 마음을 어지럽히는지 분명히 알아차릴 것이다.

- 우리를 법으로 이끄는 수행은 결국 다양한 형태로 나타나는 조건화와 인과관계에 대한 통찰이다.

- 좋은 것이 일어날 때는 좋은 상태 그대로 내버려두어라. 좋지 않은 것도 좋지 않은 그 본래 성질 그대로 내버려두어라. 우리가 더이상 아무것도 원하지 않게 될 때 평화가 굳건히 자리잡게 된다.

- 항상 죽음과 노쇠를 마음에 두고 있으면 감각세계에 대한 염리와 실망이 일어나 법열과 선정을 얻게 된다.

- 마음이 청정해질 때까지 훈련하라. 어느 정도로 청정해져야 할까? 진정으로 청정한 마음은 선과 악을 초월한 마음, 심지어 청정함

자체도 초월한 마음이다. 다 끝난 마음이다. 바로 거기서 수행이 끝난다. 마음이 고통과 행복, 선과 악을 모두 초월할 때 진정한 평화가 온다.

법에 대하여

- 세상만사 모두가 있는 그대로 진리를 나타내고 있다. 그러나 우리는 '세상이 이랬으면' 하는 편견과 선입관을 갖고 본다.

- 노예로 산다는 것은 실로 처참한 고통이다. 노예는 언제나 주인의 명령에 따라야 한다. 설사 그 결과로 자신이 죽음에 처한다고 할지라도 명령이 떨어지면 그 일을 해야만 한다. 그러나 우리는 갈망과 집착의 명령에 노예처럼 따르고 있다. 애착의 습관에 지배당하고 있는 것이다.

- 깨달음을 '원함'과 번뇌를 '원하지 않음'은 둘 다 모두 갈애다. 이것은 동일한 것의 양극단일 뿐이다. 그러나 우리는 이 욕망이 존재하는 바로 그 자리에서 법을 깨달을 수 있다. 이것은 단지 마음의 움직임으로 찰나에 나타났다가 사라지는 현상일 따름이다.

- 땅 밑에 본래 물이 존재해왔듯이 법도 붓다가 만들어낸 것이 아니라 본래부터 있어왔던 것이다.

- 만약 법을 알고자 한다면 그저 놓아버려라. 그저 포기하라. 단지 모든 것은 변하고, 불만족스럽고, 실체가 없음을 알아차려라.

- 법 안에서 산다는 것은 지금 있는 바로 그 자리에서 아무 부족함을 느끼지 않음을 의미한다.

- 우리는 변화 속에 살고 있다. 만물의 이치를 이해할 때 비로소 놓

아버릴 수 있다. 법 수행은 결국 만물의 이치를 이해함으로써 고통이 일어나지 않도록 노력하는 것이다. 그릇된 생각을 하면 우리는 세상과 싸우고, 법과 싸우고, 진리와 싸우게 된다.

붓다께서는 고통을 초월하는 데 "이것은 나 자신이 아니고, 나의 것도 아니다"라는 사실을 깨닫는 것보다 좋은 방편은 없다고 하셨다. 고통이 느껴지면 고통에서 무언가를 배우려고 하지 않고 그저 눈물을 흘릴 뿐이다. 그러나 깨닫기 위해서는 고통을 잘 관찰해야 한다.

• 법을 깨닫고 싶다면 어디를 보아야 하는가? 자신의 몸과 마음속을 들여다보아라. 책에서 찾을 수 없다. 진정으로 법을 알고 싶다면 자신의 몸과 마음을 들여다보아라. 두 곳 외에는 어디에서도 찾을 수 없다.

• 붓다가 이 세상에 출현했든 안 했든 모든 것이 다 있는 그대로의 진리일 뿐이다. 이런 본연의 상태는 어디로 사라지지도, 변하지도 않는다.

• 붓다는 '깨달은 자'를 말한다. 깨달음은 법을 아는 것이기 때문이다. 그러므로 누구나 법을 아는 자인 붓다, 즉 아는 자가 될 수 있다.

• 절대 비어 있음[空] 속에서는 죽음의 왕도 그대를 발견할 수 없다. 그 안에는 늙음도, 병도, 장차 맞게 될 죽음도 존재하지 않는다.

• 지금 여기 그대의 마음속에서 법을 보면 번뇌는 사라진다.

• 지혜가 있으면 세상만사가 그대로 법이다. 지혜가 없으면 선도 악으로 변한다. 악은 어디에서 올까? 바로 우리의 마음에서 온다. 우

리 마음이 어떻게 변하는지 관찰하라. 한때 사이가 좋았던 부부가 있다. 그들은 즐겁게 이야기를 나누다가 어느 날부터 기분이 나빠지기 시작한다. 배우자가 하는 모든 말이 불쾌하게 들린다. 마음이 나빠진 것이다. 마음이 변한 것이다. 이것이 마음의 본래 성질이다.

- 모든 것이 변하고 오직 그 사실만이 끊임없이 변하는 것들 속에서 변하지 않는다. 이것을 깨닫는 것이야말로 법의 핵심을 깨닫는 것이요, 진정으로 법을 아는 것이다.

- 진리의 눈으로 보면 오직 '절대 비어 있음'만이 존재한다. 여기에는 더이상 나와 너, 우리도 그들도, 또다른 그 누구도 존재하지 않는다.

- 모든 존재가 같은 본성을 가졌다는 이 하나의 법으로 사물을 보면 우리는 움켜쥠을 놓을 것이다. 모든 것을 놓아버리면 비어 있음을 보고 미워하지도, 사랑하지도 않을 것이다. 그리고 평화를 느낀다. 그래서 "열반은 최상의 행복, 최상의 비어 있음"이라고 말한다.

- 진정한 법은 오직 수행을 통해서만 깨칠 수 있다. 우리 역시 법을 깨달으면 붓다처럼 될 수 있다.

- 진정한 붓다는 여전히 살아 있다. 붓다는 법의 진리로 법 자체이기 때문이다. 법은 어디로 도망가지 않고 몸과 마음 바로 두 곳에 있다. 붓다는 바로 여기에서 탄생한다.

아잔 차(Ajahn Chah, 1918~1992)

당대 최고의 영적 스승으로 존경받았던 아잔 차 스님은 불교명상과 지혜로운 삶을 살아가는 방법에 관한 가르침으로 수많은 사람들을 고무시키고 인도했다. 그는 단순함과 버림의 생활을 실천하며 지혜와 유머, 큰 자비심으로 부처님의 가르침을 펼쳤고 서양의 저명한 불교도들에게 큰 영향을 끼쳤다.

1918년 태국 북동부에서 농부의 아들로 태어난 아잔 차 스님은 아홉 살 때 절로 출가했고, 스무 살 되던 해에 비구계를 받았다. 몇 년 후, 아버지의 죽음에 자극받아 고향의 안정된 사찰 생활을 버리고 방랑하는 수행승이 되어 명상에 매진했다. 그는 숲, 동굴, 공동묘지 등에 머무르며 (지난 세기의 가장 유명하고 존경받는 태국의 명상 스승이었던) 아잔 문 스님을 비롯한 몇몇 명상 스승들에게 지도받으며 자신을 단련시켰다.

그의 단순하지만 심오한 가르침의 방식은 특히 서양인들을 끄는 매력이 있었다. 그래서 많은 서양인이 그에게 명상을 지도받기 위해 찾아왔다. 출가자로 수행하려는 서양인들이 늘어나면서, 1975년 그는 그들의 지도를 위한 특별한 사원을 설립했다. 아잔 차 스님은 1992년에 입적했지만 그후로 그의 많은 제자들이 세계 곳곳에서 부처님의 가르침을 전파하고 있다.

불원 김열권(不遠 金烈權)

위빠사나에 대한 저술 활동과 수행 지도를 통해 한국인의 생활 속에 위빠사나를 뿌리내리게 한 대표적인 수행인이다.

종법 스님, 운허 스님, 이기영 박사에게 불교 교학을 배웠고, 1979년 성철 스님에게 화두를 받았고, 송담 스님 등 화두 선사들에게 불교 수행 지도를 받았다. 시중과 산사, 토굴에서 10여 년간 선수행을 했다.

1990년 미얀마 마하시 위빠사나 선원으로 출가, 한국인으로는 최초로 미얀마(마하시 선원)에서 비구계를 받았다. 인도, 티벳, 태국, 미얀마, 말레이시아의 선원에서 미얀마의 우 빤디따 스님, 쉐우민 스님과 태국의 아잔 아삽화, 아잔 붓다다사 스님으로부터 위빠사나를 지도받았고, 티벳의 달라이라마 스승에게 배운 라마 글렌으로부터 야만타카 대승관법 등 세계적 스승들에게 배우며 정통 대승위빠사나 수행을 했다. 그후 한국 산사에서 관법선사 지도 아래 대승관법을 수행했다.

부처님 경전에 입각한 위빠사나 수행을 하고 있으며, 현재 〈위빠사나붓다선원〉 (https://cafe.daum.net/bulwon)을 운영, 일반인들에게 위빠사나 수행을 가르치고 있다.

저서로는 『보면 사라진다』 『위빠싸나』(전2권) 『깨달음으로 가는 오직 한 길』 등이 있고, 역서로는 『붓다의 후예, 위빠싸나 선사들』(전2권) 『마음으로 숨쉬는 붓다』 『위빠싸나 성자 아짠문』 『붓다의 호흡법 아나빠나삿띠』(공역) 등이 있다.

깨달음의 지혜
아잔 차 선사의 법문과 붓도염불위빠사나

초판 1쇄 인쇄 2024년 9월 3일
초판 1쇄 발행 2024년 9월 13일

지은이 아잔 차
옮긴이 김열권

편집 이고호 박민영 | 디자인 이정민 | 마케팅 김선진 김다정
브랜딩 함유지 함근아 박민재 김희숙 이송이 박다솔 조다현 정승민 배진성
저작권 박지영 형소진 최은진 오서영
제작 강신은 김동욱 이순호 | 제작처 한영문화사

펴낸곳 (주)교유당 | 펴낸이 신정민
출판등록 2019년 5월 24일 제406-2019-000052호

주소 10881 경기도 파주시 회동길 210
문의전화 031.955.8891(마케팅) 031.955.2680(편집) 031.955.8855(팩스)
전자우편 gyoyudang@munhak.com

인스타그램 @thinkgoods | 트위터 @thinkgoods | 페이스북 @thinkgoods

ISBN 979-11-93710-57-9 03220